Aranka Siegal

Weißt du nicht, daß du Jüdin bist

Und der Herr redete mit Mose und sprach: ... Da soll denn Aaron seine beiden Hände auf sein Haupt legen und bekennen auf ihn alle Missetat der Kinder Israel und alle ihre Übertretungen in allen ihren Sünden, und soll sie dem Bock aufs Haupt legen und ihn in die Wüste laufen lassen.

Leviticus (3. Buch Mose), 16

Aranka Siegal

Weißt du nicht, daß du Jüdin bist

Eine Kindheit in Ungarn
von 1933 bis 1944

Aus dem Amerikanischen
von Heike Brandt

Otto Maier Ravensburg

Als Ravensburger Taschenbuch Band 1705
erschienen 1989

Die Originalausgabe erschien 1981
im Verlag Farrar Straus Giroux, New York
unter dem Titel »Upon the Head of the Goat«

Die deutsche Erstausgabe erschien 1985
in der Ravensburger Jungen Reihe
im Otto Maier Verlag Ravensburg

Umschlagillustration:
Marlies Scharff-Kniemeyer

Gesamtherstellung: Ebner Ulm
Printed in Germany

5 4 3 2 93 92 91 90

ISBN 3-473-51705-4

KOMJATY

1.

Seit meinem fünften Lebensjahr schickte mich meine Mutter jeden Sommer von Beregszász zu meinen Großeltern nach Komjaty. Die weiten Felder, der Fluß und der Wald in der Umgebung dieses kleinen ukrainischen Dorfes wurden zu meinem Spielplatz. Die Farben der wilden Blumen, die Stimmung im Wald, das Geräusch des Wassers, das Summen der Insekten, die Wärme der Tiere – all das gehörte zu meinem Spiel, und ich lernte, ohne es zu merken.

Morgens stand ich beim ersten Hahnenschrei auf und stromerte bis zur Abenddämmerung draußen herum. Zuerst waren mir die Leute, ihre Kleider und ihre Gewohnheiten fremd vorgekommen, doch schon bald hatte ich mich eingewöhnt. Sie sprachen Ukrainisch, aber Babi sprach Jiddisch mit mir.

»Nein, nicht Ungarisch und nicht Ukrainisch«, sagte Babi, »du mußt jiddisch lernen.« Bald konnte ich meine Fragen in drei Sprachen stellen.

1939 war ich neun Jahre alt. Der in Europa drohende Krieg schien von uns noch sehr weit entfernt zu sein. Meine Mutter hatte mich nach Komjaty geschickt, um die Osterferien bei Babi und meiner älteren Schwester Rozsi zu verbringen. Mutter wollte nicht, daß Babi nach dem Tod von Großvater Rosner alleine blieb. Deshalb hatte sie beschlossen, jeweils eine ihrer fünf Töchter zu ihr zu schicken. Lilli, die älteste, war die erste gewesen. Doch sie blieb nicht lange bei Babi. In Komjaty lernte sie Lajos, ihren späteren Mann, kennen, den sie nach einer kurzen Sommerromanze mit sechzehn Jahren heiratete. Danach wohnte Rozsi bei Babi.

Rozsi fühlte sich auf dem Hof genauso wohl wie Babi, sie liebte wie Babi die Tiere und die Fruchtbarkeit der Felder. In Komjaty war das Leben einfach und überschaubar. Alle wichtigen Entscheidungen wurden durch das Wetter und die Jahreszeiten bestimmt. Als sie zwölf Jahre alt war, wußte Rozsi, daß sie auf dem Land leben wollte. Sie wollte unter ihren Füßen lieber Erde spüren als Zement.

Ein paar Tage nachdem ich angekommen war, brach der Kampf um die umstrittene Grenze zwischen Ungarn und der Ukraine aus: ukrainische Widerstandskämpfer versuchten, ihren unabhängigen Staat zu retten. Babi, Rozsi und ich konnten fast jeden Tag Gewehrfeuer von der Grenze hören. Die Frauen, Kinder und alten Leute verkrochen sich in ihre kleinen weißgetünchten, strohgedeckten Häuser. Die Tiere waren zusammengetrieben und in die Ställe gesperrt worden. In der Küche saß Babi in ihrem Sessel. Sie hatte sich in ihr Tuch gehüllt und hielt ihr abgenutztes Gebetbuch in den Händen. Die Lippen bewegte sie lautlos im Gebet. Rozsi saß neben ihr und häkelte. Ich weinte vor Angst und wünschte, ich wäre zu Hause, in der Sicherheit meines kleinen Städtchens in Ungarn. Babis Haus kam mir winzig vor und so ungeschützt zwischen den Feldern im flachen Land. Der Zaun um das Grundstück war gerade hüfthoch, und die Tore hatten keine Schlösser. Die vordere Veranda hatte nicht einmal eine Tür, sondern führte direkt zum Kücheneingang. Die Küche bildete die Mitte des Hauses, auf jeder Seite von ihr war je ein Schlafraum. Der größere der beiden diente als Eß- und Wohnzimmer sowie als unser Schlafzimmer. Das Gästezimmer auf der anderen Seite wurde hauptsächlich als Abstellkammer benutzt. Keiner dieser Räume schien mir sicher zu sein; wer wollte, konnte jederzeit eintreten.

»Ich will nach Hause«, sagte ich.

»Hab keine Angst«, tröstete mich Babi, »uns wird nichts passieren. Wir befolgen das Wort Gottes, in diesem Haus sind die Bücher des Herrn, und die werden uns beschützen.«

Ich hatte mich immer noch nicht ganz beruhigt, als ich gegen Ende des Tages eine wilde Horde siegestrunkener Ungarn die Straße entlangmarschieren hörte. Ich rannte hinaus und band meinen rot-weiß-grün* gestricken Schal als Willkommensgruß an Babis Torpfosten. Die ganze Nacht über wurde das Dorf von dem Lärm der Siegesfeiern in der Dorfkneipe wachgehalten.

Babi zündete die Petroleumlampe an und ließ sie brennen, bis ich eingeschlafen war. Als ich am Morgen aufwachte, rannte ich sofort zum Fenster und guckte raus: Ich war gespannt, ob Komjaty sich in der ersten Nacht der ungarischen Besetzung verändert hatte. Ich zog mich schnell an und lief in die Küche, wo ich Babi und Rozsi vermutete, doch die waren schon im Stall und versorgten die Tiere.

* Rot-Weiß-Grün sind die ungarischen Nationalfarben. Im Frühjahr 1939 ist die ungarische Armee mit der politischen Unterstützung Nazi-Deutschlands in die Karpatenukraine einmarschiert, somit gehörte dieser Teil der Ukraine zu Ungarn.

Ich zog meine Schaffelljacke und die roten Gummistiefel an und lief in den Wald. Der Boden war bedeckt von einem Mischmasch aus bunten Blumen, grauen Pfützen und weißem Schnee. Als ich einen Strauß voll bunter Blumen gepflückt hatte, merkte ich, daß meine Baumwollstrümpfe sich mit Eiswasser vollgesogen hatten. Meine Gummistiefel hatten offenbar lauter feine Löcher.

Auf dem Heimweg hörte ich das Rauschen des nahen Flusses und beschloß, einen Abstecher dorthin zu machen. Alle kleineren Bäche sowie der schmelzende Schnee flossen zu dieser Jahreszeit in die Rika, die dann zu einem reißenden Strom anschwoll, der alles mit sich riß, was in seinem Weg lag.

Ich entdeckte einen Stamm, der im Fluß trieb. Als die Strömung ihn näher heranbrachte, bemerkte ich, daß es gar kein Stamm war, sondern ein menschlicher Körper, der mit einer ukrainischen Uniform bekleidet war. Das Gesicht war nach oben gerichtet, und Kopf voran schwamm der Körper auf mich zu. Trotz meiner Bestürzung ging ich noch dichter ans Ufer und trat auf einen Stein, um besser sehen zu können. Das aufgeschwemmte, vom Tod gezeichnete Gesicht war das eines achtzehn- bis zwanzigjährigen Jungen. Er hatte hochstehende Backenknochen, was so typisch für die jungen Männer aus Komjaty war. Ob seine Augen offen oder geschlossen waren, konnte ich nicht erkennen. Ich ließ die Krokusse fallen; sie schwammen mit der Leiche des jungen Mannes den Fluß hinunter.

Ich sah noch zwei tote Soldaten im Fluß, bevor ich mich abwandte. Ihre Körper wurden in der Mitte des Wassers von der Strömung von Stein zu Stein geworfen. Eines war bei allen Leichen gleich: Mützen und Stiefel fehlten. Mir fiel mein Großvater ein, den ich so oft in seiner Offiziersuniform gesehen hatte, und mein kleiner

Bruder Sandor, der später auch einmal eine Uniform tragen würde. Dann rannte ich los und hielt erst in Babis warmer Küche wieder an.

Babi stand im Flur und legte ihr Tuch um. Sie wollte wohl gerade losgehen, um nach mir zu suchen. »Wie kannst du einfach weglaufen, ohne uns Bescheid zu sagen?« schimpfte sie. Ihre Stimme verriet Besorgnis.

»Aber Babi, ich habe drei tote Soldaten gesehen! Sie schwammen in der Rika!« sagte ich. Sie sagte kein Wort mehr, sondern nahm ihr Tuch ab, legte es mir um die Schultern und führte mich in die Küche. Ich fuhr fort: »Es waren ukrainische Soldaten. Was wird aus ihnen?«

Babi antwortete mir nicht. Sie setzte mich in ihren Sessel, zog mir die nassen Stiefel und Strümpfe aus, machte mir ein Glas heiße Milch zurecht und schnitt ein dickes Stück Schwarzbrot ab, das sie mit Butter bestrich und dick mit grobem Zucker bestreute. Ich trank die Milch und aß das süße, knusprige Brot. Dabei schaute ich zu, wie die Holzscheite im Ofen langsam zu Asche verbrannten.

Babi arbeitete am Webstuhl. Ihre Stimme schien von ganz weit weg zu kommen, obwohl sie gerade zwei Meter entfernt war. »Jetzt haben sie ihren Frieden«, sagte sie, während sie webte. Bald schlief ich ein und wachte erst auf, als Rozsi von der Arbeit auf dem Feld nach Hause kam.

Dann war Schluß mit den Racheaktionen der Ukrainer. Ein paar Tage, nachdem ich die Leichen im Fluß gesehen hatte, ging ich wieder auf die Felder, wo die Dorfbewohner versuchten, die verlorene Zeit aufzuholen. Während der Kämpfe hatten sie Angst gehabt, ihre Häuser zu verlassen. Ich sah ihnen eine Weile bei der Arbeit zu und war gerade auf dem Weg zum Fluß, als ich hinter mir das metallische Klicken von Hufen hörte. Pferde waren in

Komjaty eine Seltenheit; die meisten Wagen wurden von Ochsen gezogen, und nur wenige Leute im Ort hielten Pferde.

Erstaunt wandte ich mich um und sah einen ungarischen Polizisten hoch zu Roß – das war eine noch größere Seltenheit in Komjaty. Er trug die traditionelle ungarische Uniform aus graugrünem Flanell, die mit einer Reihe von glänzenden Messingknöpfen verschlossen und mit goldenen Tressen verziert war. Auf dem Kopf trug er einen hohen Helm, der mit langen schwarzen und grünen Hahnenfedern geschmückt und unterhalb des glattrasierten Kinns mit einem engen schwarzen Lederband befestigt war. Er wartete, bis ich ihm in die Augen sah, bevor er mich ansprach.

»Ist dies der richtige Weg nach Komjaty?«

»Es gibt nur einen Weg.«

»Ich komme aus Salánk«, sagte der Polizist, »und bevor es dunkel wird, muß ich zurück sein. Mir wurde gesagt, daß es vier Kilometer sind.«

»Dann wollen Sie bestimmt nach Groß-Komjaty«, sagte ich, »denn Klein-Komjaty ist gleich hinter dieser Lichtung.« Ich zeigte ihm die Richtung. »Können Sie es von da oben aus sehen?«

Ich reichte dem Pferd gerade bis an den Bauch.

»Mir wurde gesagt, daß die Leute hier kein Ungarisch sprechen?«

»Das stimmt, aber ich bin aus Beregszász, ich verbringe die Ferien hier bei meiner Großmutter.«

»Wo wohnt deine Großmutter?«

»Gleich an der Straße – das sechste Haus auf der linken Seite.«

»Möchtest du nach Hause reiten?« fragte er und stieg vom Pferd. Bevor ich antworten konnte, hatte er mich schon hochgehoben und auf das Pferd gesetzt. Er stieg hinter mir auf. Ich lehnte mich an seine Brust und konnte durch mein dünnes Baumwollkleid die Messingknöpfe und das Koppelschloß spüren. Er fragte mich nach meinem Namen, und ich antwortete atemlos: »Piri Davidowitz.« Ich war überwältigt von dem aufregenden Gefühl, so hoch zu Roß zu sitzen, und freute mich jetzt schon darauf, die ganze Geschichte meiner Freundin Molcha zu erzählen.

Babi stand mit einer Gruppe von Dorfbewohnern auf der Straße. Der ungewohnte Anblick eines berittenen Polizisten flößte ihnen Furcht ein. Sein Auftritt verursachte in Komjaty fast soviel Aufregung wie das erste Erscheinen eines Automobiles in Beregszász.

»Ist alles in Ordnung?« brachte Babi auf ungarisch heraus.

»Oh, ja! Ihre Enkelin hat mir den Weg zum Polizeihauptquartier in Groß-Komjaty gezeigt. Ich komme mit einem dienstlichen Auftrag aus Salánk. Ich weiß nicht, ob Sie es schon erfahren haben, aber die Grenzen sind im Moment geschlossen, und es fährt kein Zug. Es könnte sein, daß Piris Ferien länger dauern, als Sie es geplant hatten.«

Es dauerte eine Weile, bis Babi diese Nachricht verdaut hatte, dann antwortete sie: »Möge dies das Schlimmste sein, was dieser Krieg uns beschert. Möchten Sie ein Glas kaltes Wasser, bevor Sie weiterreiten?«

Er stieg vom Pferd, hob mich herunter und stellte mich neben Babi. Er nahm seinen Helm ab, schlug die Hacken zusammen und salutierte. »Ich heiße Ferenc Wajda«, verkündete er und fügte dann hinzu: »Ja, ich hätte gern ein Glas Wasser, danke schön.«

Babi holte eines ihrer guten Gläser aus der Küche und füllte es mit Wasser. Sie reichte es Ferenc, der es mit ein paar kräftigen Schlucken austrank und ihr das Glas zurückgab.

»Ihre Enkelin ist eine reizende junge Dame. Ein Glück, daß ich jemanden traf, der Ungarisch spricht.«

Babi nickte. »Ich heiße Fage Rosner.«

Ferenc setzte den schweren Helm wieder auf und stieg auf sein Pferd. Nachdem er fort war, gingen die Dorfbewohner ohne ein Wort zu sagen davon. Babi runzelte argwöhnisch die Brauen, sie nahm mich bei der Hand und zog mich ins Haus.

2.

Einige Wochen später war ich gerade auf der Veranda, als ich Ferenc in der Ferne entdeckte. Er hielt am Gartentor. Ich lief auf ihn zu und fühlte mich geschmeichelt, als ich bemerkte, daß er sich an mich erinnerte.

»*Szervusz,* Piri«, grüßte er. »Meinst du, deine Großmutter hätte was dagegen, wenn mein Pferd und ich etwas Wasser bekämen?«

»Großmutter ist auf dem Feld, aber ich glaube, ich kann Ihnen Wasser geben.« Tatsächlich war ich mir überhaupt nicht sicher. Ich hatte ein merkwürdiges Gefühl, was ihn und Babi betraf. Ich konnte es nicht erklären, aber irgendwie schien es mir, als paßte er nicht in ihre Umgebung. Babi nahm so wenig Raum ein, und er brauchte so viel. Ich meinte, er könnte sie erdrücken. Aber ich versuchte, meine Furcht zu verbergen.

»Sind Sie wieder auf einer Dienstreise?«

»Ja, und ich werde diese Tour regelmäßig machen.«

»Was heißt eigentlich ›Dienstreise‹?«

»Ich überbringe die Anordnungen der neuen Regierung.«

Ich holte den Wassereimer aus der Küche und rannte über die Straße zum Brunnen der Nachbarn. Ferenc führte währenddessen sein Pferd zum Trog. Tercsas Wasser war klarer als das von Babi, denn es kam aus einer Quelle in den Bergen. Als ich den Wassereimer aus dem Brunnen zog, guckte ich hinüber in unseren Garten und sah dort Ferenc im Schatten eines Pflaumenbaumes stehen. Er wirkte riesig und unbeugsam unter dem Schirm von weißen Blüten. Doch dann, als hätte er meine Gedanken gelesen, nahm er plötzlich seinen Helm ab und schüttelte die Blütenblätter aus den Federn. Ohne Helm sah er viel jünger und viel menschlicher aus. Er hatte ein hübsches Gesicht, obwohl die Mund- und Kinnpartie sehr weich gezeichnet waren, fast wie bei einem Mädchen. Ich hatte genug Wasser und kehrte mit dem vollen Eimer zu unserem Grundstück zurück. Ferenc trank einen Becher Wasser und fragte dann: »Ist es hier nicht ein bißchen einsam für dich, ohne deine Freundinnen?«

»Meistens bin ich mit meiner Schwester Iboya hier, um Rozsi zu helfen. Aber Iboya war krank, deshalb bin ich ohne sie gefahren. Dann fuhren die Züge nicht mehr, und sie konnte nicht kommen.«

»Hat deine Großmutter schon immer hier gelebt?«

»Ja, immer.«

»Aber woher kann sie dann Ungarisch?«

»Von ihren Besuchen bei uns in Beregszász.« Wieder verspürte ich ein unbehagliches Gefühl bei dem Gedanken an Ferenc und Babi. Ich sagte nichts weiter.

»Wer ist Rozsi?«

»Sie ist meine ältere Schwester – sie ist auf dem Feld, mit meiner Großmutter.«

Als das Pferd genug getrunken hatte, salutierte Ferenc und ritt davon.

Einige Monate später pflückte Rozsi am Zaun ein paar Löwenmäulchen für unseren Sabbattisch. Sie war ganz in ihre Arbeit versunken und sang vor sich hin. Als Ferenc plötzlich auf der Straße erschien, hielt sie sofort inne und hörte auf zu singen. Ich schälte auf der Veranda Kartoffeln und konnte von dort aus Rozsis erstauntes Gesicht sehen.

Ferenc kam an unsere Pforte und stieg vom Pferd. Er nahm seinen Helm ab und machte zur Begrüßung eine höfliche Verbeugung. »Ich heiße Ferenc Wajda. Ich bin ein Bekannter Ihrer Schwester Piri.«

Rozsi hatte es die Sprache verschlagen. Ich stellte mich neben sie. »Ferenc ist der Polizist, von dem ich dir erzählt habe.«

»Und Sie müssen Rozsika sein«, sagte Ferenc. Er hatte die Koseform -ka an ihren Namen angehängt.

Eine Weile lang war es ganz still. Ferenc und sein Pferd standen vor dem Tor, Rozsi und ich auf der anderen Seite. Schließlich fand Rozsi die Sprache wieder und sagte: »Sie können Ihr Pferd hier tränken, wenn Sie wollen.«

»Ich geh Wasser aus Tercsas Brunnen holen«, bot ich an und lief den Wassereimer holen.

Als ich zurückkehrte, stand Rozsi neben Ferenc an der Tränke. In der linken Hand hielt sie die gelben Blumen, und mit der rechten streichelte sie das Pferd. Ferenc schaute sie an und bemerkte mich kaum, als ich ihm das Wasser anbot. Rozsi trug ihr Sonntagskleid. Das Leibchen schmiegte sich eng an ihre schmale Brust, während sich der weite Rock von der Taille bis zu ihren Knöcheln bauschte. Mit erhobenem Kopf schaute sie über das Pferd hinweg zu Ferenc, ihr langes, kastanienbraunes Haar glitzerte im Sonnenlicht.

Sie sprachen über die Auswirkungen der ungarischen Besetzung auf Komjaty. »Die Leute hier werden niemals Ungarisch lernen«, sagte Rozsi. »Sie sind Ukrainer und werden immer Ukrainer bleiben. In ihrem Leben ist kein Platz für Politik oder für irgendwelche Neuerungen. Sie brauchen ihre ganze Zeit, um für ihren Lebensunterhalt zu arbeiten.«

»Und wie sieht's bei Ihnen aus?« fragte Ferenc. »Langweilt Sie dieses einfache Leben nicht? Fehlt Ihnen nicht die Stadt, das Kino?«

»Eigentlich nicht...« begann Rozsi. Da kam Großmutter über die Felder hinter dem Haus. Wir sahen, wie sie stehenblieb und die Hände vor die Augen legte, um sie vor der grellen Mittagssonne zu schützen. Dann ging sie durch den Gemüsegarten zum Haus. Es war offensichtlich, daß sie diesen Umweg gewählt hatte, um unserem Besucher nicht zu begegnen. Wir spürten, daß sie ärgerlich war. Rozsi hörte auf, das Pferd zu streicheln. Ferenc gab mir den Becher zurück, nahm das Pferd beim Zügel und führte es zum Tor.

»Meinen Sie, ich kann wieder einmal hier vorbeikommen?« fragte er zögernd.

Rozsi zupfte an den Blumen herum und antwortete dann langsam: »Doch, ich denke schon«.

Ferenc bestieg sein Pferd, wandte sich noch einmal kurz um und verschwand dann aus unserer Sicht.

Als wir ins Haus gingen, schauten Rozsi und ich uns an. Wir verstanden uns auch ohne Worte. Babi war in der Küche und schnitt Rüben. Als sie uns bemerkte, wurden ihre Bewegungen heftiger. Rozsi nahm eine Vase aus dem Schrank und stellte die Blumen rein. Babi schüttete die Rüben in einen Topf, goß Wasser dazu und setzte den Topf aufs Feuer. Dann explodierte sie.

»Das war ja ein schönes Bild da draußen in meinem Garten! Man muß nur alt genug werden, und man wird alles erleben! Ich kann ja noch verstehen, daß Piri sich mit einem von denen anfreundet, aber bei dir, Rozsi, enttäuscht mich das tief. Ich dachte, du wärest alt genug, um zu wissen, was du tust.«

»Wir haben ihm doch nur Wasser gegeben«, sagte ich.

»Meine Enkelinnen haben nicht den Durst unserer Feinde zu stillen. An dem Tag, als er dich vom Fluß heimbrachte, hatte ich keine andere Wahl, aber Rozsi hatte keinen Grund, sich um ihn zu kümmern.«

»Er ist doch nicht unser Feind, bloß weil er Ungar ist«, protestierte Rozsi. Sie war knallrot im Gesicht. Sie tat mir leid. Es war das erste Mal, daß ich Babi so zornig mit Rozsi sprechen hörte. Ich setzte mich auf einen der Küchenstühle.

Dann wurde Babi etwas ruhiger. »Rozsi, weißt du nicht, daß die Ungarn* schon seit Jahren unsere Feinde sind? Seit dem Weltkrieg hetzen sie gegen die Juden. Uns haben sie die Schuld für ihr verlorenes Land gegeben, für die schlechten Zeiten. Alles, was irgendwie schiefging, war unsere Schuld. Sie sind mit ihren Pogromen durch die Gegend hier gezogen und wollten jeden Juden töten. Selbst in unseren Häusern waren wir nicht sicher, wir hatten sogar Angst, uns schlafen zu legen. Deswegen sind drei meiner Kinder nach Amerika ausgewandert.«

»Aber das war doch unter der Regierung von Béla Kun. Jetzt ist doch Horthy Regierungschef in Ungarn, und der ist ein Freund der Juden«, sagte Rozsi.

»Nein, Rozsi. Solange es Kriege gibt, so lange werden Sündenböcke gesucht. Und solange es uns gibt, werden wir es sein.«

Rozsi hörte auf, den Tisch zu decken, und ging nach draußen. Babi setzte sich neben mich. Sie streichelte mir über den Kopf, und da merkte ich, daß ich geweint hatte. Als sie sprach, war ihre Stimme ganz sanft. »Ich hätte euch

* Auch in Ungarn gab es in den dreißiger Jahren eine starke faschistische, antisemitische Bewegung. Es gab zu dieser Zeit bereits spezielle Judengesetze.

das alles vorher erklären sollen, Piri, aber ich hatte gehofft, eurer Generation würde das erspart bleiben. Ein Jude hofft immer, das ist seine Natur. Aber jetzt, fürchte ich, gibt es wieder so einen Wahnsinnigen, diesen Hitler, der ganz Europa durcheinanderbringt. Wie eine Landplage marschiert er durch andere Länder. Er will ganz Europa für die Deutschen erobern. Er nimmt mit der einen Hand von den Tschechen und gibt es mit der andern Hand an die Ungarn weiter. Er kauft sich mit diesem Land die ungarische Armee. Und sie haben jetzt sogar schon angefangen, den Juden Arbeitsplätze zu nehmen. So sieht's heute aus, und morgen? Was dann?«

»Wo ist er jetzt?« fragte ich. Ich stellte mir vor, wie dieser monströse Mann sich mit Armen, die so lang waren wie die Telefonmasten in Beregszász, über die Felder bewegte.

»In Polen«, sagte Babi. Sie stand auf und ging zum Herd, um das Essen weiter vorzubereiten. Ich war erst mal beruhigt, daß Hitler so weit von uns entfernt war, aber mein Kopf dröhnte bei dem Versuch, all das zu verstehen, was Babi Rozsi und mir gesagt hatte. Pogrome, Sündenböcke – bedeutete es das, Jude zu sein?

Insgeheim hatte ich schon immer gewußt, daß meine christlichen Freunde anders waren als ich; daß ich in ihrer Welt lebte und nicht sie in meiner; daß die Gesetze ihrer Welt entstammten und nicht meiner; daß die Schule an Weihnachten und Ostern schloß, aber nicht zum Chanukka- oder zum Pessachfest.* Ich hatte diese Regelungen akzeptiert, ohne weiter darüber nachzudenken, so

* *Chanukka* – Lichterfest. Es wird die Neuweihe des Tempels in Jerusalem gefeiert, der zur Zeit der syrischen Religionsverfolgung im 2. Jahrhundert vor der Zeitenwende durch die Heiden entweiht worden war. Während die Lichter brennen – jeden Tag wird ein Licht mehr angezündet, das Fest dauert acht Tage – ist jede profane Arbeit

wie ich mich auch dran gewöhnt hatte, mein Gesicht zu waschen und die Haare zu kämmen. Diese Regeln waren mir zwar bewußt, aber ich hatte mich nie weiter damit auseinandergesetzt.

In Beregszász ging ich in eine normale öffentliche Schule, und ich hatte meine Freundinnen und Freunde nie nach ihrer Religion ausgesucht. In unserer Straße wohnten ungarische, tschechoslowakische, russische und jüdische Familien. Meine Mutter war zu allen gleich freundlich. Ich war mit Ica Molnar in evangelischen Gottesdiensten gewesen und mit Vali und Milush Veligan in russisch-orthodoxen, und meiner Mutter schien es überhaupt nichts auszumachen, wenn ich ihr erzählte, wo ich gewesen war. Aber Babis Einstellung gegenüber den Ungarn war anders als die von Mutter. Ich erinnerte mich an eine Begebenheit in dem Sommer, als Großvater Rosner gestorben war. Babi hatte noch immer schwarze Kleider getragen und war im Haus geblieben, um in ihrem Gebetbuch zu lesen. Ich war immer öfter rausgegangen, um mit den Kindern aus Komjaty zu spielen. Eines Tages, als wir an dem Heiligenschrein an der Straße vorbeikamen, blieben all die anderen Kinder stehen, verneigten sich, schlugen ein Kreuz über der Brust und sprachen ein kurzes Gebet auf ukrainisch. Ihre Bewegungen beeindruckten mich. Ich beobachtete ihre Gesten und machte sie dann nach, verbeugte mich und schlug ein Kreuz über der Brust. Später, als ich nach Hause kam, führte mich Babi ins Schlafzimmer und schloß die Tür. Sie war sehr zornig.

verboten, es wird viel gespielt. Nach dem Anzünden der Kerzen wird gesungen. Chanukka wird etwa zur selben Zeit gefeiert wie das christliche Weihnachtsfest. *Pessach* – Fest zur Erinnerung an die Befreiung des Volkes Israel aus ägyptischer Gefangenschaft. Das Pessachfest liegt zeitlich sehr dicht am christlichen Osterfest.

»Jemand hat mir erzählt, daß du dich bekreuzigt hast. Stimmt das?«

»Nein, nicht ich, die anderen haben es getan.«

Sie hob mich hoch und stellte mich auf einen Stuhl, so daß sie mir direkt in die Augen sehen konnte. »Jetzt guck mich an. Hast du dich bekreuzigt, oder bin ich angelogen worden?«

»Ich habe mich bekreuzigt.«

»Weißt du nicht, daß du Jüdin bist?«

»Doch, Babi.«

»Was heißt ›doch‹?«

»Es tut mir leid.«

»Wenn du schon keine Achtung vor deiner Religion hast, wie kannst du es dann von anderen erwarten?«

Ich achtete meine Religion, aber ich konnte mir nicht vorstellen, daß all die Leute in Beregszász, die eine so wichtige Rolle in meinem Leben spielten, meine Feinde sein sollten. Die ukrainischen Bauern hier schienen mir wesentlich unfreundlicher zu sein als die ungarischen, die ich kannte.

Babi war immer noch am Herd beschäftigt, deshalb fragte ich: »Wie ist es denn mit den Christen hier, mögen die die Juden?«

Sie wandte sich zu mir, um mir die Frage zu beantworten. »Für sie ist das Land wichtiger als Grenzen. Sie sind damit beschäftigt, ihr Essen anzubauen, und wenn die Ernte schlecht ausfällt, dann lag es am fehlenden Regen und nicht an den Juden. Außerdem leben wir hier sehr bescheiden. Wir haben nichts, wofür sie uns beneiden könnten.« Sie drehte sich wieder um und widmete sich unserer Mahlzeit.

Rozsi kam mit einer Zeitung in der Hand zurück. Sie machte einen äußerst angespannten Eindruck. »Kann ich die Zeitung haben?« fragte ich und griff danach.

»Das verstehst du sowieso nicht, ist alles politisch«, sagte sie.

Als Babi die Zeitung aufschlug, sprang mir das Wort Jude in dicken schwarzen Buchstaben entgegen. Babis Augen flogen über die Seite, dann faltete sie die Zeitung wieder zusammen und legte sie auf den Tisch. »Wir reden nach dem Essen darüber«, sagte sie zu Rozsi.

Am nächsten Nachmittag, als Babi und Rozsi auf dem Feld waren, holten Molcha und ich die Zeitung von Babis Nachttisch. Wir gingen aufs Kleefeld, Molcha übernahm die Wache, und ich versuchte, die Zeitung zu lesen. Die Worte »Vertreibung« und »Zwangsarbeit« stachen mir zwar ins Auge, aber das meiste war eher verwirrend, und ich konnte kaum etwas verstehen. Orte mit fremd klingenden Namen wie Kamenets-Podolski oder Novi Sad wurden erwähnt.

»Wo ist denn das?« fragte Molcha, als ich versuchte, die Namen auszusprechen.

»Keine Ahnung«, antwortete ich. »Vielleicht in Polen, wo der Hitler sein soll, wie Babi sagt.«

»Wer ist Hitler?« fragte Molcha.

»Babi sagt, das ist ein Verrückter, der alle Leute gegen die Juden aufhetzt.«

»Wieso?«

»Das versuche ich ja gerade herauszufinden. Hier steht, wir sind ein Risiko, und wir essen zuviel Brot. Unseretwegen herrscht Brotmangel.«

»Aber wir essen doch bloß unser eignes Brot, wieso kann es dann unseretwegen Brotmangel geben?«

»Weiß ich auch nicht.«

Molcha beendete die Diskussion. »Komm, wir bringen die Zeitung zurück, und du bringst mir noch ein bißchen Ungarisch bei.«

3.

Jeden Tag warteten wir begierig auf Nachrichten, die die Bauern vom Markt in Szölös mit heimbrachten. Wir hofften, daß eine Einigung in der Grenzfrage die Züge wieder in Bewegung setzen würde. Die Zeit, die Babi mit Beten verbrachte, wurde immer länger. Nach dem Abendessen legte sie ihr Angoratuch um, nahm ihr Gebetbuch und setzte sich in ihren Sessel ans Fenster. Sie war so in ihr Gebet vertieft, daß sie nicht einmal das Schwinden des Tageslichts wahrnahm.

Eines Abends kamen Rozsi und ich von draußen rein. Im Zimmer war es schon fast völlig dunkel, doch Babi saß mit aufgeschlagenem Buch in ihrem Sessel.

»Babi, mir erzählst du immer, ich soll mir meine Augen nicht verderben. Und du sitzt da im Dunkeln und liest«, sagte Rozsi und zündete die Petroleumlampe an.

»Ich lese ja gar nicht. Wenn man fünfzig Jahre lang immer dieselben Gebete gesprochen hat, dann werden sie fast ein Teil von einem selbst. Ich habe das Buch nur aufgeschlagen, für den Fall, daß ich doch einmal ein Wort vergessen sollte.«

»Babi«, fragte ich, »wird es dir nicht zu langweilig, immer dasselbe Buch zu lesen?«

»Nein, Piri, dieses Buch kann einen niemals langweilen. Jedesmal, wenn ich darin lese oder Gebete spreche, verstehe ich die Worte besser. Sie bergen alle unsere Überlieferungen und alle Regeln eines jüdischen Haushalts.«

Babi schloß das Buch und blieb eine ganze Weile still sitzen. Jeden Tag nach der Arbeit saß sie so da. Sie hatte ihr Tagewerk beendet, und auf diese Weise zeigte sie uns, daß sie für den vergangenen Tag Dank sagte, um Vergebung für ihre Sünden bat und ihre Hoffnung auf Frieden unter den Menschen zum Ausdruck brachte.

Eine Woche vor Rosch Haschana* kam ein Bote und brachte einen Brief von Mutter an Babi. Mutter hatte ihn an Tante Helen in Szölös geschickt, weil bis dahin in Komjaty immer noch keine Post ausgeliefert wurde. Der Brief hatte drei Wochen gebraucht, bis er uns erreicht hatte.

Vater war wieder zur Armee geholt worden, aber da er Tscheche war, hatten sie ihn vom Offizier zum einfachen Soldaten heruntergestuft. Mein Schwager Lajos war auch eingezogen worden. Die Härte der unter dem Druck der Deutschen neu verordneten Gesetze stieß bei den Leuten in Beregszász zunehmend auf Ablehnung.

Mutter schrieb: *Bei uns ist alles im Umbruch: Jeden Tag müssen wir uns auf neue Gesetze einstellen. Unser Leben hat sich inzwischen so verändert, daß wir nicht mehr wissen, was wir vom nächsten Tag erwarten sollen. Herr Kovacs mußte unser Schuhgeschäft übernehmen, bis Vater zurückkehrt.*

Mutter machte sich außerdem Sorgen um uns. Wir sollten ihr so schnell es ging eine Nachricht zukommen lassen. Sie bat Rozsi, mich in der Schule anzumelden, für den Fall, daß die Grenze auch zu Schuljahrsbeginn im September noch geschlossen sein sollte.

»Sieht so aus, als hätte Babi recht mit dem, was sie über die ungarische Regierung gesagt hat«, flüsterte ich Rozsi zu, sobald Babi aus der Küche war.

»Sie hat immer recht – in allem«, antwortete Rozsi. »Wir müssen Mutter so schnell wie möglich einen Brief schicken, damit sie weiß, daß es uns gutgeht. Ich möchte wissen, ob sie zu Rosch Haschana kommen werden.«

* jüdisches Neujahrsfest; wird im September/Oktober gefeiert

Babi kam wieder rein. »Wie willst du ihr denn einen Brief schicken?«

»Vielleicht finden wir jemanden, der nach Szölös muß und den Brief für uns aufgeben könnte.«

Babi kniff die Augen zusammen und biß sich auf die Unterlippe. »Was meint ihr, wieweit ihr in einem Notfall auf euren ungarischen Polizistenfreund rechnen könntet?«

Rozsi sah Babi direkt ins Gesicht. »Freund? Ich habe nur einmal mit ihm gesprochen...« Sie zögerte.

»Meinst du, er würde den Brief auch wirklich sofort aufgeben?«

»Weiß ich nicht.«

Babi sah mich an. »Du kannst nach ihm Ausschau halten, und sobald du ihn siehst, rufst du Rozsi.«

»Und was soll ich ihm sagen?«

»Sag ihm die Wahrheit. Daß eure Mutter sich Sorgen über uns macht. Das müßte er verstehen. Er weiß doch, was los ist.« Ihre Stimme hatte einen scharfen Unterton.

Einige Tage später entdeckte ich Ferenc am Waldrand und raste los, um Rozsi Bescheid zu sagen. Sie war auf der Veranda, als ich zum Haus kam. Ich war so außer Atem, daß ich gar nicht sprechen konnte, deshalb zeigte ich nur aufgeregt in Richtung des Waldes. Rozsi ging sofort nach drinnen und kam mit dem Brief in der Hand wieder raus. Sie lief zur Straße, den Brief hinter ihrem Rücken versteckt. Ich folgte ihr auf den Fersen. Ferenc zügelte sein Pferd an unserer Gartenpforte und stieg ab.

»Was für ein schöner Tag«, sagte er. »Ein Jammer, daß Sie nicht mit mir ausreiten können.«

»Nein, das können wir nicht«, sagte Rozsi. »Aber wir möchten Sie um einen großen Gefallen bitten. Ich habe meiner Mutter einen Brief geschrieben, aber ich weiß nicht, wie ich ihn abschicken soll. Könnten Sie das für uns erledigen?« Ihre Stimme zitterte, und ich hatte schon Angst, sie würde anfangen zu weinen.

Ferenc nahm den Brief und steckte ihn in seine Brusttasche. »Wenn's weiter nichts ist? Es ist mir ein Vergnügen, Ihnen behilflich zu sein. Ist doch nur eine Kleinigkeit.« Er strich mit der Hand über Rozsis Schulter. »Ich werde ihn noch heute abschicken.«

Rozsis Stimme klang wieder ganz ruhig. Sie guckte hoch zu Ferenc. »Ich danke Ihnen.«

Bis zur letzten Minute hatte Babi die Hoffnung nicht aufgegeben, daß das Wunder noch geschehen und der Rest der Familie zum Rosch Haschana an ihrem Tisch versammelt sein würde. Mehr als einmal sah ich, wie sie ihre Vorbereitungen für das Fest unterbrach, zur Straße lief, Richtung Wald starrte und versuchte, in der Ferne irgend etwas auszumachen.

»Babi, glaubst du immer noch, daß sie kommen könnten?« fragte ich, als sie wieder einmal zurück in die Küche kam.

»Wir dürfen nie aufgeben. Hoffnung ist unsere Rettung.«

Die großen Emailletöpfe waren randvoll. Auf dem Herd köchelte die Suppe, die Hähnchen schmurgelten in der Pfanne, und der Zimmes* dampfte. Rozsis köstliche Nudeln lagen auf einer großen Platte und warteten darauf, mit der goldenen Hühnerbrühe übergossen zu werden.

Rozsi polierte die Messingkerzenhalter und deckte so

* süße Speise aus vielen verschiedenen Zutaten, z.B. Karotten, gedörrtem Obst

viele Teller auf den Tisch, wie darauf Platz fanden. Ich fragte: »Rozsi, glaubst du, daß sie heute kommen werden?«

Sie winkte mich heran, und als sie sicher war, daß Babi nichts hören konnte, antwortete sie: »Wenn du schlau bist, machst du dir keine falschen Hoffnungen.«

»Aber warum tut ihr dann so, als kämen sie?«

»Babi tut nicht so. Babi bereitet dieses Mahl schon seit zwanzig Jahren für uns alle. Sie folgt nur ihren alten Gewohnheiten.«

»Aber sie läuft doch immer raus und guckt nach ihnen?«

»Ach, das macht sie schon seit ewigen Zeiten so. Es gehört einfach dazu.«

Erst als die Kerzen für den Neujahrssegen angezündet werden mußten, schloß Babi die Vordertür. Rozsi und ich standen jede auf einer Seite von ihr, als sie das Gebet sprach. Sie band das weiße Spitzentuch fest um ihren Kopf, guckte nach oben an die Decke und sprach: »Gelobt seist du, ewiger unser Gott, König der Welt, der du uns geheiligt durch deine Gebote und uns befohlen, das Feiertagslicht anzuzünden.«

Babi verbrachte den ganzen Tag des Neujahrsfestes betend in der Synagoge. Ich blieb eine ganze Weile bei ihr sitzen, aber ich fühlte mich in dem niedrigen Gebäude nicht sehr wohl. Sowohl die Gesichter der Frauen, die auf Babis Seite des Raumes saßen, als auch die der Männer auf der anderen Seite wirkten angespannt und verhärmt. Der monotone Singsang ihrer Gebete wurde hin und wieder durch laute Bitten um Gnade und Gerechtigkeit unterbrochen. Babi hielt mich an der Hand, damit sie und ich und die Gemeinde eins waren. Aber ich beschäftigte mich lieber damit, die Mosaike an den Fenstern, die rissigen Mörtelwände oder den heruntergekommenen

Mahagonialtar zu betrachten. Die Düsternis meiner Umgebung trieb mir die Tränen in die Augen, und bei der ersten Pause im Gebet ließ ich Babis Hand los und schlüpfte aus dem Raum. Den Rest des Tages verbrachte ich mit Molcha spielend im Vorhof der Synagoge.

Am nächsten Morgen kam Rozsi vom Melken ins Haus, in jeder Hand trug sie einen Eimer voll schäumender Milch.

»Wieso bist du denn schon so früh auf?« fragte sie.

»Ich war so aufgeregt wegen der Schule, daß ich nicht länger schlafen konnte. Ich habe die Hähne krähen hören, bin aber im Bett geblieben, bis ihr rausgegangen seid.«

Rozsi stellte die Eimer auf die Küchenbank und sagte zu Babi, die gerade meinen Frühstücksbrei anrührte: »Komisch, in diesem Jahr gehe ich zum ersten Mal nicht in die Schule, und dafür geht Piri.«

Molcha wartete schon auf mich, als ich an ihrem Tor vorbeikam. Sie war nervös wegen der neuen Sprache.

»Ich weiß noch alle Worte, die du mir beigebracht hast. Willst du sie hören?« Sie sagte die einfachen ungarischen Worte auf, als seien sie Teil eines Gedichtes.

Als wir den Klassenraum betraten, stand eine hübsch gekleidete junge Frau vorne an der Tafel. Nach und nach trudelten die anderen Kinder ein. Die meisten kannte ich, einige waren älter, andere jünger als ich. Nachdem wir alle saßen, bat uns die Lehrerin, nacheinander einzeln aufzustehen und unsere Namen zu sagen. Jedes Kind stand langsam auf und flüsterte seinen Namen. Als ich drankam, sagte ich laut und deutlich: »Piri Davidowitz.«

»So ist es richtig! So möchte ich einen Namen gesagt hören!« sagte die Lehrerin. Den Rest des Tages verbrachte sie damit, uns die ungarische Aussprache unserer Namen beizubringen und dazu noch die ungarischen

Bezeichnungen für alles, was im Klassenraum war. Ich war ihre Star-Schülerin, und am Ende des Unterrichts verkündete sie, daß ich ab jetzt ihre Assistentin sei. Außer mir vor Freude rannte ich nach Hause, um Babi und Rozsi diese Neuigkeit mitzuteilen.

Babi war auf dem Feld und bearbeitete die Ernte des vorigen Tages. Sie hatte für mich nur einen kurzen, bissigen Kommentar übrig: »Deine Mutter wird begeistert sein, wenn sie hört, daß du Dolmetscherin für Ungarisch geworden bist.«

Der Herbst ging vorüber, und Komjaty sah kahl und verlassen aus. Die Leute verließen ihre Häuser nur, wenn es nötig war. Mehrmals hatte ich Rozsi nach der Schule auf der Veranda stehend angetroffen, den Blick in die Ferne auf den Waldrand geheftet. Ferenc war schon eine ganze Weile nicht mehr dagewesen.

Babi hatte immer mal wieder Leute gefunden, die nach Szölös mußten und unsere Briefe abschickten. Im November erhielten wir einen Brief aus Amerika, der an Tante Helen in Szölös adressiert war. Babi riß den Umschlag mit nervösen Fingern auf. Später sprach sie mit Rozsi über den Brief.

»Die wissen da drüben mehr als wir hier.«

»Was schreiben sie denn?«

»Dasselbe wie immer. *Verkauft alles und kauft Fahrkarten.* Für die ist es bloß irgendwelches Land und irgendein Haus, wo man seinen Preis für kriegt und dann weggeht. Nein, so einfach ist es nicht. Du kannst dein Leben nicht verkaufen. Und ich – ich habe nichts weiter als dieses kleine Haus, das Land und meine Tiere. Was weiß ich schon über Amerika? Ich bin eine alte Frau, für mich ist es zu spät, wegzulaufen und neu anzufangen. Nein, ich werde mein Leben genau hier zu Ende leben.«

In dieser Nacht fiel der erste Schnee, und die Straßen waren bald mit Schneewehen bedeckt. Morgens brachte mich Rozsi auf die Veranda und band mir für den Schulweg mein Tuch so um den Kopf, daß es meinen Mund bedeckte. Als ich Molcha traf, war sie genauso eingemummelt. Im Klassenraum brannte ein Feuer im dickbauchigen Ofen, und die Lehrerin stand daneben und wärmte sich die Hände. »Von morgen an müßt ihr Feuerholz mit in die Schule bringen. Piri, erklär bitte den Kindern, daß ab morgen jeder ein Scheit Holz mitbringen muß. Wenn nicht, müssen wir die Schule schließen.«

Als ich Babi und Rozsi erzählte, wozu uns die Lehrerin aufgefordert hatte, sah Babi betroffen aus. »Deine Lehrerin kennt die Leute hier nicht. Die werden sie die Schule schließen lassen. Ihnen ist ihr Feuerholz wichtiger als die Schule.«

Rozsi war überrascht. »Das hat's noch nie gegeben. Wir hatten immer genug Holz.«

»Alles wird anders«, sagte Babi.

Wir stellten uns auf das Leben mit Schnee und Wind ein.

Im Schlafzimmer brannte ununterbrochen ein Feuer, das regelmäßig mit Holzscheiten, die hinter dem Ofen lagerten, unterhalten wurde. Rozsi und ich holten das Holz von draußen herein. Wir versuchten immer, Vorrat für ein paar Tage reinzuschleppen, damit es schon ein bißchen durchtrocknen konnte, bevor wir es verbrauchten.

Babi war erleichtert, als die Schule im Januar für den Rest des Winters schloß. Es paßte ihr nicht, daß ich aus dem Haus mußte, wenn draußen die Schneewehen fast so groß waren wie ich. Wir verließen die Wärme unseres Hauses nur, um die Tiere zu versorgen, um Wasser und Holz reinzuholen und um aufs Klo zu gehen.

So lebten wir bis Ende März, dann machte die Schule wieder auf. Und dann hörten wir, daß die Züge zwischen Komjaty und Beregszász wieder den Verkehr aufgenommen hatten und daß in Kürze die Post wieder ausgeliefert werden würde. Ich war gespannt, wann ich wieder nach Hause fahren konnte.

4.

Erst im April, als Molcha und ich schon die ersten Veilchen am Waldrand pflückten, kam der Briefträger zu uns. Wir rannten zurück zum Haus, um ihn zu treffen. Rozsi war im Garten und hängte Wäsche auf die Leine. Als sie merkte, wie aufgeregt wir waren, fragte sie: »Habt ihr Ferenc gesehen?«

»Nein, Rozsi«, sagte ich, »der Briefträger ist gekommen. Vielleicht hat er einen Brief von Mutter.« Rozsi wandte sich ab, um ihre Enttäuschung zu verbergen, warf die Wäscheklammern und ihre Schürze in den Wäschekorb und ging ins Haus. Ich rannte zum Briefträger, Molcha hinter mir her. Er hatte wirklich einen Brief von Mutter. Ich rief Molcha ein kurzes Auf Wiedersehn zu und lief dann mit dem Brief in der einen und den Veilchen in der anderen Hand aufs Haus zu. Babi kam raus auf die Veranda, ich drückte ihr den Brief in die Hand und ging nach drinnen, um nach Rozsi zu sehen. Sie stand in dem ungenutzten Schlafraum am Fenster und starrte in Richtung des Waldes. Ich drückte ihr die Veilchen in die Hand und lief dann zur Veranda, wo Babi über den Brief gebeugt auf der Bank saß. Ihr liefen Tränen übers Gesicht.

»Geht's allen gut?« fragte ich gespannt.

Babi faltete den Brief wieder zusammen und steckte ihn

in ihre Schürzentasche. Dann wischte sie sich mit einem Schürzenzipfel die Augen, stand auf und antwortete mir: »Allen geht's gut, Piri. Komm, hilf mir, die fettesten Hühner zu fangen. Sie kommen alle zu Pessach hierher.«

»Wer kommt denn alles, Babi?«

»Vielleicht sollten wir auch noch zwei von den Gänsen schlachten. Wir werden sehr viele sein.«

»Wie viele denn?«

»Komm, wir zählen«, sagte Babi und nahm meine Finger, als ob wir ein Spiel spielen wollten. Sie sah auf mich herab, und ich bemerkte, daß ihre schmalen kaffeebraunen Augen zum erstenmal seit letztem Herbst vor Freude leuchteten. Sie nahm meine Finger und zählte wie bei einem Abzählvers: »Deine Mutter, dein Stiefvater, Iboya und Sandor.«

»Aber Vater ist doch bei der Armee.«

»Ja, aber im Moment ist er zu Hause, er hat Urlaub.« Ich war selig vor Freude und hüpfte um Babi herum.

»Laß mich doch erstmal zu Ende zählen!« sagte sie und schnappte sich noch einmal meine Finger. »Lilli, Lajos und die kleine Manci kommen auch. Geh und hol Rozsi, wir wollen die Viecher fangen.«

Rozsi stand immer noch am Fenster und sah aus, als hätte sie geweint.

»Babi hat gesagt, ich soll dich holen. Wir haben einen Brief von zu Hause gekriegt. Sie kommen alle zum Pessachfest hierher.«

»Alle?«

»Ja, Vater und Lajos haben beide Urlaub.«

Rozsis Gesicht hellte sich auf. Sie packte mich unter den Armen und schwang mich herum. »Und wann wird das sein?«

»Übermorgen. Wir sollen Babi helfen, die Hühner zu fangen – und vielleicht noch eine Gans.«

Als wir auf die Veranda kamen, blieb Rozsi einen Moment lang stehen und lachte bei dem Anblick von Babi, die versuchte, die Hühner anzulocken. Sie hatte sich auf den Boden gehockt, hielt den Hühnern einen Maiskolben vor die Nase und lockte sie mit den Worten: »Kommt, ihr Hübschen, kommt hierher.« Sobald eine Henne dicht genug an den Mais herangekommen war, packte Babi sie, hielt den Vogel hoch in die Luft und blies die Federn auseinander, so daß sie sehen konnte, ob das Tier fett genug war. Wenn die Haut nicht ordentlich gelb war, ließ sie die Henne wieder laufen und fing noch einmal von vorne an.

»Ihr seid mir ja schöne Helfer, laßt mich die ganze Arbeit allein machen«, schimpfte Babi. Sie zog den Brief aus ihrer Schürzentasche und reichte ihn Rozsi. »Lies ihn später. Hilf mir jetzt, zwei ordentliche Hennen zu finden.«

Rozsi warf einen abschätzenden Blick auf die Hühner. »Wie wär's mit der da, die mit dem kurzen Schwanz?«

»Nein, das ist eine unserer besten Legehennen. Eier brauchen wir auch jede Menge.« Schließlich hatten Babi und Rozsi die Hühner ausgesucht, und Babi band ihnen rote Lappen an die Beine.

»So. Jedenfalls werden wir einen großen Topf Hühnersuppe haben.«

Rozsi nickte und begann auf dem Weg zurück ins Haus Mutters Brief zu lesen.

»Kann ich ihn auch lesen?« fragte ich.

»Warte, ich lese ihn laut«, sagte Rozsi und setzte sich auf die Bank auf der Veranda. Ich setzte mich neben sie und hörte, wie sie mit ihrer sanften Stimme Mutters Worte las. Mutter klang sehr glücklich, weil Vater gerade an jenem Morgen unerwartet nach Hause gekommen war. Lajos, Lilli und Manci waren nach Salánk gefahren, um Lajos' Eltern zu besuchen. Anschließend würden sie gleich von dort hierherkommen.

Den ganzen nächsten Tag über war Babi wie aufgedreht. Während sie die Schlafstätten vorbereitete, erklärte sie mir: »Deine Mutter und dein Vater können in dem anderen Schlafzimmer schlafen, und ihr Kinder schlaft auf der Erde. Wir werden ein paar Strohmatratzen machen. Rozsi kann in deinem Bett schlafen, so daß Lilli und Lajos Großvaters Bett haben können.«

»Du meinst: Rozsis Bett.«

»Für mich wird das immer Großvaters Bett bleiben.«

Am nächsten Tag war ein heilloses Durcheinander, wir unterbrachen immer wieder unsere Arbeit, um zu gukken, ob sie schon kämen, dabei rannten wir ständig ineinander. Am späten Nachmittag entdeckte ich sie und raste ihnen entgegen. Mutter und Vater liefen nebeneinander her. Vater war über sein Fahrrad gebeugt, das mit einem Koffer und diversen Paketen voll beladen war. Er trug eine häßliche Flanelluniform. Mutter hatte sich verändert, ihre weiche, zarte Haut war ganz aufgedunsen. Erschrocken wich ich zurück.

»Hab ich dir gefehlt?« fragte sie. Sie schien etwas verletzt zu sein.

»Was ist mit mir? Kriege ich keinen Kuß?« fragte Vater und beugte sich zu mir runter. Ich schlang meine Arme um seinen Hals und küßte ihn auf die Wange. Er hatte immer noch seine buschigen Koteletten.

Iboya stellte die Pakete, die sie trug, ab und drückte mich fest. Als sie mich losgelassen hatte, nahm ich Sandor auf den Arm. Er war kein Baby mehr, sondern war ein richtiger kleiner Junge geworden. Er sagte andauernd: »Das ist meine Schwester Piri, das ist Piri«, als ich seinen kleinen stämmigen Körper im Arm hielt.

Babi und Rozsi kamen auch dazu. Babi versuchte, ihre

kurzen Arme um Mutter zu legen, und schluchzte: »Warum hast du in deinem Brief denn nichts davon gesagt?«

»Ich wollte nicht, daß du dir Sorgen machst«, antwortete Mutter.

»Wie weit bist du denn? Könnte schon bald sein, oder?« Sie betrachtete Mutter von oben bis unten. »Und du bist den ganzen Weg zu Fuß gegangen. Ich hätte doch jemanden mit dem Wagen schicken können, aber ich wußte ja nicht, mit welchem Zug ihr kommt. Du hast nur geschrieben, daß ihr am Freitag kommt.«

»Wir sind ganz langsam gelaufen«, sagte Vater und versuchte uns dazu zu bewegen, zum Haus zu gehen.

Mutter ließ Babi los und legte ihren Arm um mich. »Du bist hübscher geworden, warte nur, bis deine Freundinnen dich sehen!«

»Kann ich mit euch nach Hause?«

»Möchtest du denn?«

»Ich weiß nicht genau. Du hast gesagt, es hätte sich alles verändert. Haben sich auch Ica, Vali und Milush verändert? Ob sie mich immer noch mögen, obwohl ich Jüdin bin?«

»Du warst doch schon immer Jüdin.«

»Ich weiß, aber jetzt ist alles so anders.«

Mutter küßte mich und meinte, ich solle mir nur keine Sorgen machen. Sie sah sehr müde aus, und als wir auf die Veranda kamen, ließ sie sich gleich auf die Bank fallen. »Ich muß mich mal einen Augenblick hinsetzen.«

Rozsi setzte Sandor ab und sagte zu Mutter, daß sie ihr etwas Kaltes zum Trinken bringen würde. Als Rozsi in die Küche lief, fingen alle auf einmal an zu reden. Rozsi kam gleich zurück und gab Mutter ein großes Glas voll Wasser, das sie in einem Zug austrank. Dann zog Mutter ihre Schuhe aus und blieb auf der Veranda sitzen, während wir anderen das Gepäck reintrugen.

»Was ist mit Mutter los?« fragte ich Iboya, sobald wir im Haus waren.

»Sie erwartet ein Baby.«

»Wann denn?«

»Im Juni. Vielleicht an deinem Geburtstag.«

Später, am Nachmittag, kamen Lilli, Lajos und Manci. Mutter rief: »Sie kommen!« Und wir rannten ihnen alle entgegen. Lilli lief neben Lajos, und Manci saß auf den Schultern ihres Vaters. Es war so lange her, daß ich sie zuletzt gesehen hatte. Als sie Sandor entdeckte, wollte sie unbedingt runter. Lajos hatte sie gerade runtergelassen, als Sandor auch schon da war und die beiden Kleinen sich sofort in ein Gespräch vertieften. Wir anderen blieben alle einen Moment lang stehen und schauten den beiden zu.

Ich war erstaunt, daß Lajos eine ungarische Offiziersuniform trug, und fragte Iboya: »Wieso trägt Lajos so eine Uniform und Vater muß so ein häßliches Ding tragen?«

»Ich weiß es nicht«, antwortete sie etwas zögernd.

»Piri, du bist ja vielleicht groß geworden!« sagte Lilli und umarmte mich. »Lajos und ich haben für Iboya und dich einen Globus mitgebracht«, fügte sie hinzu.

Später, als wir im Haus waren und Lilli Babi umarmte, sah es so aus, als ob eine Mutter ihr Kind in die Arme schloß. Lilli war mit Abstand das längste weibliche Wesen in unserer Familie. »Und wie geht es meiner lieben Babi?« fragte sie in gebrochenem Jiddisch. Babi strahlte sie an und sagte: »Du hast ja dein Jiddisch verlernt.«

»Ich habe so gut wie keine Gelegenheit, Jiddisch zu sprechen. Und der da ist mir auch keine große Hilfe«, antwortete sie und zeigte auf Lajos.

»Ich? Wieso? Ich kann doch Jiddisch«, sagte Lajos. Er

sprach jedes einzelne Wort sehr sorgfältig, aber mit starkem ungarischen Akzent.

»Genauso sprach dein Schwiegervater, als er meine Tochter heiratete«, sagte Babi.

»Ein Glück, daß ich es inzwischen richtig sprechen gelernt habe. In meinem Zug gibt es eine ganze Reihe junger Männer, die außer Jiddisch kaum eine andere Sprache können.« Mein Vater zog die Hand aus der Tasche und rückte seinen Schlips zurecht. Es war plötzlich ganz still in dem großen Schlafzimmer.

»Ach, alter Herr, du hast lange genug die Verantwortung eines Offiziers getragen. Jetzt sind junge Leute wie ich dran, die Arbeit zu übernehmen.« Lajos unterbrach die Stille und klopfte Vater auf die Schulter. »Und außerdem, jetzt, wo sich die Lage einigermaßen beruhigt hat, kann es auch ein paar angenehme Veränderungen geben.«

»Wann ist denn das alles passiert?« fragte Vater und deutete auf die Leutnants-Rangabzeichen auf Lajos' Rockaufschlägen.

»Sobald sie rausgekriegt haben, wie gut ich bin«, antwortete Lajos und salutierte.

»Kommt, Mädchen, laßt uns den Tisch decken. Gleich ist Seder*.«

Nach Sonnenuntergang saßen wir alle um den großen Mahagonitisch im Schlafzimmer. Babi und Mutter standen auf und zündeten die Kerzen an beiden Enden des Tisches an. Ihre Köpfe waren mit Spitzentüchern bedeckt, und ihre Gesichter glänzten im Kerzenlicht.

Als ich den beiden Frauen zusah, gemeinsam in der

* *Seder* – »Ordnung«, Name des häuslichen Familiengottesdienstes an den beiden ersten Abenden des Pessachfestes, der nach einem bestimmten Ritual stattfindet.

Tradition verbunden, verstand ich auf einmal die Worte, die ich schon so oft Erwachsene hatte sagen hören: Man kann zwar einen Kirschbaumzweig auf einen Pfirsichbaum pfropfen, aber der Zweig wird immer Kirschen tragen.

Mutter hatte sich inzwischen sehr weit von Komjaty entfernt, aber sie war immer noch Babis Tochter. Ich hatte sie früher schon oft zusammen beobachtet: Wenn eine von beiden eine bestimmte Geste oder Bewegung machte, die eine alte Erinnerung wachrief, dann konnten beide miteinander ganz albern kichern oder aber ganz traurig werden und beieinander sitzen, ohne ein Wort zu sagen.

Nachdem sich Babi und Mutter gesetzt hatten, begann Vater mit dem Aufsagen der alten Pessachgeschichte aus der Haggada*. Er hatte Zivilkleidung angezogen, einen grauen Anzug, ein hellblaues Hemd und einen dunklen Schlips. Seine blauen Augen strahlten, als er traditionsgemäß das jüngste männliche Kind aufforderte, die üblichen vier Fragen zu stellen. Sandor übernahm die Aufgabe und wurde dabei von Mutter unterstützt.

Im weiteren Verlauf des Seder tranken wir an den entsprechenden Stellen der Lesung die vorgeschriebenen vier Gläser Wein. Die Mahlzeit schloß mit Tee und Süßigkeiten, die ein süßes Jahr bringen sollten. Wir sangen die alten Lieder und wurden alle ganz heiter beim Klang der vertrauten Worte.

Als Mutter mir den Gutenachtkuß gab, hatte ich mich an ihr verändertes Aussehen gewöhnt, und meine Ängstlichkeit war verschwunden.

Am nächsten Tag saßen Iboya und ich auf der Veran-

* *Haggada* – »Erzählung«, nichtgesetzliche Teile der überlieferten religiösen jüdischen Literatur.

da, als wir plötzlich aus der Küche Mutters Stimme hörten, die immer wieder von Weinen unterbrochen wurde. »Nein, das könnte ich niemals tun.«

»Ich habe deine Schwester und deine Brüder auch geliebt, aber als sie gehen wollten, habe ich ihnen meinen Segen gegeben. Was glaubst du denn, was die Zukunft diesen Mädchen bieten kann, so wie die Dinge jetzt stehen?«

»Ich habe viel darüber nachgedacht. Ich kann meine Familie jetzt nicht auseinanderrreißen. Wenn wir in Friedenszeiten lebten, dann ginge es vielleicht, wer weiß. Aber jetzt, unter diesen Bedingungen, kann ich sie nicht wegschicken. Ich möchte, daß sie hier bei mir bleiben. Was auch kommen mag, wir werden es gemeinsam durchstehen. Ich bin nicht wie du, Mutter, ich kann nicht alleine sein. Das kann nicht jeder.«

»Du warst noch nie so einsam, daß du hierhergekommen wärst, um hier bei mir zu leben.«

»Es ist nicht deinetwegen, Mama, es ist ... Hier ist alles noch so rückständig. Ich könnte hier nicht mehr leben. In der Stadt fühle ich mich wohler, da sind die Leute zivilisierter. Ich kann mit ihnen reden, und sie verstehen mich.«

»Rise, du machst dir was vor. Du lebst zwischen lauter Gojim* und hältst sie für deine Freunde. Ich hoffe nur, daß du niemals von ihnen abhängig sein wirst. Sie sind sicher gute Nachbarn, aber zwischen guten Nachbarn und deinen eigenen Leuten ist ein großer Unterschied. Nur deine eigenen Leute können deinen Schmerz nachempfinden.«

»Sie haben mir geholfen, als ich sie gebraucht habe. Du warst nicht da, als Mayer starb; du weißt ja nicht,

* Nichtjuden

wie sehr sie sich damals um die Kleinen gekümmert haben.«

»Solche Probleme kennen sie auch: Der Mann stirbt, das können sie verstehen. Aber was jetzt auf uns zukommt, ist ein jüdisches Problem. Das werden sie nicht verstehen.«

Iboya und ich waren erschüttert über das, was wir gehört hatten. Babi und Mutter waren so in ihr Gespräch vertieft, daß sie uns beide auf der Veranda ganz vergessen hatten.

»Die wollen uns wegschicken«, sagte Iboya verwirrt.

»Nach Amerika wollen sie uns schicken«, meinte ich.

Da tauchten Rozsi und Papa auf und kamen auf die Veranda.

»Wer schickt euch wohin?« fragte Vater.

»Babi will, daß Mutter uns nach Amerika schickt.«

»Dich auch, Rozsi«, sagte Iboya.

»Niemand wird euch Mädchen irgendwohin schikken.« Vater setzte sich neben uns auf die Bank. Wir blieben schweigend sitzen. Dann kam Mutter und rief uns zum Essen.

Nachdem Iboya und ich das Geschirr gespült hatten, wollte Iboya sich ein bißchen hinlegen, und ich beschloß, Molcha zu besuchen. Ich war gerade an der Küchentür und wollte auf die Veranda, da hörte ich Babi leise und ernsthaft sprechen. Sie hatte mir den Rücken zugekehrt und stand Vater gegenüber, der auf der Bank saß. Keiner von beiden bemerkte, daß ich in der Tür stand.

»Ignac, ich weiß, daß du die Mädchen liebst, und Gott weiß, was für ein großartiger Vater du ihnen immer warst. Aber du bist auch ein kluger Mann, und deshalb bitte ich dich, die Kinder nach Amerika zu schicken. Hier werden sie keine Zukunft haben. Niemand von uns.«

»Es ist nicht so schlimm wie du denkst, Mutter«, sagte

Vater freundlich. »Die Ungarn haben sich geweigert, Hitlers Forderungen nachzugeben.«

»Ignac, du bist ein intelligenter Mann. Sei doch mal realistisch. Wie lange werden sie sich ihm noch widersetzen können? Nein, wenn sie dabei bleiben...« Babis Stimme zitterte. Sie drehte sich um und entdeckte mich auf der Türschwelle. »Piri, was machst denn du da?«

»Ich wollte gerade Molcha besuchen, Babi.«

Babi nickte und ging an mir vorbei ins große Zimmer. Sie schloß die Tür hinter sich. Ich setzte mich zu Vater auf die Bank.

»Wo sind denn die anderen alle?« fragte ich.

»Sie sind spazierengegangen, zur Rika.«

»Und du nicht?«

»Nein, ich wollte mich ein bißchen hinlegen.«

»Vater, darf ich dich etwas fragen?«

»Ja, selbstverständlich.«

»Warum haben sie Lajos nicht die Offiziersuniform weggenommen? Er ist Jude. Dir haben sie sie doch auch weggenommen.«

»Sie haben sie mir nicht weggenommen, weil ich Jude bin, sondern weil ich ein tschechischer Offizier war. Lajos war nie in der tschechischen Armee, er wurde in die ungarische Armee eingezogen. Die Ungarn trauen den Tschechen nicht, und ganz besonders in diesem Krieg nicht. Ich habe zwar die Uniform nicht mehr, aber ich bilde immer noch Rekruten aus«, fügte er mit einem etwas gequälten Lächeln hinzu.

Am Nachmittag hatten wir Besuch. Eine ganze Reihe jüdischer Familien kam, um Babis Gäste zu begrüßen. Die Männer diskutierten mit Vater politische Probleme. Lajos in seiner ungarischen Uniform schien sie mißtrauisch zu machen. Ich ging zu Iboya, die den Frauen zuhörte, wie sie über Babis Essen und über Mamas

Stadtkleider sprachen. Mutter redete viel, sie war so fröhlich, daß sie alle anderen zum Lachen brachte. Dann schlug sie vor, daß ich den Globus holen sollte, den Lajos Iboya und mir geschenkt hatte. Ich lief ins Gästezimmer und brachte den Globus auf die Veranda. Die Jungen und Mädchen kamen alle herbei und drehten an der Weltkugel herum. Dann kamen die Männer, um auf dem Globus einen Grenzverlauf zu betrachten, den sie gerade diskutierten. Hitler und Deutschland – diese beiden Worte fielen oft, bevor unsere Gäste schließlich alle wieder gingen.

Lajos war am Abend unseres zweiten Seder unruhig und sehr ernst. Babi fragte: »Fühlst du dich nicht wohl?«

»Er ärgert sich nur darüber, wie sich unsere Gäste über seine ungarische Uniform aufgeregt haben«, versuchte Lilli in ihrem besten Jiddisch zu erklären.

Nach dem Essen gingen wir zeitig zu Bett, damit alle für die Reise am nächsten Tag ausgeruht wären. Mutter kam noch einmal zu uns auf unsere Strohmatratzen. Als sie sich über mich beugte, um mir einen Gutenachtkuß zu geben, fragte ich sie: »Anyuka, fahre ich morgen mit euch nach Hause?« Aber ich wußte die Antwort schon. Ich hatte gehört, wie sie zu Rozsi gesagt hatte, daß sie sie brauchte, damit sie ihr bei dem neuen Baby helfen konnte, weil Lilli den Rest von Lajos' Urlaub mit ihm in seinem Standort in Prag verbringen wollte. Mutter sagte, ich sollte dableiben, um das Schuljahr in Komjaty zu beenden. Rozsi protestierte, weil sie der Meinung war, daß ich überhaupt nicht in der Lage wäre, ihre Arbeit hier auf dem Hof zu übernehmen. Aber Mutter erinnerte Rozsi daran, daß ich nur zwei Jahre jünger war als sie damals bei ihrer Ankunft in Komjaty.

»Nein, ich brauche Rozsi zu Hause«, erklärte mir Mutter. »Du mußt hierbleiben und dich um Babi kümmern und das Schuljahr abschließen. Du kommst nach Hause, wenn Rozsi hierher zurückkommt.«

Ich akzeptierte Mutters Entscheidung, aber ich war doch ziemlich durcheinander. Ich wollte zwar gerne nach Hause, hatte jedoch auch Lust, Rozsis Stelle bei Babi einzunehmen. Andererseits wollte ich nicht, daß Rozsi wegging.

Als ich spät am nächsten Morgen aufwachte, hatten die anderen schon alles gepackt und waren reisefertig. Ein Nachbar kam, um sie mit dem Wagen zum Bahnhof zu bringen, aber Mutter weigerte sich, damit zu fahren.

»Ich laufe lieber, als daß ich mich in dem Wagen durchschütteln lasse.«

Vater packte sein Fahrrad auf den Wagen und sagte, er würde mit Mutter laufen. Babi fragte, ob ich sie ein Stück begleiten wollte.

»Nein«, sagte ich bestimmt und war selbst erstaunt über meine Entscheidung.

»Gut«, sagte Babi, »dann bleiben wir hier.«

Der Reihe nach küßten mich alle zum Abschied.

»Ehe du dich versiehst, ist das Schuljahr zu Ende«, sagte Mutter. »Und ein paar Wochen später kommst du nach Hause.«

Vater hob mich hoch und flüsterte mir ins Ohr: »Nicht vergessen, du bleibst immer meine kleine Tochter.«

Iboya verabschiedete sich als letzte. Sie ließ mir den Globus da und versprach zu schreiben. Als ich sah, wie sich der Wagen langsam entfernte und Vater und Mutter hinterhergingen, da füllten sich meine Augen mit Tränen. Ich rannte zurück ins leere Haus, machte die Schlafzimmertür hinter mir zu, schmiß mich auf mein Bett und weinte.

Eine ganze Weile später klopfte Babi an die Tür, statt einfach reinzukommen. »Komm, Piri«, hörte ich sie sagen, »wir wollen was essen.« Es war schon nach Mittag, und ich merkte, daß ich noch nicht einmal gefrühstückt hatte.

»So ist das, wenn erst das Haus voller Leute war und dann alle weg sind«, sagte Babi, als ich den Matzobrei aß, den sie für mich gemacht hatte.

5.

Eine Woche später verstauchte ich mir den Knöchel, als ich mit Molcha in den Felsen am Ufer der Rika rumkletterte. Am nächsten Tag ging ich nicht in die Schule, aber als Babi aufs Feld gegangen war, setzte ich mich mit meinen Schulbüchern auf die Veranda. Ich legte mein Bein hoch und fing an zu lernen. Da hielt Ferenc an unserem Tor. Er band sein Pferd an und kam zu mir hoch auf die Veranda. Nachdem er sich meinen geschwollenen Knöchel angesehen hatte, fragte er mich, wie das passiert sei. Ich erzählte ihm, daß ich mir den Knöchel verstaucht hatte und daß ich ganz allein sei. »Babi ist auf dem Feld, und Rozsi ist wieder in Beregszász. Meine Mutter bekommt ein Baby, da muß Rozsi bei ihr sein.«

Er setzte sich neben mich und fragte: »Wie geht es deiner Großmutter?«

»Sie ist immer sehr müde«, fing ich an, »ich glaube, sie schläft nachts nicht besonders gut. Ich höre, wie sie sich im Bett hin und her wälzt.«

»Was glaubst du denn, was sie bedrückt?«

Ich zögerte einen Moment, bevor ich es ihm sagte, aber ich wollte zu gerne hören, was er dazu meinte. »Ich glaube, sie versucht meine Mutter zu überzeugen, meine Schwestern und mich nach Amerika zu schicken.«

»Das wäre gar nicht dumm. Außerdem sollte sie hier

nicht so alleine leben«, sagte er. »Sie sollte alles verkaufen und nach Beregszász zu deiner Mutter ziehen. Dann wäre sie dichter dran. Hier ist es einfach zu einsam, das ist nicht sicher für sie. Sag ihr bitte, was ich dir gesagt habe. Aber jetzt gehe ich besser, bevor sie mich hier antrifft.«

Ich wollte nicht, daß er mich allein ließ. »Gehen Sie noch nicht. Es stört sie nicht, wenn Sie mit mir reden. Nur bei Rozsi, da regt sie sich auf.«

Er lachte und stand auf. »Wann kommt Rozsika zurück?«

»Wenn das Baby geboren ist. In ein paar Wochen ist es soweit. Vielleicht wird es sogar an meinem Geburtstag geboren.

»Wann ist denn das?«

»Am 10. Juni.«

»Dann werde ich sie wohl nicht mehr sehen. Ich bin versetzt worden«, sagte er. »Bitte erzähl Rozsi von meiner Versetzung. Und dir wünsche ich einen schönen Geburtstag.«

Er verließ die Veranda und gab seinem Pferd Wasser. Sein Gesicht sah traurig aus, als er mir zum Abschied winkte und davonritt.

Bald nachdem Ferenc weg war, kam Babi vom Feld. Sie hatte mir etwas Besonderes mitgebracht: wilde Erdbeeren, die sie auf einen langen Grashalm gefädelt hatte.

Beim Essen sagte sie: »Du hast Besuch gehabt.« Vom Ton ihrer Stimme war mir klar, daß sie Ferenc meinte.

»Oh, du hast die Hufspuren am Trog gesehen?«

»Ja, und außerdem habe ich das Pferd und den Reiter gesehen, so wie alle anderen Leute auf dem Feld auch. Du glaubst doch nicht, daß so etwas unbeobachtet bleibt?«

Sie klang amüsiert, und ich war erstaunt. »Du bist nicht böse?«

»Was würde mir das schon nützen?«

Später am Abend fragte mich Babi: »Worüber hast du mit Ferenc geredet?«

Ich wußte, ich mußte mir gut überlegen, wieviel ich ihr sagen konnte. »Erst hat er mich gefragt, wie es dir geht.«

»Wie es mir geht? Wie es Rozsi geht, wird wohl eher der Wahrheit entsprechen!«

»Nein, Babi. Du kannst ihn bloß nicht leiden. Aber er hat wirklich nach dir gefragt. Er hat mich sogar gebeten, dir etwas auszurichten.«

»Das würde ich gerne hören.«

»Ich habe ihm erzählt, daß du uns nach Amerika schicken willst.«

»Das hast du ihm erzählt?«

»Ja, Babi.«

»Piri, was hier im Haus besprochen wird, darfst du Fremden nicht weitererzählen.«

Ich schwieg. Schon wieder hatte ich zuviel gesagt. Aber Babi fragte mich: »Was meint er denn, was ich tun soll?«

»Er sagte, du solltest alles verkaufen und nach Beregszász ziehen, weil du da dichter dran bist.«

»Wo dran?«

»Das hat er auch nicht gesagt. Er sagte einfach, hier wäre es nicht sicher für dich, du wärest hier zu alleine, zu weit weg von allem.«

»Plötzlich will mir jeder sagen, was ich zu tun habe. Bis jetzt bin ich wunderbar zurechtgekommen. Ich muß eben auf mein Glück vertrauen. Hat er dich gefragt, wann Rozsi zurückkommt?«

Ich antwortete nicht sofort, deshalb fügte sie hinzu: »Oder hast du es ihm von selbst erzählt?«

»Ich weiß nicht mehr«, sagte ich.

»Sagte er, er würde wiederkommen?«

»Er ist versetzt worden. Er wird nicht mehr hierherkommen.«

Babi guckte von ihrer Näharbeit hoch, ihr Gesichtsausdruck gefiel mir überhaupt nicht.

Ende Mai war das Schuljahr zu Ende. Die Zeit um meinen Geburtstag herum verbrachte ich mit Molcha, wir beide stromerten durch die Gegend.

Joli wurde am 16. Juni geboren. Rozsi schickte einen Brief und berichtete uns, daß es Mutter und dem kleinen Baby gut ginge. Lajos' Urlaub war zu Ende, und Lilli und Manci wurden jeden Tag aus Prag zurückerwartet.

Babi freute sich, daß alles vorüber war. An ihrer Erleichterung merkte ich, wie besorgt sie gewesen sein mußte.

»Weißt du, deine Mutter hätte eigentlich keine Kinder mehr bekommen sollen. Sie ist schließlich nicht mehr die Jüngste.«

»Wie alt ist Mutter?«

»Sie wird neununddreißig.«

Ich begann mir vorzustellen, wie es sein würde, meine kleine Schwester zu versorgen und mit ihr zu spielen, und konnte es kaum abwarten, endlich nach Hause zu kommen. Aber als Rozsi Ende Juli nach Komjaty zurückkam, wurde ich wieder unsicher. Immer wenn Rozsi und Babi sich über Beregszász unterhielten, hörte ich aufmerksam zu, um rauszukriegen, was sich inzwischen verändert hatte. Babi fragte viel, und sie redeten über politische Veränderungen. Aber hauptsächlich drehte sich ihr Gespräch um das Wohlergehen der Familie.

Als ich Rozsi von Ferenc' Besuch erzählte, hörte sie mir gespannt zu, sie errötete und wollte alle Einzelheiten wissen. Es fiel mir schwer, ihr das auszurichten, was er mir aufgetragen hatte. Um es etwas hinauszuzögern, erzählte ich erst mal, was er mir für Babi aufgetragen hatte.

»Hatte er auch eine Nachricht für mich?«

»Es tat ihm leid, daß du nicht da warst.«

»Hat er gesagt, wann er wiederkommen würde?«

»Rozsi, Ferenc wird nicht wiederkommen. Er ist versetzt worden.«

Sie erhob sich mit einem Ruck und sagte: »So ist es wohl am besten. Noch eine Auseinandersetzung mit Babi hätte ich nicht gewollt. Und was hätte es auch genützt?«

Bei dem Gedanken, Komjaty verlassen zu müssen, wurde mir ganz mulmig. Ich würde Babi, Rozsi und Molcha vermissen, genau wie ich Mutter, Iboya und meine Freunde vermißt hatte, als ich damals nach Komjaty gekommen war. Aber jetzt war ich mir nicht so sicher, wie die Leute in Beregszász sein würden.

Ich war ziemlich durcheinander und beschloß, mit Rozsi darüber zu reden.

»Wie immer«, sagte sie. »Du hast wieder mal zu viele Geschichten gehört. Ein paar Tage, nachdem du wieder zu Hause und in der Schule bist, hast du so viel um die Ohren, daß du alles andere vergessen wirst.«

»Nein, ich werde Komjaty bestimmt vermissen, und dich und Babi ganz besonders.«

»Dann kommst du eben im nächsten Sommer.«

»Und was, wenn ich nächsten Sommer ...« Ich hielt inne und sagte: »Oder vielleicht schickt uns Mutter nach Amerika.«

Der Sonntag meiner Abreise kam heran, ohne daß ich mir so richtig darüber klargeworden war, daß ich abfahren würde. Babi und Rozsi hatten getrocknete Pilze, Pflaumen, Lekvár und Marmelade in Körbe getan, meine Kleider wurden in einen riesigen Koffer gepackt.

»Iß dein Frühstück«, mahnte Babi mich, als sie bemerkte, daß ich mit einem Stück Ei auf meiner Gabel rumspielte. »Du mußt nachher zwei große, schwere Körbe tragen.«

Mir tat der Kopf weh, und mein Magen rebellierte. »Ich kann nur die Milch trinken, Babi.«

Babi wiegte den Kopf hin und her und bot mir dann einen Kompromiß an: »Iß wenigstens ein Ei.« Ich spülte das fettige Ei mit Milch runter und nahm die Schachtel, die ich für Molcha zum Abschied vorbereitet hatte.

»Geh nur, sie wartet draußen auf der Straße auf dich«, sagte Babi und öffnete die Eichentür zur Veranda. Sobald Molcha sah, daß die Tür aufging, rannte sie auf die Veranda. Babi machte die Tür wieder zu und ließ uns allein.

»So«, sagte Molcha, »jetzt wirst du also mit dem Zug davonfahren.«

»Vielleicht kannst du ja mal nach Beregszász kommen und mich besuchen. Vielleicht im nächsten Sommer, wenn ich nicht hierherkomme.«

»Warum solltest du im nächsten Sommer nicht kommen?«

»Weiß ich nicht.« Ich gab ihr die Schachtel, in der Papier, Federhalter, Tinte und Tintenlöscher waren. »Ich laß dir das alles da, damit du mir schreiben kannst und mir alles erzählst, was hier los ist.«

»Was denn zum Beispiel?« fragte sie und nahm die Schachtel.

Rozsi öffnete die Tür. »Wir müssen los. Wir werden nicht sehr schnell gehen können, weil wir soviel zu schleppen haben.«

Molcha und ich umarmten uns und zerdrückten dabei beinahe die Schachtel zwischen uns. »*Szervusz*, Piri, danke für die Sachen«, sagte Molcha. Sie griff die Schachtel, drehte sich schnell um und rannte weg. Als sie noch einmal anhielt, um zu winken, sah ich, daß sie weinte.

»*Szervusz,* Molcha«, schrie ich. »ich schreibe zuerst!« Ich wandte mich zum Haus und hoffte, daß Rozsi die Tränen in meinen Augen nicht sehen konnte.

Babi stand auf der Schwelle zur Küche und empfing mich mit offenen Armen. »Ist schon gut, mein kleines Lämmchen, es gibt schon schwere Dinge im Leben. So ist das nun mal.« Mit ihrem Schürzenzipfel wischte sie mir die Tränen aus dem Gesicht. »Ich hab was für dich, um dir den Abschied leichter zu machen.« Sie faßte in ihre Schürzentasche und holte eine kleine Schachtel hervor, öffnete sie und nahm die Granat-Ohrringe heraus, die sie mir zum Geburtstag geschenkt hatte.

»Die hattest du ganz vergessen, stimmt's? Ich möchte, daß du sie mit nach Hause nimmst und zu ganz besonderen Anlässen trägst, um dich dann an mich zu erinnern.«

Ihre abgearbeiteten, braunen Finger zitterten, als sie mir die Ohrringe an meine Ohrläppchen hängte. Dann strich sie mir mit zarten Fingern übers Gesicht und rieb ihr Gesicht sanft an meines. Ich versuchte, ›auf Wiedersehn‹ zu sagen, aber die Worte blieben mir im Hals stecken. Ich küßte ihr faltiges Gesicht und hoffte, sie würde mich auch so verstehen. Rozsi nahm den großen Koffer und einen der Körbe. Ich griff nach den übrigen beiden, froh, einen Grund zu haben, mich von Babi abzuwenden und loszukommen.

»Ich komme zurück, sobald Piri im Zug sitzt, wahrscheinlich zum Mittagessen, wenn der Zug keine Verspätung hat«, sagte Rozsi. Babi lief ein kurzes Stück mit uns mit.

»Gute Reise«, rief sie hinter uns her.

Fünfzehn Minuten später hielten wir an, um uns einen Moment lang auszuruhen, und ich drehte mich noch einmal nach Komjaty um. Babis Haus sah aus dieser

Entfernung winzig aus. Ich fragte mich, ob sie wohl immer noch auf der Straße stand und uns nachguckte.

»Babi ist nicht mehr auf der Straße«, sagte ich zu Rozsi.

»Nein, sie ist gleich, nachdem wir losgegangen sind, wieder ins Haus gegangen. Komm, wir gehen weiter. Wir machen bald noch eine Pause«, drängelte Rozsi. Wir näherten uns dem Wald. Die Blätter der Ahorn- und Eichenbäume entlang der Straße fingen gerade an, sich herbstlich braun, gelb und rot zu färben. Die immergrünen Bäume des Waldes standen in scharfem Kontrast zu diesen leuchtenden Farben. In der Ferne konnte ich die Rika rauschen hören.

Bald waren wir mittendrin im dichten Wald, der uns wie eine Wand von der Außenwelt abschirmte. Nur das Rauschen des Wassers war zu hören, sonst drang nichts von außen in diese Welt.

Wir rasteten am Ufer des Flusses. Ich guckte ins Wasser, verfolgte die stetig fließende Strömung. Wegen des Lärms konnten wir nicht sprechen, aber Rozsi zog ihre Taschenuhr aus ihrem Ausschnitt und bedeutete mir, daß es Zeit sei zu gehen. Ich war froh, daß wir aufbrachen. Mir waren wieder die Erinnerungen an jenen Frühlingstag hochgekommen, als ich die uniformierten Leichen im Fluß hatte schwimmen sehen. Bei dem Gedanken an Vater und Lajos, die ja beide in der Armee waren, fielen mir ganz schreckliche Dinge ein. Ich war erstaunt, daß ich mir so Entsetzliches vorstellen konnte.

Als wir aus dem Wald heraustraten, heiterten mich die helle Sonne und der blaue Himmel wieder auf. Der Komlos-Bahnhof war zu sehen. »Wir waren schnell«, sagte Rozsi mit einem Blick auf ihre Uhr. »Es ist erst zehn Uhr.«

Der Zug wurde von einer großen Dampflokomotive angetrieben und kam quietschend die Schienen entlanggerattert. Aus dem Schornstein stiegen dicke, schwarze Rauchwolken auf. Die Räder kamen zum Stillstand, wir nahmen das Gepäck und kletterten in den Zug. Nachdem wir einen Platz für mich gefunden hatten, ging Rozsi dem Schaffner Bescheid sagen, daß er sich um mich kümmern und mir in Beregszász aus dem Zug helfen sollte. Dann umarmte und drückte sie mich zum Abschied und gab mir letzte Anweisungen. »Paß gut auf dich auf«, rief sie mir zu, als sie den Zug verließ.

Der Zug pfiff, und die Räder begannen sich zu drehen. Ich lehnte aus dem Fenster und winkte Rozsi und Komjaty zum Abschied.

BEREGSZÁSZ

6.

Es war aufregend, wieder in Beregszász zu sein. Die großen Häuser und die Stadtmenschen verbreiteten eine geschäftige Atmosphäre, wie ich sie aus Komjaty nicht kannte. Meine ganze Familie kam zum Bahnhof, um mich abzuholen. Mutter, Lilli und Iboya trugen den Koffer und die Körbe. Ich rannte zu Sandor und Manci, die beim Kinderwagen standen.

»Sie ist ja viel größer, als ich dachte«, sagte ich. Joli gurrte und winkte mit den Armen. Mit ihren blitzblauen Augen und den eckigen Schultern ähnelte sie Sandor und Vater. Die drei bildeten eine eigene kleine Gruppe in unserer Familie.

Als wir zur Gyárstraße kamen, war ich ganz froh, daß kein Mensch auf der Straße war. Jetzt wäre ich meinen Freunden noch nicht so gerne begegnet. Mutter schloß das Gartentor hinter uns und führte uns in die Küche. Iboya und Lilli brachten die Kinder in unser Schlafzimmer.

»Du hast bestimmt Hunger«, sagte Mutter. Sie schob den roten Emailletopf über die offene Flamme des Herdfeuers. Schon bald köchelte die Masse, und Mutter schöpfte mit einem Löffel eine ordentliche Portion heißes Pörkölt auf einen Teller. Der Anblick der dicken Kalbfleischstücke ließ mir das Wasser im Mund zusammenlaufen. »Iß erst mal«, forderte mich Mutter auf, »dann kannst du dich waschen, umziehen und raus zu deinen Freunden gehen.«

Ich genoß das zarte und gut gewürzte Pörkölt, das so ganz anders schmeckte als das Essen bei Babi. Als ich fertig war, erschien Lilli mit Joli in der Küchentür. »Mutter möchte dich wohl wieder in ein Stadtkind verwandeln«, sagte sie und reichte ihr das Baby.

Mutter setzte sich in den Sessel neben dem Küchentisch. In der Linken hielt sie das Baby, mit der Rechten knöpfte sie ihre Bluse auf. Jolis ganze Aufmerksamkeit war auf Mutters Brust gerichtet. Mutter merkte, wie neugierig ich zusah. »Sie saugt so wie du ißt«, scherzte sie, »begierig auf jeden Tropfen. Ich glaube, du hast damals genauso getrunken.«

Mutter wartete, bis Joli schläfrig wurde. Ein paar Minuten später erhob sie sich mit dem Baby und brachte es ins Schlafzimmer in seine Wiege. Als sie in die Küche zurückkam, füllte sie die Wanne mit warmem Wasser, das sie in großen Töpfen auf dem Herd warm gemacht hatte. Ich setzte mich in die Wanne, und Mutter rubbelte und schrubbte mit Seife und Bürste an mir herum. Sie wollte mich blitzplank putzen und versuchte sogar, die blauen Flecken auf meinen knochigen Beinen abzuwaschen.

»Die sind von den schweren Wassereimern, die immer an meine Beine geschlagen sind, wenn ich Wasser aus Tercas Brunnen geholt habe«, erklärte ich.

»Und vom Klettern und Hinfallen«, fügte Mutter hinzu.

»Komjaty wird mir fehlen«, meinte ich.

»Ich glaube, du bist gerade noch rechtzeitig heimgekommen, sonst wärst du womöglich noch eine zweite Rozsi geworden.« Mutter betrachtete mein Gesicht. »Sag, was macht Rozsi eigentlich den ganzen Tag, wenn Mutter auf dem Feld ist?«

»Sie kümmert sich um die Hühner, Gänse und Enten; sie sammelt die Eier ein, melkt die Kühe, gibt ihnen Wasser, arbeitet im Garten, kocht und bringt Babi Essen, wenn sie mittags nicht nach Hause kommt. Sie putzt das Haus und singt«, schloß ich.

»Sie singt? Spricht sie denn den ganzen Tag lang mit niemandem?«

»Am Tag ist keiner da.«

»Was ist denn mit den Mädchen von gegenüber – Molchas Schwestern?«

»Am Tag haben sie zu tun, sie helfen ihrer Mutter. Rozsi unterhält sich abends beim Nähen mit Babi.«

»Aber sie muß doch mit Menschen ihres Alters zusammenkommen«, meinte Mutter und schrubbte meinen Ellbogen mit besonderer Sorgfalt.

»Am Sabbat* besucht sie die Nachbarmädchen. Da treffen sich alle.«

Mutter und Lilli guckten sich an. Ich stellte mich auf, und Lilli kippte klares Wasser über meinen eingeseiften Körper. In dem Moment kamen die beiden Kleinen von draußen rein, die Hände ganz schmutzig von nassem Sand. Sie grinsten, als sie mich nackt sahen. Manci guckte in die Wanne und spülte ihre Hände, Sandor machte es ihr nach. Dann polterten sie kichernd aus der Küche.

Ich beugte mich vor, damit Mutter warmes Wasser

* *Sabbat* – der siebente Tag der Woche (Sonnabend), ein Gott geweihter Ruhetag. Er beginnt wie alle jüdischen Tage am Abend vorher (also Freitag) mit Sonnenuntergang und endet am Sonnabend mit Sonnenuntergang.

über meinen Kopf gießen konnte. Sie rieb Seife in meine Haare, bis es kräftig schäumte.

Nach zwei Kopfwäschen und mehreren Spülungen brachte Lilli schließlich die letzte Essig-Spülung. »So, jetzt glänzt dein Haar wieder so, wie es sollte«, sagte Mutter und wickelte mir ein Handtuch um den Kopf. Ich zog das Kleid an, das Lilli für mich zurechtgelegt hatte, und setzte mich in den Garten. Mutter kämmte mein Haar durch und schnitt die zotteligen Spitzen ab. Sie warf noch einmal einen letzten prüfenden Blick auf mich und öffnete dann das Gartentor.

Ich ging ans Tor und guckte die Straße rauf und runter. Die gepflasterten Gehsteige wirkten im Sonnenlicht so sauber und weiß.

»Es ist keiner draußen.«

»Milush und Vali sind bestimmt zum Spielen in den Park gegangen. Dort ist es schattiger. Geh doch mit Iboya hinterher«, schlug Mutter vor.

Ich schüttelte den Kopf. Ich wollte meine Freunde jetzt noch nicht treffen. Ich ging wieder nach drinnen, ins Zimmer, wo Lilli meine Sachen wegräumte.

»Wohnst du mit Manci jetzt bei uns?« fragte ich.

»Nein, wir haben noch unsere Wohnung, aber wir schlafen öfter hier. Warum, was ist denn los?«

»Ach, nur so. Ich war ja schließlich lange weg«, sagte ich leichthin. Ich wollte nicht, daß sie merkte, welche Angst ich hatte, daß sich in meiner Abwesenheit Dinge verändert haben könnten.

Am späten Nachmittag, als ich mit Iboya auf der Veranda saß, kamen Milush und Vali durchs Tor. Sie trugen Badeanzüge und kamen gerade vom Strand. Zögernd kamen sie näher.

»*Szervusz, szervusz!* Wir wollten mal sehen, ob du da bist!« grüßten sie.

Wir kamen schnell wieder miteinander ins Gespräch. Mutter brachte eine Kanne mit Himbeerwasser. »Ist deine Mutter nicht mitgekommen?« fragte sie Vali.

»Ich geh sie holen«, sagte Vali und sauste los. Einen Moment später tauchte sie mit Frau Veligan wieder auf.

»Sie hätten mitkommen sollen, Frau Davidowitz, es war überhaupt nicht voll«, sagte Frau Veligan, als sie die Veranda betrat. »Ein bißchen Sonne würde Ihnen bestimmt guttun. Sehen Sie mal, wie nett Ihre Mädchen mit den braungebrannten Gesichtern aussehen. Mein Gott, Piri, was bist du groß geworden! Steh mal auf, damit ich dich besser sehen kann.« Sie stellte Vali und mich Rücken an Rücken. »Sehen Sie mal, sie ist ja einen halben Kopf größer geworden! Das macht die Landluft. Und wahrscheinlich hat dich deine Großmutter ordentlich mit Milch und Eiern gefüttert. Es gibt ja nichts Besseres, um Kinder zum Wachsen zu bringen. Hier gibt es nicht mehr viel davon zu kaufen, jeden Tag wird das Angebot dürftiger.«

Lilli klappte ihr Buch zu und gesellte sich zu uns. Sandor und Manci trotteten ihr hinterher. Mutter füllte das Himbeerwasser in Gläser und reichte sie herum. Als wir so zusammen dastanden, wurde mir leichter zumute. Zum erstenmal an diesem langen Tag konnte ich mich entspannen. Ich war wieder zu Hause in Beregszász.

7.

Als die Schule im September begann, nahm das Leben für Iboya und mich wieder die gewohnten Formen an. Wir waren so mit dem Lernen in der Schule und unseren Aufgaben im Haushalt beschäftigt, daß die Politik für uns ganz unwesentlich geworden war. Lilli war immer noch die meiste Zeit bei uns. Ich brauchte nie zu fragen, ob von Vater oder von Lajos Post gekommen war, denn Stimme und Gesichtsausdruck der beiden Frauen verrieten es mir sofort, wenn ich das Haus betrat. Rozsi schrieb uns oft, damit wir uns über sie und Babi keine Sorgen machten. Auch Molcha hielt mich mit häufigen Briefen über ihre Fortschritte in der Schule und über den neuesten Klatsch auf dem laufenden.

Kurz vor den Weihnachtsferien brach der Winter herein und bedeckte alle Straßen dick mit Schnee. In unserem Klassenraum mußten wir mit Holz und Kohle einheizen, um das Eis von den großen Fenstern zu schmelzen. Erst während der Ferien, als ich nicht mehr durch die Schule abgelenkt war, wurde mir Vaters Abwesenheit so richtig bewußt. Chanukka ohne ihn war einfach nicht dasselbe. Mutter hatte einige Tage lang schlechte Laune. Sie alberte nicht mit uns herum und sang nicht, sondern sprach nur das Nötigste mit uns. Das Radio brauchten wir nicht mehr einzuschalten, es gab keine Nachrichtensendungen mehr, nur noch Predigten und Weihnachtslieder. Mutter versuchte, die Zeremonien des Chanukkafestes durchzuführen. Sie zündete am ersten Abend die Kerzen an und reichte die üblichen Süßigkeiten. Aber ohne Vater konnten wir die traditionellen Lieder nicht singen. Deshalb stellten wir das Kerzenanzünden und Dreidelspielen* ein, noch bevor die Feiertage vorbei waren.

* *Dreidel* – ein altertümlicher Würfel mit hebräischen Buchstaben an Stelle der Augen. Eine Achse führt durch den Würfel hindurch, der obere Teil ist ein Griff, mit dem unteren kann man den Würfel wie einen Kreisel drehen. Als Antiochus, der König von Syrien, im vierten Jahrhundert Israel besetzt hatte, war es den Juden verboten, die Tora zu studieren. Sie taten es trotzdem und tarnten sich, indem sie vorgaben, Würfel zu spielen – mit jenem Dreidel.

Milush und Vali kamen früh am Heiligabend vorbei und waren voller Vorfreude auf die kommenden Feiertage. »Wir wollten euch abholen, der Weihnachtschor ist auf der Straße.«

Iboya und ich guckten Mutter an, aber die schüttelte den Kopf. Das hieß nein. »Wir können diesmal nicht mitgehen«, versuchte Iboya zu erklären. »Das liegt daran, daß unser Vater nicht bei uns ist...«

Milush und Vali warteten gar nicht ab, bis Iboya ausgesprochen hatte, sondern drehten sich um und gingen weg, ohne ein Wort zu sagen. Ich wartete und hoffte, daß der Chor wie in den Vorjahren bei uns stehenbleiben würde, um zu fragen: »Dürfen wir Jesus lobpreisen?« Mutter hatte sie immer singen lassen und ihnen anschließend Gebäck gegeben. Aber die Sänger hielten nicht vor unserem Haus. Bei dem Gedanken an vergangene Weihnachtsfeste und an unsere Beteiligung an den Festlichkeiten wurde ich ganz traurig.

Im Laufe des Winters, als die kleinen Kinder in der Küche spielten, begann ich mich mehr für Joli zu interessieren. Sie wurde größer, munterer und betrachtete Sandor und Manci mit größter Aufmerksamkeit. Wenn ich sie auf dem Arm hatte, roch sie nach Seife, Babypuder und Mutters Milch und fühlte sich an wie weicher, weißer Samt. In solchen Momenten erinnerte ich mich an den beinahe verächtlichen Ausdruck auf Babis Gesicht, als sie sagte: »Ein Baby in diesen Zeiten, ts, ts!« Als ich Mutter erzählte, daß Babi meinte, es wäre verrückt, in Kriegszeiten ein Baby zu haben, wurde sie recht nachdenklich, bevor sie mir antwortete: »Gott geht verschlungene Wege. Ich glaube, wir brauchten Joli.«

»Mutter«, fragte ich weiter, »glaubst du an denselben Gott wie Babi?«

»Es gibt nur einen Gott. Deine Großmutter ist nur gläubiger als die meisten von uns.«

»Glaubst du, wenn man am Sabbat etwas zerreißt, daß Gott einen dann bestraft? Ich habe es einmal probiert, aber er hat überhaupt nichts gemacht.«

Mutter tat so, als wäre sie ärgerlich, aber ich konnte sehen, daß sie lächelte. »Du hast Gott auf die Probe gestellt? Jetzt verstehe ich Babis Sorgen um dich. Was hast du denn noch alles angestellt, um Gott zu prüfen?«

Da sie ganz offensichtlich nicht böse war, erzählte ich ihr, wie ich einmal in Komjaty, als die Sabbatkerzen schon angezündet waren, ein paar Trauben pflückte und aß. Dann wartete ich ab, was passieren würde. Ich dachte, daß vielleicht das ganze Spalier runterkrachen und mich erschlagen würde. Statt dessen kam Rozsi, und ich sprang erschrocken auf. Sie fragte mich, was denn mit mir los sei. Als ich ihr erzählte, was ich getan hatte, erklärte sie mir, daß Gott viel zu beschäftigt sei, um sich um jede Kleinigkeit zu kümmern, aber das hieß noch lange nicht, daß er nicht trotzdem alles bemerkte. Außerdem, fügte sie hinzu, wenn das Spalier herabgefallen wäre, dann hätte es auch Babi und sie verletzt, und sie waren ja unschuldig.

»Hast du je meiner Mutter davon erzählt?«

»Nein, nur Rozsi.«

In dem Moment öffnete Lilli die Küchentür und brachte einen heftigen Windstoß mit herein. Sie hatte eine Zeitung unter den Arm geklemmt, und ich dachte, daß sie am Kiosk vielleicht auch ein paar Zigaretten gekauft haben könnte. Ich hatte sie schon ein paarmal rauchen gesehen und hätte gern gewußt, ob Mutter davon etwas ahnte. Lilli zog ihren Mantel aus und schüttelte den Schnee ab, bevor sie ihn auf den Haken hängte.

»Möchtest du die erste Seite lesen und ich kümmere mich derweil um die Suppe?« fragte sie Mutter.

»Nein, ich gucke nachher rein«, sagte Mutter. »Piri, deck doch mal den Tisch, und Lilli kann den Kleinen die Hände waschen. Und ruf Iboya von nebenan.« Damit waren für heute alle Diskussionen beendet.

Eines Tages gingen Iboya und ich nach der Schule nicht gleich nach Hause, sondern guckten noch bei Farkos & Földes rein, um Hefte zu kaufen und um zu sehen, was für neue Bücher in der Ausleihe waren. Es war schon beinahe dunkel, als wir in die Tinodistraße bogen. Die Straßenlaternen leuchteten uns von ihren hohen Masten mit gelbem Licht den Weg. Der Schnee knirschte unter unseren Stiefeln. Weil es schon so spät war, beeilten wir uns, denn wir fürchteten Mutters Ärger. Wir kamen an die kleine Synagoge, die auf der anderen Seite der Tinodistraße war, als wir lautes Rufen hörten und einige alte Männer auf die Straße laufen sahen. Sie hatten ihre Gebetsschals noch über den Schultern hängen. Zwischen den Männern liefen drei Jungen mit Stöcken in den Händen.

»Halt!« schrie ich. »Halt! Oder ich hole die Polizei!«

Als die Jungen uns auf der anderen Straßenseite entdeckten, brüllten sie: »Da sind zwei von diesen Judenmädchen!« und rasten auf uns zu. Wir rannten weg, so schnell wir konnten. Unsere Schulranzen schepperten auf unseren Rücken, trotzdem konnten wir hören, wie die Jungen näher kamen. »Wartet nur, euch kriegen wir schon! Schnappt euch die mit den Zöpfen, die, die die Polizei holen wollte!« Sie äfften meine Stimme nach. »Was will sie der Polizei schon sagen. Als ob die sich dafür interessiert, wenn wir ein paar olle Juden verdreschen!«

In dem Moment tauchten an der Ecke zwei Männer

aus der Dunkelheit auf. »He«, rief einer von ihnen den Jungen zu, »schämt ihr euch nicht, zwei kleine Mädchen zu jagen?« Sie traten auf die Straße und waren jetzt zwischen uns und den drei Jungen, aber Iboya und ich rannten weiter. Wir drehten uns noch nicht einmal um, um zu sehen, ob sie die Jungen aufhalten konnten. Erst an unserem Tor – vier Straßen weiter – wagten wir einen Blick zurück. Wir konnten sie nicht mehr sehen. Hastig verrammelten wir das Tor hinter uns und rannten in die Küche.

Mutter saß im Sessel und stillte Joli. Aus dem Wohnzimmer klang Musik. Als wir die Tür hinter uns zuknallten, schreckte Mutter zusammen und schob ihre Brust in die Bluse. Ihre Augen fragten »Was ist los?« noch bevor sie ein Wort sagte. Iboya und ich lehnten an der Küchentür und schnauften. Mutter ging nach nebenan und legte Joli in die Wiege. Auf dem Weg zurück knöpfte sie ihre Bluse zu, und dann fragte sie: »Warum seid ihr so außer Atem?«

Iboya sprach als erste: »Da waren drei Jungen, die kamen aus der Synagoge in der Tinodistraße, und die haben uns mit Stöcken gejagt, bis zwei Männer aus dem Eckgrundstück kamen, da wo Markowitzes wohnen, und die gingen dazwischen. Einer von ihnen brüllte die Jungen an.«

»Und was passierte dann?« unterbrach Mutter.

»Das wissen wir nicht. Iboya und ich sind weitergerannt, bis wir hier waren«, antwortete ich.

»Wer waren sie? Wieso kamen sie mit Stöcken in der Hand aus der Synagoge?«

»Ich weiß nicht, ob sie wirklich aus der Synagoge kamen, wir sahen, wie sie vom Hof kamen. Ich habe auch gehört, wie Glas zersplittert ist, vielleicht waren es die Fenster. Es war schon dunkel, und wir waren auf der anderen Straßenseite. Ich glaube, einen von ihnen habe ich erkannt – Imre Kurti.« Iboya hörte auf zu reden und setzte sich langsam auf einen der Küchenstühle.

»Mach das Radio aus!« rief Mutter in scharfem Ton zum Wohnzimmer rüber. Lilli gehorchte sofort und kam in die Küche. Sie guckte uns von oben bis unten an, dann nahm sie den Schulranzen von meinem Rücken.

»Ist alles in Ordnung?« fragte sie sanft.

Mutter flüsterte Lilli zu: »Sie haben die Synagoge überfallen, Gott weiß, was da alles passiert ist. Du bleibst heute nacht hier, ich laß dich nicht alleine mit Manci nach Hause gehen.«

Beim Zuhören rötete sich Lillis Gesicht genauso wie das von Mutter. »Komm, wir ziehen ihnen die Mäntel aus«, sagte Lilli und sah mich an. Ich spürte den kalten Schweiß im Nacken und unter den Achseln. Iboya und ich keuchten immer noch.

Sandor und Manci saßen auf ihrer kleinen Bank und wollten wissen, was los war, aber wir wußten nicht, was wir ihnen antworten sollten. Joli fing an zu weinen, und Lilli nahm sie hoch. Sie kam mit ihr auf dem Arm in die Küche zurück und setzte sich gegenüber von Sandor und Manci auf die andere kleine Bank und streckte ihre langen Beine weit von sich. Joli setzte sie auf den kleinen Picknicktisch und redete mit ihr: »Joli mag nicht alleine im Schlafzimmer sein. Sie möchte hier bei Sandor und Manci sein. Alleine sein ist doof, stimmt's, Baby?«

»Sie hat wahrscheinlich Hunger. Ich habe sie vorhin nicht fertig gestillt. Aber in diesem Durcheinander sollte ich ihr lieber nichts mehr geben«, sagte Mutter.

»Kann sie aufbleiben und mit uns essen? Ja?« fragte Sandor.

»O ja, sie hat bestimmt mehr Lust auf richtiges Erwachsenenessen als auf Milch«, ergänzte Lilli.

Mutter schaffte es, das Abendessen auf den Tisch zu bringen, und wir aßen auch alle, aber der aufgewühlte Ausdruck blieb während der ganzen Mahlzeit auf Mutters Gesicht. Später, als sie und Lilli das Geschirr spülten und Iboya und ich uns im Schlafzimmer wuschen, hörte ich, wie sie ganz leise mit Lilli sprach: »Meine Mutter hat recht gehabt, ich hätte die Mädchen nach Amerika schicken sollen. Vielleicht ist es ja noch nicht zu spät. Ich muß versuchen, noch eine Möglichkeit zu finden. Was ich mit Etu machen soll, weiß ich auch nicht. In ihrem letzten Brief schrieb sie, daß sie nicht die Absicht hat, die Schule zu verlassen und aus Budapest hierherzukommen, wie ich sie gebeten hatte. Ich verstehe überhaupt nicht, warum alle meine Töchter so dickköpfig sein müssen.«

Lilli antwortete, aber sie sprach so leise, daß ich es nicht verstehen konnte. Danach hörte ich nur noch, wie das Geschirr weggeräumt wurde. In dieser Nacht schliefen Iboya und ich ganz eng beieinander.

8.

Einige Tage später war nur Lilli in der Küche, als wir aus der Schule kamen. »Wo ist Mutter?« fragten wir wie aus einem Mund. Da ging die Tür auf, und Mutter betrat den Raum. Sie hatte ihre besten Kleider an. Sie zog den Mantel aus und gab ihn Iboya zum Aufhängen, dann sank sie auf einen der Küchenstühle und sagte: »Ich habe mir die Hacken abgelaufen bei dem Versuch, Visa nach Amerika für euch Mädchen zu bekommen. Die Leute haben ja keine Ahnung, wovon sie reden! Es ist absolut unmöglich, eine Schiffspassage zu bekommen. Alle Amerikaner im Land fahren mit ihren Familien nach Hause. Und dann gibt es noch die vielen Leute, die ihre Fahrkarten schon vorbestellt haben, weil sie längst Visa besitzen. Jedenfalls habe ich wirklich alles Menschenmögliche versucht. Ich habe gebettelt, geweint und zu bestechen versucht. Nichts hat geholfen. Sie haben mir kaum zugehört. Ich nehme an, sie haben das alles schon dutzendmal gehört. Ihr hättet mal die Schlangen sehen sollen, in denen die Leute anstanden, um mit den Beamten zu sprechen. Frauen mit Babies auf den Armen. Jeder hatte eine Geschichte zu erzählen, aber es gab niemanden, der zuhören wollte. Ein Angestellter sagte zu mir: ›Hören Sie, meine Dame, wenn ich auch nur den geringsten Einfluß hätte, dann würde ich mich darum kümmern, daß ich selbst einen Platz auf einem Schiff fände. Meinen Sie, mir gefällt, was hier los ist?‹«

Mutter bückte sich und zog einen dicken Briefumschlag aus ihrer Handtasche. Als sie ihn hochhielt, konnte ich sehen, daß er voll mit Banknoten war, die Babi Mutter für unsere Fahrkarten geschickt hatte. »Ich muß sehen, daß Mutter ihr Geld wiederbekommt. Vielleicht kann sie ein Stück von dem Land zurückkaufen, das sie verkauft hat. Sie hat dieses Land besessen, solange ich mich erinnern kann. Es ist nicht der Regen, der diese Felder fruchtbar gemacht hat, sondern ihre endlose, nimmermüde Liebe. Sie wird nie verstehen, daß mit diesem Land die Fahrt ihrer Enkelinnen nach Amerika nicht bezahlt werden konnte.«

Wir blieben still stehen und warteten, bis sie ausgesprochen hatte. Vielleicht würde sie sich besser fühlen, wenn sie uns alles erzählt hatte. Es war sehr ungewöhnlich, daß Mutter so aufgebracht war. Normalerweise ließ sie sich von Enttäuschungen nicht beeindrucken. »An dir prallt alles ab wie an einem Hefeteig«, pflegte Vater sie zu necken, »du läßt dich nicht so leicht unterkriegen.«

Aber jetzt war Mutter am Ende. Sie saß auf ihrem Stuhl und starrte in die Gegend, bis Joli zu wimmern anfing. Da ging ein Ruck durch sie, und sie richtete sich auf. »Wer weiß, wozu es gut ist, vielleicht ist es so doch am besten. Was wäre dieses Haus ohne meine Töchter!«

Ab Frühjahr 1941 änderte sich einiges in unserem Schulalltag. In den Pausen durften wir nicht mehr spielen, sondern mußten wie die Soldaten exerzieren und Turnübungen in der Gruppe machen. Wir mußten blaue Turnhosen und weiße Hemden anziehen. Mit großen Holzreifen und Stäben übten wir Kunststücke ein. Wir lernten Liegestütze, durch die Reifen zu springen und die Stäbe als Schwerter in Fechtkämpfen zu gebrauchen.

Ica Molnar und ich kamen in dieselbe Gruppe, und deshalb gingen wir gemeinsam zur Schule und nach Hause. Aber wir vertrauten uns nicht mehr gegenseitig unsere Geheimnisse an, wie wir es getan hatten, bevor ich nach Komjaty gegangen war. Icas und meine Eltern waren gute Freunde gewesen, die sich oft gegenseitig besucht hatten. Aber seit meiner Rückkehr hatte ich nur gesehen, wie unsere Mütter sich auf der Straße grüßten, mehr nicht. Ica und ich spürten die neuen Grenzen unserer Beziehung.

Kurz vor dem Pessachfest erhielten Mutter und Lilli die erste Post seit zwei Monaten von ihren Männern. Vaters Karte schien Mutter aus ihrer depressiven Stimmung aufzurütteln, sie weinte vor Freude, als sie die Karte immer wieder von neuem las.

»Wann ist die Karte abgeschickt worden?« fragte Lilli.

»Vor drei Wochen.«

»Lajos' Karte ist fast vier Wochen alt«, rief Lilli. Sie und Mutter strahlten sich mit Tränen im Gesicht an und tauschten die Karten aus.

In der ersten Juniwoche bekamen wir überraschend

Besuch von einer Frau, die etwa so alt war wie meine Mutter und ein Mädchen in meinem Alter sowie einen siebenjährigen Jungen mitbrachte. Sie stellte sich als Frau Gerber vor.

»Mein Mann schrieb mir, daß er im Bataillon Ihres Mannes sei«, erzählte sie, als Mutter mit ihr ins Wohnzimmer ging. »Er hat mich gebeten, bei Ihnen vorbeizugehen, damit wir uns austauschen können, falls eine von uns Post bekommt und die andere nicht.«

Mutter stellte uns Frau Gerber vor, und sie ihrerseits machte uns mit Judi und Pali bekannt. Die Frauen unterhielten sich eine Weile und erzählten sich alles, was sie in den vergangenen Monaten von ihren Männern gehört hatten. Dann ging Mutter in die Küche und holte Festtagsgebäck und Tee. Sie konnte wieder Gastgeberin spielen, eine Rolle, die sie sehr liebte. Ununterbrochen redete sie von Vater. Frau Gerber lud uns ein, sie am nächsten Sonnabend zu besuchen. »Ich habe einen Kirschbaum, der voller Kirschen hängt, die müßten nächste Woche reif sein.«

Am nächsten Sonnabend gingen wir alle zu Gerbers. Judi Gerber und ich kletterten mit einem Korb in den Kirschbaum und pflückten die reifen Kirschen.

»Ist dir klar, daß wir am Sabbat Kirschen pflücken und daß es keiner zu bemerken scheint?« sagte ich.

»Wir sind nicht religiös«, sagte Judi. »Wir kümmern uns nicht um die Tradition und um die Feiertage, wir sind nur der Herkunft nach jüdisch.«

An diesem Sabbat begann meine Freundschaft mit Judi. Wir winkten uns in der Schule zu und spielten gemeinsam auf dem Spielplatz. Sie hatte nicht viele Freundinnen, weil die anderen behaupteten, sie wäre sonderbar und unnahbar, was sie aber überhaupt nicht war, wenn man sie näher kennenlernte.

»Komisch, daß wir uns nicht schon früher mal unterhalten haben«, sagte ich eines Tages zu ihr.

»Du warst immer mit deinen Freundinnen zusammen.«

»Jetzt bin ich nicht mehr so dick mit denen befreundet, du bist mir näher.«

Judi war aus Budapest gekommen, weil ihr Vater von seiner Firma nach Beregszász versetzt worden war, bevor er in die Armee eingezogen wurde. Sie lieh mir einige Bücher aus ihrer Budapester Schule und erklärte mir, daß die Schule dort sehr fortschrittlich gewesen sei. Die Schüler hätten über alles mögliche diskutiert, und es hätte keine starren und strengen Regeln gegeben.

Ich erzählte Iboya einiges von dem, was ich von Judi hörte. »Fang bloß nicht an, ihr alles nachzuplappern«, antwortete Iboya, »sonst wirst du auch noch so unbeliebt wie sie.«

Mutter und Frau Gerber besuchten sich regelmäßig und sprachen oft über Budapest. »Meine Tochter Etu geht dort aufs Gymnasium«, sagte Mutter eines Nachmittags zu Frau Gerber, als wir alle in unserem Garten saßen. »Ich bat sie, nach Hause zu kommen, aber sie will das Schuljahr dort beenden.«

»Verlangen Sie nicht von ihr, daß sie zurückkommt«, meinte Frau Gerber. »Im Fall einer Krise ist sie dort viel besser aufgehoben. In den großen Städten ist weniger los, weil sich die Leute dort nicht so leicht von der Propaganda beeinflussen lassen. Was könnte sie hier schon anfangen? Ich wünschte, ich wäre wieder in Budapest. Wir sind viel in die Oper gegangen und ins Theater. Und wir hatten wunderbare Freunde.«

»Ja«, sagte Muter, »ich habe als junge Frau auch eine Weile dort gelebt. Ich wohnte bei einer meiner Schwestern, die jetzt in Amerika ist. Wie gerne bin ich ins

Theater gegangen! Das habe ich am meisten vermißt, als ich hierher gekommen bin. Mein Gott, ist das schon lange her.«

»Aber sie erinnert sich noch an jedes Stück, das sie gesehen hat«, sagte Lilli. »Meine Mutter wäre eine gute Schauspielerin geworden. Sie sollten sie mal sehen, wenn sie eine Rolle vorspielt!«

Dann drehte sich das Gespräch von Frau Gerber und Mutter um die Lebensmittelrationierungen, und Lilli entschuldigte sich, um einen kleinen Spaziergang zum Tabakladen zu machen. Sie kam mit einer Zeitung zurück, deren Titelblatt sie Mutter und Frau Gerber vorhielt. Die Überschrift war doppelt so groß wie sonst: *Ungarn kämpft auf Deutschlands Seite gegen Rußland**. Judi und ich verließen den Schatten des Kastanienbaumes und lasen über die Schultern unserer Mütter.

»Ein Glück für uns, daß Herr Kovacs schon über vierzig ist«, sagte Mutter. »So kann er unser Geschäft weiterführen. Ohne ihn hätten wir unser wöchentliches Einkommen nicht mehr.«

»Bei der Generalmobilmachung werden nicht viele Männer zurückbleiben«, meinte Frau Gerber. »Hitler fordert jetzt seinen Tribut für die Hilfe bei der Einverleibung der ruthenischen, tschechoslowakischen und ukrainischen Gebiete. Er macht Ungarn zu einem Land von alten Männern, Frauen und Kindern.«

* In Ungarn hatte es einen Regierungswechsel gegeben, der neue Ministerpräsident Bárdossy erklärte am 22. 6. 41 der Sowjetunion den Krieg und unterwarf Ungarn fortan den Bedürfnissen der deutschen Kriegswirtschaft. In Ungarn waren die Lebensmittelrationen zum Beispiel kleiner als in Deutschland, weil Hitler von Ungarn hohe landwirtschaftliche Abgaben forderte.

9.

Im September kam ich in die fünfte Klasse. Der Sportunterricht wurde auf zwei Stunden täglich erweitert. »Bald wird dir überhaupt keine Zeit mehr zum Lernen bleiben«, meinte Mutter, als ich es ihr erzählte.

»Sie bereiten sie für die Armee vor«, sagte Lilli.

»Halt deinen Mund«, sagte Mutter. So scharf sprach sie sonst nie.

Iboya trat einer Rote-Kreuz-Gruppe bei, die für ganz bestimmte Straßen zuständig war. Sie führten Verdunkelungsübungen durch, überprüften jedes einzelne Fenster und machten Erste-Hilfe-Kurse.

Gegen Ende des Monats kam eine Postkarte von Vater, in der er schrieb, daß seine Kompanie verlegt werden würde und am oder um den 6. Oktober herum durch Beregszász kommen würde. Frau Gerber kam mit einer ähnlich lautenden Postkarte von ihrem Mann. In den nächsten Tagen taten Mutter und sie alle ihre Lebensmittel zusammen und kauften so viel Mehl, Zucker, Eier und Butter, wie sie bekommen konnten. Wir mußten den Walnußbaum leerpflücken und pulten die äußere grüne Schale von den Nüssen, bis unsere Hände ganz schwarz gefärbt waren. Frau Gerber und Mutter saßen auf der Veranda, knackten die harte Schale und hackten die Nußkerne, die noch ganz weich und feucht waren. Zum Trocknen reichte die Zeit nicht mehr.

Lillis Hände waren fleißiger denn je. Von morgens bis abends rollte sie den Teig aus und füllte dann die Strudel mit Nüssen und Zucker und geriebener Zitronenschale. Mutter stapelte Holzscheite im Ofen, zündete sie an, und wenn sie runtergebrannt waren, füllte sie den Ofen mit dem Backwerk, das sie vorbereitet hatten.

Im Morgengrauen des 6. Oktober machten unsere

beiden Familien sich zum Hauptbahnhof am anderen Ende von Beregszász auf. Dort setzten wir uns mit unseren Bündeln auf die Bänke und warteten auf den Zug, der mit Vater und seinen Leuten vorbeifahren sollte. Jedesmal, wenn ein Zug kam, sprang Mutter hoch und sprach zu den Zugführern und Begleitern, in der Hoffnung, irgendeine Information zu bekommen. Aber sie wußten nichts. Als es dunkel wurde, gingen Lilli, Iboya, Judi und ich mit den Kindern nach Hause, während Mutter und Frau Gerber weiter Wache hielten. Abwechselnd paßten sie auf die Sachen auf oder schliefen ein wenig. Am nächsten Morgen gingen wir wieder zum Bahnhof und brachten den beiden Frauen Frühstück. Sie sahen müde aus, weigerten sich aber, sich von uns ablösen zu lassen und nach Hause zu gehen, um sich zu erfrischen. Das Ganze machten wir drei Tage hintereinander, bis sich schließlich Mutter und Frau Gerber schweren Herzens von den Bahnbeamten dazu überreden ließen, nach Hause zu gehen.

In der Nacht, als wir alle fest schliefen, wurde Mutter durch ein Klopfen an ihr Fenster geweckt. Bis sie endlich ihren Morgenrock an hatte und am Fenster war, war Vater schon ums Haus gegangen und hatte Lilli und Manci im Gästezimmer geweckt. Bald schwirrten wir alle um ihn herum.

Mutter nahm Joli aus ihrer Wiege, so daß sie zum ersten Mal in ihrem Leben ihren Vater sehen konnte. Trotz der späten Stunde und des Durcheinanders um sie herum schien Joli zu begreifen, wie wichtig dieser Augenblick war. Mutter gab sie Vater auf den Arm, und sie kuschelte sich in seine Arme und streichelte sein rauhes Gesicht. Auch Sandor wollte auf Vaters Arm und rief: »Papa, Papa«, um Vaters Aufmerksamkeit auf sich zu ziehen. Mit Joli auf dem Arm setzte sich Vater aufs Sofa neben die schläfrige und verwirrte Manci, die ganz still da saß und auf ihrem Nachthemd rumkaute. Sandor krabbelte auf Vaters Schoß. Iboya und ich gingen schüchtern aufs Sofa zu und warteten, daß auch wir umarmt würden.

Mutter war hellwach und voller Sorgen. »Bist du ohne Erlaubnis weggegangen? Was passiert, wenn es rauskommt? Du hast bestimmt Hunger. Wo bringen die euch hin? Wie geht's Herrn Gerber?«

Vater lächelte und antwortete auf ihre letzte Frage: »Ich habe die Truppe in seiner Obhut gelassen. Rise, mach dir bloß keine Sorgen. Wir wissen nicht genau, wo sie uns hinbringen, aber es könnte die russische Front sein. Hast du die Adresse von meinem Bruder Srul – für alle Fälle?«

»Ja, die habe ich. Ignac, sei vorsichtig. Ich will, daß du wieder nach Hause kommst.«

»Wie geht's dir und den Kindern? Kommt ihr klar?«

»Kein Problem. Herr Kovacs ist sehr großzügig, er gibt uns genug, daß wir davon leben können.«

»Und mein Sold? Wird der regelmäßig überwiesen?«

Ich bemerkte ganz kurz einen fragenden Ausdruck in Mutters Gesicht, aber dann lächelte sie schnell und antwortete: »Ja, kein Problem, wir kommen gut aus.«

»Es wird nicht mehr lange dauern«, sagte Vater. »Die Russen sind sehr stark. Und selbst wenn wir in russische Gefangenschaft geraten sollten, ist das für uns bestimmt immer noch besser, als wenn Hitler Erfolg hat.«

Während er noch mit Mutter sprach, küßte er jede von uns und stand auf. Er umarmte Mutter und zog sie ganz fest an sich. Diesmal protestierte sie nicht wie sonst, wenn sie immer rief: »Ignac, die Kinder.« Sie blieb einige Sekunden lang ganz still in seinen Armen und ließ ihn dann los: »Du darfst nicht länger bleiben.«

Lilli trat von der Schwelle, flog ihm in die Arme und

rief: »Oh, Ignac!« Wie sie ihn ansah und sich ihrer Tränen überhaupt nicht schämte, da wurde mir klar, daß sie Vater auf eine ganz besondere, erwachsene Art liebte – nicht so wie Mutter, aber auch nicht so wie wir Kinder. Sie waren wie ganz enge Freunde.

»Glaubst du, daß Lajos auch an die vorderste Front muß?« fragte sie.

»Nein, Lilli, ich glaube, sie haben vergessen, daß er Jude ist. Hab Geduld, wir werden bald wieder zu Hause sein. Kümmer dich um deine Mutter.«

Mutter stand da mit den Bündeln in der Hand. Vater schüttete den Inhalt seines Rucksacks – ein paar Stücke trockener Zwieback – aufs Sofa und füllte ihn mit den köstlichen Strudeln.

»Jetzt muß ich mich aber beeilen.«

Wir begleiteten ihn alle bis zum Gartentor und guckten zu, wie Mutter und er sich noch einmal umarmten. Dann war Vater weg.

Mutter kam langsam zum Haus zurück. Ihr Gesicht war naß von Tränen, aber sie schickte uns mit fester Stimme wieder ins Bett. Sie nahm Joli hoch, die dauernd »Papa, Papa« sagte, und ging mit ihr ins Zimmer, ohne sich noch einmal nach uns umzudrehen.

10.

An einem späten Oktobertag kam auf dem Heimweg von der Schule eine Frau mit einem Baby auf dem Arm auf mich zu und fragte mich mit zitternder Stimme: »Sprichst du Jiddisch?«

Ich nickte.

»Ich bin auf der Flucht aus der Slowakei. Wir haben Hunger. Kannst du mir ein jüdisches Haus zeigen?«

»Kommen Sie mit mir mit. Ich bin auf dem Weg nach Hause. Ich bin sicher, meine Mutter wird Ihnen was zu essen geben«, sagte ich auf Jiddisch.

Die Frau folgte mir und hielt sich dabei ängstlich im Schatten der Häuser. Als wir in unserer Küche angelangt waren, wollte ich Mutter erklären, was los war, aber sie schob mich zur Seite und nahm das Baby aus dem Tuch, das sich die Frau umgeschlungen hatte.

»Das Kind braucht Wasser«, sagte sie. Mit der einen Hand hielt sie das Kind, mit der anderen schöpfte sie einen Becher voll Wasser aus dem Eimer und gab dem Kind davon. Lilli holte einen Teller voll Suppe vom Herd und stellte ihn auf den Tisch. »Gott segne Sie, schöne Dame«, sagte die slowakische Frau auf Jiddisch. Sie setzte sich auf einen Stuhl und begann die heiße Suppe hinunterzuschlingen. Mutter bat Lilli, eine Schüssel mit Wasser zu füllen, damit sie das Baby baden konnte. Wir guckten zu, wie das Baby langsam wieder zum Leben erwachte, strampelte und ganz offensichtlich das warme Bad genoß. Dann hob Mutter das Kind aus der Wanne, wickelte es in ein Handtuch und ging mit ihm aus der Küche. Die Frau begann zu sprechen. »Ich hatte keine Zeit, irgendwas mitzunehmen. Ich bin einfach losgelaufen.«

»Wo sollten Sie denn hingeschickt werden?« fragte Lilli.

»Das weiß Gott der Herr allein, ich hoffe nur, daß er alles im Auge behält.«

»Piri«, sagte Mutter, als sie zurück in die Küche kam, »ich möchte, daß du diese Frau und ihr Baby zu Frau Silbermann bringst. Du weißt doch, wo sie wohnt, oder?«

»Ja.«

Mutter hatte dem Baby alte Sachen von Joli angezogen

und brachte noch einen Armvoll Babysachen und Windeln von Joli. Sie reichte der Frau ihr Baby.

»Sie müssen hier weg«, sagte Mutter zu ihr. »Aber ich lasse Sie an einen Ort bringen, wo Sie für eine Weile sicher sind. Es ist ein Versteck, das einige von uns eingerichtet haben. Nehmen Sie Ihr Kopftuch ab und versuchen Sie, nicht allzu jüdisch auszusehen. Wir geben Ihnen einen Hut.«

Nach einem herzlichen Abschied, bei dem Gott viele Male erwähnt wurde, gingen wir zum Tor. Mutter behielt die Straße im Auge, um sicherzugehen, daß uns niemand sah. »Piri, du gehst vor, und wenn jemand sie anhält, gehst du einfach weiter. Du kennst sie nicht. Wenn du sie bei Frau Silbermann abgeliefert hast, kommst du sofort zurück, verstanden?«

»Ja, Anyuka.«

Ich lief in normalem Tempo einige Schritte vor der Frau her. Niemand beachtete uns, und bald war ich am Tor des Hauses von Frau Silbermann angelangt. Ich zögerte einen Moment, dann klingelte ich. Frau Silbermann erschien fast augenblicklich und öffnete die Tür gerade so weit, daß ich durchpaßte. Ich versuchte zu erklären, was ich wollte, aber sie unterbrach mich sofort. »Komm zur Sache, Kind, was willst du?«

Ich deutete auf die Frau hinter mir. Sobald sie dicht genug heran war, zog Frau Silbermann sie in den Garten, lehnte sich über das Tor und überprüfte die Straße in beiden Richtungen. Dann schob sie mich auf die Straße. »Du bist niemals hiergewesen«, waren ihre Abschiedsworte. Ich eilte nach Hause.

»Ist alles gutgegangen?« fragte Mutter. Sie stand am Herd, als ich die Küche betrat.

»Sie ist dort. Was macht Frau Silbermann mit ihr? Versteckt sie Leute in ihrem Haus?«

»Piri, Ungarn ist der letzte Zufluchtsort, den sie haben. Mußt du nicht noch Hausaufgaben machen?«

Da wurde mir klar, daß Mutter mit Dingen zu tun hatte, von denen ich keine Ahnung gehabt hatte, und sie erinnerte mich in dem Moment sehr an Babi. Wenn sie das Thema wechselte, dann bedeutete das: Schluß der Debatte. Aber ich konnte die Erinnerung an die Frau und an das Baby nicht so schnell aus dem Kopf wischen. Manchmal, wenn ich an sie dachte oder von ihr träumte, dann hatte sie Mutters oder Lillis Gesicht.

In den nächsten Wochen traf ich viele Flüchtlinge in den Straßen von Beregszász. Bald konnte ich sie schon von ferne erkennen. Die meisten waren Frauen, einige älter, andere jünger, aber ihre Haltung verriet, daß sie Flüchtlinge waren. Ihre Körper waren gebeugt, sie bewegten sich hastig, dann zauderten sie wieder und überprüften ihre Umgebung. Manchmal baten sie mich um Hilfe, und manchmal ging ich auf sie zu und flüsterte auf Jiddisch: »Folgen Sie mir mit zehn Schritten Abstand, ich bringe Sie zu einer Unterkunft.« Ich brachte sie nicht mehr zu uns nach Hause, sondern gleich zu Frau Silbermann. Sie fragte längst nicht mehr, was ich wollte, wenn sie mir die Tür öffnete, sondern bat den Flüchtling hinter mir herein, während sie die Straße nach unliebsamen Beobachtern absuchte. Dann schob sie mich wieder raus und flüsterte: »Sei vorsichtig!«

Eines Tages, als ich mit Iboya unterwegs war, bemerkten wir einen ungefähr siebzehnjährigen Jungen, der offenbar auf der Flucht war. Ich ging zu ihm und flüsterte ihm die üblichen jiddischen Worte zu, aber statt vorsichtig hinter mir her zu gehen, packte mich der Junge am Arm und sprudelte eine Flut von jiddischen Sätzen hervor.

Iboya kam dazu, und wir drei gingen nebeneinander her.

»Mutter sagte, wir sollten nicht mit ihnen reden, wir sollen sie nur hinbringen«, protestierte ich.

»Blödsinn«, sagte Iboya. »Wenn uns irgend jemand anhält, sagen wir einfach, er ist ein Freund von uns. Und wenn wir uns ganz normal benehmen, wird keiner was bemerken.«

Der junge Mann erzählte uns, was mit ihm und den anderen Juden passiert war, die in Bratislawa zusammengetrieben worden waren. Er war erstaunt, daß Iboya und ich nichts von den neuen Anti-Juden-Gesetzen in der Slowakei wußten, in denen definiert wurde, wer als Jude galt. »Sie treiben die Juden aus der ganzen Slowakei zusammen«, berichtete er.

»Wer ›sie‹?«

»Die Hlinka-Truppen, das sind slowakische Freiwillige in der SS, und die Gestapo, Hitlers Geheimpolizei. Einige von denen waren unsere Freunde, aber die Gestapo gab ihnen Stiefel und Uniform, und da haben sie sich plötzlich wichtig gefühlt. Einige von ihnen können noch nicht einmal ihren Namen lesen oder schreiben ...« Er seufzte. »Wie dem auch sei, in unserer Stadt haben sie fast tausend Leute zusammengetrieben, seit das Gesetz erlassen wurde.«

»Was steht denn in dem neuen Gesetz?« fragte ich.

»Daß Juden staatenlos sind, es sei denn, ihre Vorfahren waren bereits vor dem Jahr 1868 ortsansässig. Erst jagen sie uns von Ort zu Ort, und dann verlangen sie Beweise, daß wir mehr als siebzig Jahre an einem Ort seßhaft waren.«

»Wo bringen sie denn die staatenlosen Juden hin?«

»In die von den Deutschen besetzten Gebiete.«

»Und was machen die da mit ihnen?«

»Ich weiß es nicht genau. Deshalb bin ich ja weggelaufen. Es werden alle möglichen furchtbaren Dinge erzählt, von Sklavenarbeit ist die Rede und von Massakern. Wer weiß schon, was stimmt? Deutsche sind zu allem fähig – jedenfalls, was Juden betrifft.«

Als wir die Hauptstraße erreichten, bat Iboya den jungen Mann, der – wie er uns sagte – Jonathan hieß, seine Stimme etwas zu senken. »Hier sind zu viele Leute auf der Straße«, sagte sie. Als wir nur noch ein paar Häuser von Frau Silbermann entfernt waren, ging ich voran.

»Ach, du bist es mal wieder«, sagte Frau Silbermann und zog sich in den Garten zurück, nachdem sie mir das Tor geöffnet hatte. Ich winkte Jonathan, daß er reinkommen sollte.

»Danke«, flüsterte er, als er an mir vorbeihuschte.

Auf dem Heimweg sprachen Iboya und ich kaum ein Wort.

Als ich eines Nachmittags, am Tag vor Simchat Tora*, nach Hause kam, herrschte eine ausgesprochen festliche Stimmung. Mutter zog eine Postkarte aus der Schürzentasche und gab sie mir. »Dein Vater ist rechtzeitig zum Zug gekommen, ohne erwischt zu werden. Er lebt!« rief sie.

Auf der Karte waren nur ein paar kurze Zeilen: *Meinen Männern und mir geht es gut. Ich vermisse Dich und die Kinder. Für die nächste Zeit gibt es keine Adresse, wir sind auf dem Marsch. Es küßt Dich in Liebe, Ignac.*

»Sie müssen in der Nähe von Rußland sein«, sagte Mutter.

* *Simchat Tora* – »Gesetzesfreude«, mit diesem Fest soll die Freude über die Gesetze Gottes (in der Tora festgehalten) zum Ausdruck gebracht werden. Es ist ein fröhliches Fest, bei dem die Kinder mit Früchten beschenkt werden, es gibt auch Umzüge mit den Torarollen innerhalb der Synagoge, dem jüdischen Gotteshaus.

Frau Gerber, Judi und Pali kamen, als Lilli und Mutter gerade einen Berg Pfannkuchen aus einer Mischung aus Mehl und getrocknetem Kürbis gebacken hatten. »Wie schön, daß ihr kommt«, sagte Mutter zur Begrüßung. »Wir bereiten gerade einen Festschmaus vor.«

Frau Gerber holte eine Postkarte aus ihrer Handtasche und gab sie Mutter, die sie las und Frau Gerber anlächelte. »Gerade rechtzeitig zum Feiertag. Gott hat uns doch nicht vergessen.« Sie gab ihr die Karte zurück und schob den Gerbers den Teller mit den Pfannkuchen zu, nachdem sie sich am überfüllten Küchentisch niedergelassen hatten. »Vorsicht! In der Mitte sind sie noch heiß!«

»Meine Güte, schmeckt das gut«, sagte Frau Gerber nach dem ersten Bissen von dem lockeren Gebäck. »Woraus habt ihr die denn gezaubert?«

»Ich habe das Mehl mit allem möglichen verlängert, das hat mir meine Mutter beigebracht. Für diese Pfannkuchen habe ich getrockneten zerstampften Kürbis unter das Mehl gemischt. Aber ich nehme auch Kartoffeln oder Karotten, das hängt davon ab, was ich gerade zur Hand habe, wenn ich backen will.«

»Babi hat einmal Fischklöße ohne Fisch gemacht«, erzählte ich. »Sie hatte sich alle Zutaten zurechtgelegt und wartete darauf, daß Michael mit seinem Fang käme. Dann wurde es so spät, daß sie nicht mehr länger warten konnte. Ich weiß noch, wie sie gesagt hat: ›Ob mit oder ohne Fisch, ich muß den Sabbat vorbereiten.‹ Sie mischte alle anderen Zutaten zusammen, formte Klöße und kochte sie in derselben Brühe wie sonst auch. ›Babi, wie kannst du Fischklöße ohne Fisch machen‹, fragte ich sie. ›Genauso, wie ich sie mit Fisch mache‹, antwortete sie. Aber das Verrückte war, daß die Klöße tatsächlich nach Fisch schmeckten!«

»Siehst du, Charlotte, was ich für eine hervorragende Lehrerin hatte?« lachte Mutter.

»Wie geht es deiner Mutter«, fragte Frau Gerber.

»Rozsi schreibt immer mal wieder und teilt uns mit, daß sie gut zurechtkommen, und Mutter schickt uns, was sie erübrigen kann.«

»Ich weiß nicht, wie lange die Brüder Stern noch die Körbe aus Komjaty bringen können«, sagte Lilli. »Die Tatsache, daß sie wie ungarische Bauern aussehen, hat sie ja bis jetzt davor geschützt, erwischt zu werden. Ihre Geschäfte auf dem Schwarzmarkt halten ihre ganze Familie am Leben.«

Gewöhnlich ging ich zum Zug, wenn Rozsi schrieb, daß einer der Sterns kommen würde. Im Sommer hatte Mutter mich diesen Weg zum ersten Mal allein gehen lassen. Sie hatte mir erklärt, was ich sagen sollte, falls mich irgend jemand fragte, wer mir den Korb gegeben habe: Der Mann wäre sofort wieder in den Zug gestiegen, und ich hätte ihn nicht richtig erkennen können.

»Warum kann Iboya das nicht machen?« hatte ich ängstlich gefragt.

»Weil du jünger und kleiner bist und nicht so auffällst.«

Als ich an dem Morgen um 7 Uhr 30 den Zug aus Komjaty erwartete, klopfte mein Herz vor Angst. Shimi Stern war der dritte, der aus dem Zug stieg. Er entdeckte mich augenblicklich, stellte sein Zeug auf den Boden und beugte sich darüber, als ob er irgendwas suchte. Sobald ich heran war, richtete er sich auf und ging weg. Einen Korb hatte er auf dem Bahnsteig stehenlassen. Ich nahm den Korb, und er lief an mir vorbei, ohne sich anmerken zu lassen, daß er mich kannte. Der Korb war sehr schwer, ein Männerjackett war durch den Henkel gezogen und bedeckte den Inhalt. Ich hängte den Korb über meinen rechten Arm und ließ sein Gewicht auf meiner Hüfte ruhen. Mutter wartete am Tor auf mich und nahm mir den Korb ab. Wir gingen zusammen in die Küche. Nachdem sie das Jackett in Vaters Schrank gehängt hatte, schüttete sie den Inhalt des Korbes aufs Sofa: Gläser mit Lekvár, Himbeermarmelade und Eigelb; ein kleiner Sack mit Gerste und einer mit getrockneten gelben Erbsen. Nach diesem ersten Mal waren die Gänge zum Zug kein Problem mehr für mich. Sie machten mir sogar Spaß.

Lillis Prophezeiung, daß die Stern-Brüder geschnappt werden könnten, erwies sich jedoch als zutreffend. Einen Tag nach dem Besuch der Gerbers kam ich aus der Schule und fand Shimi in einer grauen Gefangenenuniform auf unserer Veranda. Er war von einem Polizisten begleitet. Beide hatten einen großen Teller voll Essen vor sich stehen.

Mutter stand auf der Küchenschwelle. »Komm, Piri, du siehst aus, als ob du Hunger hast«, sagte sie, als sie mit mir in die Küche ging.

»Du darfst keine Fragen stellen«, sagte sie und gab mir einen Teller voll Quetschkartoffeln mit einer glibberigen Soße.

Wir gingen beide wieder auf die Veranda. Shimi blickte von seinem leeren Teller auf und lächelte mich an: »Wie geht's denn dem kleinen Schulmädchen?«

»Sind Sie im Gefängnis?«

»Ja, Piri, ich warte auf meinen Prozeß. Mir wurde erlaubt, deiner Mutter und ihrer guten Küche einen Besuch abzustatten.« Ich wollte gerade noch etwas fragen, da fiel mir Mutters Warnung ein, deshalb nickte ich nur und aß schweigend meine Kartoffeln. Ich bemerkte allerdings, daß der Polizist sogar Hühnerfleischstückchen auf seinem Teller hatte. Als der Polizist aufgegessen hatte, stand er auf und forderte Shimi mit einem Wink auf, es ihm gleichzutun.

Dann legte er Shimi Handschellen an. Beide dankten Mutter für das Essen, und der Polizist führte Shimi ab.

Sobald sie weg waren, kam Lilli aus dem Garten.

»Was wird mit ihm werden?« fragte sie.

»Ich glaube, sie werden ihn laufen lassen. Sie können nicht jeden einsperren, der ein paar Lebensmittelmarken mehr hat.«

»Wenn sie mich mit dem Korb erwischt hätten, wäre ich dann auch ins Gefängnis gekommen?«

»Nein, aber ich glaube, wenn es Lilli gewesen wäre, dann hätte dieser Polizist sie gerne eingesperrt.« Mutter und Lilli lachten ihr typisches Erwachsenenlachen.

»Warum hast du dem Polizisten Fleisch gegeben?« fragte ich neidisch.

»Damit er Lust kriegt, Shimi noch mal zu einem Besuch zu bringen.«

Shimi kam tatsächlich ein paar Tage später, aber er war allein. »Wie bist du rausgekommen?« fragte Mutter.

»Ich habe mich rausgeredet.«

»Du solltest aufhören, Shimi«, sagte Mutter.

»Und dann? Ich hab nichts anderes, wovon ich leben könnte.«

Er bat um sein Jackett. Mutter stellte einen Teller Suppe für ihn auf den Tisch und schickte mich, das Jackett aus Vaters Schrank zu holen. Als ich damit zurückkam und es Shimi gab, schob er den Teller mit der Suppe beiseite und bat um eine Schere. Ich holte eine aus Mutters Nähkorb. Er nahm sie und schnitt die Naht des einen Jackettärmels auf, vergewisserte sich, daß wir ihm auch alle zusahen, und rief dann Lilli: »Du bist doch diejenige, die so gerne bäckt. Wie wär's mit ein paar zusätzlichen Marken für Mehl?«

Lilli kam in die Küche, und Shimi nahm die Schulterfüllung heraus und holte die kleinen blauen und weißen Marken hervor.

»Wieviel möchtest du, zehn Kilo?«

Mutter hielt den Atem an. »Shimi, du kannst es dir nicht leisten, so großzügig zu sein.«

Shimi lachte nur und winkte mich heran. »Du hast es verdient, weil du das Jackett hergebracht hast.«

»Ich bestehe darauf, den üblichen Preis zu bezahlen«, sagte Mutter.

»Rise, du hast schon hundertmal mehr bezahlt.«

Lilli nahm die Marken, legte sie in ihr Buch und gab Shimi einen Kuß auf die Wange. Im anschließenden Winter waren wir dankbar für das zusätzliche Mehl.

11.

Iboya verbrachte immer mehr Zeit außerhalb des Hauses. Sie ging zu den Rote-Kreuz-Veranstaltungen und traf sich anschließend mit anderen jungen Leuten. Sie fehlte mir sehr beim Schulaufgaben machen. Eines Tages auf dem Schulweg gestand sie mir, daß sie gar nicht immer zum Roten Kreuz ging, wenn sie es sagte. Sie besuchte statt dessen mit unserer Tante Lujza den Zionistischen Klub*. Sie fragte mich, ob ich Lust hätte, zu einem der Treffen mitzukommen. Ich wäre gern mit ihr gegangen und mit Lujza und ihren Freunden zusammengewesen, aber ich mochte Mutter nicht anlügen. Ich wußte, daß es

* *Zionismus* – die zionistische Bewegung entstand Mitte des 19. Jahrhunderts in Europa. Ziel der Bewegung war die Rückkehr der Juden nach Palästina, die Errichtung eines eigenen Judenstaates, um nicht mehr ständigen Verfolgungen ausgesetzt zu sein.

ihr mißfallen würde, sie glaubte bestimmt, daß die zionistische Bewegung gefährlich für uns wäre.

»Ich werd's mir überlegen«, sagte ich.

»Wir sagen Mutter, daß wir ins Kino gehen«, fuhr Iboya fort. Sie schien anzunehmen, daß ich mitkommen wollte. Ich sagte nichts mehr.

Einige Abende später erzählte Iboya Mutter, daß sie mit mir ins Kino gehen wollte. Es lief *Der kleine Oberst* mit Shirley Temple. Wir holten Lujza in dem Pelzgeschäft ab, wo sie arbeitete. Sie wartete schon auf uns, und wir liefen schnell zum Treffpunkt. Als wir zu dem Hof in der Langelstraße kamen, dämmerte es bereits, innen im Hof war es schon dunkel. Lujza sah sich um und mahnte uns dann: »Folgt mir und geht sofort ins Haus.« Sie nahm den Pfad zum letzten Haus und klopfte in einem bestimmten Rhythmus an der Tür. Es wurde geöffnet, und wir schlüpften hinein.

In dem großen Raum herrschte ein aufgeregtes Durcheinander. Die meisten Leute waren im Alter von Lujza, zwischen zwanzig und dreißig. Einige riefen uns »Schalom«* zu, andere diskutierten heftig in kleinen Gruppen, und eine Gruppe saß in einer Ecke des Raumes und sang zu einem Banjo. Lujza stellte uns vielen ihrer Freunde vor: »Die Töchter meines Bruders«, sagte sie.

Es wurde still im Raum. Lujza zog ein paar Papiere aus ihrer Handtasche und verlas das Protokoll des letzten Treffens. Dann stand ein Mann auf und redete über einige Dinge, die im Protokoll erwähnt worden waren: Anzahl von Familien, Städte, Daten, Schiffe, Geld. Während er sprach, machte sich Lujza Notizen. Anschließend stellten die Leute Fragen, und eine Diskussion begann. Lujza schrieb mit. Nach der Diskussion stand ein junger Mann

* *Schalom* – »Friede«, hebräischer Gruß

auf und spielte auf einer Geige. Die meisten scharten sich um ihn herum. Ein ernst wirkender junger Mann, den Lujza uns als Shafar Joska vorgestellt hatte, fing mit Iboya ein Gespräch an. Mir wurde plötzlich klar, wie erwachsen und wie hübsch Iboya war. Ihr leicht gerötetes Gesicht wurde von langem, welligem blondem Haar umgeben, und ihre bernsteinfarbenen Augen leuchteten. Beim Sprechen schaute Shafar sie unaufhörlich an.

Wir sangen zusammen »Nächstes Jahr in Palästina«. Das Tempo war fast zu schnell für den Geigenspieler, der wie wild die Saiten zupfte und den Bogen hüpfen ließ. Die anfangs so verkrampften Gesichter lösten sich, und die Leute wurden während des Singens immer lebhafter. Ich überlegte, was Babi wohl von dieser Szene halten würde. Ich war mir eigentlich ziemlich sicher, daß sie es nicht mögen würde. »Juden sollen sich wie Juden benehmen«, pflegte sie zu sagen, »ohne Furcht und ohne Feindschaft.« Die Juden, die in diesem verqualmten Raum in so aufgeheizter Stimmung versammelt waren, waren für mein Empfinden voll von Furcht und von Feindschaft. Aber ihre Erregung blieb nur kurz, schon bald hörte der Geigenspieler auf zu spielen und wischte sich den Schweiß von der Stirn. Die Gruppe löste sich schnell auf. Alle zogen schweigend ihre Mäntel an. Das Treffen war zu Ende, und Shafar brachte uns nach Hause.

Eine Woche später kam Lujza zu einem ihrer unregelmäßigen Besuche bei uns vorbei. Nach einem kurzen höflichen Begrüßungsgespräch mit Mutter ging sie hinaus in den Garten zu Lilli, die wie üblich unter dem Nußbaum saß und las, während die Kinder im Sandkasten spielten. Ich konnte mir ganz gut vorstellen, was sie mit Lilli zu bereden hatte; bestimmt wollte sie sie dazu bewegen, dem Zionistischen Klub beizutreten.

Nachdem Lujza gegangen war, kam Lilli zu Mutter auf

die Veranda, wo sie mit mir Zwiebelzöpfe zum Trocknen für den Winter flocht. »Hier, Lilli«, sagte Mutter und reichte ihr ein Band, »du kannst mir helfen, und Piri macht inzwischen die Bohnen. Sie stehen in einer Schüssel auf dem Küchentisch«, sagte sie zu mir gewandt.

»Lujza tut mir leid. Sie ist so verrückt nach Kindern, und dann verschwendet sie ihre Zeit mit Politik«, hörte ich Mutter zu Lilli sagen, bevor ich die erste Bohne enthülst hatte.

»Wie könnte sie denn heiraten, selbst wenn sie es wollte? Die Männer sind doch alle im Krieg.«

»Sie ist älter als du. Sie hätte schon vor langer Zeit heiraten sollen«, war Mutters Kommentar.

»Bist du immer noch böse auf sie, weil sie damals die Partei ihrer Mutter ergriffen hat, gegen Ignac, als er dich heiraten wollte?« gab Lilli zurück.

»Sie haben mir nie vergeben, daß ich ihn ihnen weggenommen habe. Sie waren gegen die Heirat, weil ich eine Witwe mit kleinen Kindern war, und er war noch so jung. Aber ich glaube, sie hätten keine gemocht, die Ignac geheiratet hätte.«

»Na, es war bestimmt schön, Ignac im Haus zu haben. Und du mußt zugeben, daß es wirklich recht ungewöhnlich ist, daß ein junger Mann eine Frau mit fünf Kindern heiratet. Aber du bist so schön«, lachte Lilli, »ich weiß schon, warum Lujza und ihre Mutter keine Chance mehr hatten, als er dich entdeckt hatte!«

Mutter lachte auch. »Du hattest ja auch einen ganz schön dicken Kopf, als du mit sechzehn unbedingt Lajos heiraten mußtest. Ich habe nie darüber nachgedacht, aber hing das vielleicht mit mir und Ignac zusammen? Du warst ja immerhin schon dreizehn, als wir geheiratet haben.«

Lilli überlegte einen Moment, bevor sie antwortete. »Als du mich zu Babi nach Komjaty schicktest, hatte ich ein kleines bißchen den Verdacht, daß ihr mich loswerden wolltet. Das ist einer der Gründe, warum ich Lajos geheiratet habe. Ich wollte auch einen Mann für mich haben.«

»Hat es dir je leid getan?« fragte Mutter leise.

»Nein, wir brauchten uns beide.«

Ich war so in ihr Gespräch vertieft gewesen, daß ich die Bohnen ganz vergessen hatte. Als Mutter in die Küche kam, merkte sie das und sagte: »Sitzt du mal wieder da und träumst? Nun mach schon. Ich will die Bohnen zum Trocknen auslegen.« Sie hängte das Zwiebelgebinde über den Herd und ging in den Garten, um zu sehen, was sie noch ernten konnte.

In der nächsten Woche ging ich nicht zur Schule, weil ich eine Halsentzündung hatte. Mutter ging morgens aus dem Haus, um zu Herrn Kovacs zu gehen, und nach dem Frühstück gesellte ich mich zu Lilli in den Garten. Ich setzte mich auf die Schaukel, die neben Lillis Platz unter dem Nußbaum hing. Ich fragte Lilli, ob sie mit Lujza zum Zionistischen Klub gehen würde.

»Nein«, antwortete sie, »ich glaube nicht, daß mir das gefallen würde.«

»Mir hat's gefallen.«

»Wann warst du denn da?«

»An einem Abend mit Iboya. Wir haben Mutter erzählt, daß wir einen Film mit Shirley Temple angucken wollten.«

Lilli sah mich verblüfft an. »Ihr beiden macht eine Menge Sachen, die ihr vor mir und Mutter verheimlicht, stimmt's?«

»Nein, nur dieses eine Mal«, sagte ich. »Ich bin seitdem auf kein Treffen mehr gegangen, und Iboya ist mit ihrem Rotkreuzkurs und dem Kriegshilfeprogramm beschäftigt. Aber ich glaube schon, daß sie manchmal mit Lujza mitgeht. Es würde dir bestimmt gefallen. Sie sind alle etwa in deinem Alter, und sie singen hebräische Lieder und tanzen die Hora. Aber sie machen auch Untergrundarbeit und helfen Flüchtlingen.«

»Ich könnte das nicht machen. Das würde mich nur deprimieren.«

»Bist du jetzt traurig?«

»Nein, nicht so richtig.«

Aber ich war nicht so recht überzeugt und bohrte weiter: »Ich glaube wirklich, du solltest mit Lujza mitgehen. Mutter sagt doch immer, du solltest auch mal mit Leuten in deinem Alter zusammen sein.«

»Ja, aber ich glaube, es wäre ihr nicht recht, wenn ich mit Lujza und ihren Freunden zusammen wäre.«

In dem Moment erschien der Briefträger am offenen Tor. Lilli sprang auf und rannte auf ihn zu.

»Heute habe ich was für Sie«, sagte er und reichte ihr eine Postkarte.

»Danke.« Lilli blieb stehen und las die Karte. Die Kinder zerrten an ihr herum.

»Ist die von meinem Papa?« fragte Manci.

»Ja«, sagte Lilli. Sie las die Karte immer wieder. Ich brachte die beiden Kinder zum Sandkasten zurück.

Schließlich rief Lilli uns zum Essen hinein. Kaum saßen wir am Tisch, da kam Mutter nach Hause. Lilli zeigte ihr gleich die Karte, und Mutter meinte: »Siehst du, ist doch alles in Ordnung. Du brauchst dir um Lajos keine Sorgen zu machen.«

Lilli lächelte. Mutter setzte sich zu uns. Lilli goß ihr eine Tasse Tee ein und teilte die Suppe aus.

»Wie war's?« fragte sie Mutter.

»Herr Kovacs macht jedesmal mehr Schwierigkeiten.«

»Hast du das Geld von ihm bekommen?« fragte Lilli weiter.

»Die Hälfte von dem, was er uns sonst gegeben hat. Aber für das, was wir mit den Marken kaufen können, wird es schon reichen.«

Lilli brachte immer mehr Zeit damit zu, für Brot anzustehen. Oft war das Brot aber alle, wenn sie nach über einstündigem Warten endlich dran war. Mit anderen Grundnahrungsmitteln gab es dieselben Schwierigkeiten. Für sieben Personen stand uns pro Woche ein halbes Kilo Butter zu. Aber auch Butter gab es selten. Beinahe unmöglich war es, Milch oder Eier zu bekommen. Die Zuckermarken waren so ungefähr die einzigen, die wir ohne Schwierigkeiten einlösen konnten. Mutter machte sich Sorgen, daß sie den Kindern nicht genug Milch geben konnte. Die Stern-Brüder kamen jetzt nicht mehr so häufig aus Komjaty.

Mutter konnte aus den geringen Mehlvorräten, die sie hatte, immer noch Brot backen, aber sie konnte den Ofen im Hof nicht dafür benutzen, weil es sonst die Nachbarn gemerkt hätten. Wenn sie backen wollte, stand sie im Morgengrauen auf und heizte den Küchenherd. Sie streckte das Mehl mit allen stärkehaltigen Gemüsen, die sie zur Hand hatte. Ständig war sie damit beschäftigt, Nahrungsmittel für uns zu besorgen. Nächtelang schälte und schnitt sie Gemüse und kochte es morgens, wenn sie den Herd angemacht hatte. Aber langsam wurde unser Feuerholz knapp, und wir wußten nicht, wo wir neues herbekommen sollten.

Da Lilli sowieso die meiste Zeit bei uns war, meinte Mutter, sie solle doch ihre Wohnung aufgeben.

»Wir stellen eure Möbel unter, bis Lajos wiederkommt.

Im Augenblick sind Lebensmittel und Brennstoffe so knapp, daß wir mit einem Haushalt viel besser wegkommen«, sagte Mutter.

Zunächst war Lilli nicht sehr begeistert von der Idee. Aber dann sagte sie: »Ich habe es satt, immer hin und her zu ziehen. Die Hälfte meiner Sachen ist hier, die andere Hälfte dort. Ich kann wirklich ebensogut ganz hier bleiben.«

»Mit dem Geld, das du an Miete sparst, kannst du Lajos im Frühjahr besuchen«, meinte Mutter.

Nachdem Lilli endgültig zu uns gezogen war, organisierten Mutter und sie Kohlen, damit wir den Winter über den Küchenofen heizen und darauf kochen konnten. Obwohl der Ofen qualmte und der Rauch stank, genossen wir die Wärme. Dann kam Mutter auf die Idee mit der Ziege. Eine Ziege könnte den Kindern die nötige Milch liefern. Mutter kannte einen Bauern außerhalb der Stadt, der seit fünfzehn Jahren Kunde im Laden war,und sie war sich ganz sicher, daß sie ihn dazu bringen konnte, ihr eine Ziege zu verkaufen. Sie nahm alles Geld, das sie besaß, und zog mit Iboya und mir los. Lilli blieb bei den Kindern.

Als wir in der Abenddämmerung an dem Bauernhof ankamen, entdeckten wir Herrn Baltar in seiner Scheune. Er schüttete den Pferden frisches Stroh auf.

»Guten Abend, Herr Baltar«, rief Mutter durch das offene Scheunentor. »Könnte ich Sie mal für einen Augenblick sprechen?«

»Wer ist denn da?« fragte der Bauer.

»Frau Davidowitz vom Schuhgeschäft. Ich muß Sie etwas sehr Wichtiges fragen.«

»Wenn Sie extra hier rauskommen, um mit mir zu reden, dann wird es wohl dringend sein.« Herr Baltar stellte seine Forke weg und kam mit einer Laterne ans

Tor. Er roch nach Stall. Auf der Schwelle blieb er stehen, hob die Laterne hoch und sah auf Mutter herab.

»Ich bekomme gewöhnlich nicht viel Besuch. Was möchten Sie denn?«

»Ich brauche Milch. Ich habe zu Hause drei kleine Kinder und kriege einfach keine Milch für sie. Deshalb möchte ich eine Ihrer Ziegen kaufen.«

»Kennen Sie die Vorschriften nicht? In der Stadt dürfen Sie keine Ziege halten.«

»Wir wohnen nicht mitten in der Stadt, sondern etwas außerhalb. Ich habe eine ausgezeichnete Möglichkeit, die Ziege unterzubringen, ohne daß es jemand merkt.«

»Und was ist mit den Nachbarn?«

»Die haben schon immer ein Schwein gehalten. Hören Sie, mein Angebot für die Ziege ist so gut, daß Sie es gar nicht ausschlagen können.«

Herr Baltar lachte, daß es seinen ganzen Körper erschütterte. »Sie sind eine ganz schön hartnäckige Frau.« Er beleuchtete Iboya und mich mit seiner Laterne und fragte: »Sind das Ihre Kleinen, für die Sie die Milch brauchen?«

»Nein, das sind meine beiden großen Mädchen. Sie sollen mir helfen, die Ziege nach Hause zu bringen.« Sie gab Iboya ihre Handtasche, ging an Herrn Baltar vorbei in die Scheune und winkte uns hinter sich her. Auf der rechten Seite lagen die weißen Ziegen, die im Dämmerlicht wie kleine Schneehaufen aussahen.

»Welche gibt einen Liter oder mehr am Tag?«

»Um diese Jahreszeit ist es sehr ungünstig, eine Ziege zu kaufen. Im Frühjahr ist es besser.«

»Ich brauche jetzt eine«, Mutter ließ sich nicht abwimmeln. »Meine Jüngste ist noch nicht einmal zwei Jahre alt.«

Sie ging von einer Ziege zur anderen und prüfte die

Größe ihrer Euter. Dann zeigte sie auf eine. »Wie alt ist diese hier?«

Herr Baltar schien die Sache Spaß zu machen. Er lachte dröhnend. »Sie haben ja noch nicht einmal nach dem Preis gefragt.«

»Ich gebe doppelt soviel, wie sie wert ist. Wieviel wäre das?«

Herr Baltar ging auf Mutter zu und legte seine schwere Hand auf ihre Schulter. Er leuchtete ihr mit der Laterne ins Gesicht und meinte: »Ihr Mann ist wohl nicht zu Hause?«

»Er ist an der russischen Front.«

Er tätschelte Mutter den Rücken, dann meinte er mit einem Blick auf Iboya und mich: »Sie können nicht mit einer Ziege durch die Straßen laufen. Ich bringe sie Ihnen am Mittwoch mit meinem Wagen.«

»Es muß in der Nacht sein, und ich brauche außerdem Futter und etwas Stroh.«

»Langsam, langsam. Wir haben uns ja noch nicht mal über den Preis geeinigt. Ich will zweihundert Pengö für die Ziege und noch fünfundzwanzig für Futter und Stroh. Futter ist teuer und außerdem schwierig zu bekommen.«

Mutter machte sich von ihm los. »Ich habe das Geld«, sagte sie und nahm Iboya die Handtasche ab.

Er ließ sich von Mutter unsere Adresse geben. »Ich komme Mittwoch abend, wenn es dunkel wird«, sagte er und klopfte Mutter auf den Rücken. Dann winkte er mit seiner Laterne zum Abschied.

»Diese Männer!« sagte Mutter. Jetzt lachte sie. »Was die sich nur einbilden! Jedenfalls haben wir jetzt den Winter über Milch, und wenn wir sparsam sind, werden auch die Kohlen die kalten drei Monate über reichen.«

Herr Baltar brachte die Ziege am nächsten Mittwochabend. Als Mutter ihn zu dem Holzverschlag führte, hörte ich ihn zu ihr sagen: »Was Sie sich in den Kopf gesetzt haben, kriegen Sie auch, stimmt's?« Nachdem die Ziege untergebracht und das Futter abgeladen war, gab es für Herrn Baltar keinen Grund mehr dazubleiben, was er offensichtlich bedauerte. Wir alle halfen, die Säcke mit dem Futter in den Verschlag zu bringen. Als wir fertig waren, standen wir um die Ziege herum und bewunderten sie. Sie hatte einen runden, schneeweißen Körper und dünne Beine. Auf ihrem wunderschön geformten Kopf waren einige schwarze Sprenkel, die Lilli ihre Schönheitsflecken nannte. Ihre großen, mandelförmigen Augen hatten einen verträumten Ausdruck. Die Ohren hatte sie steif nach oben gestellt, und an ihrem Kinn hing ein weicher, weißer Bart.

Mutter lachte, als sie den Bart sah. »Eine Ziegendame mit Bart«, rief sie.

»Damenbart«, sagte Lilli, »das ist ein schöner Name. Wir nennen sie ›Damenbart‹.«

Die drei Kleinen gingen vorsichtig auf die Ziege zu und streichelten sie behutsam. Lilli nahm eine Handvoll Heu und hielt es der Ziege hin. Danach fütterte jede von uns – bis auf Mutter – die Ziege mit einer Handvoll Heu. Die Kinder waren begeistert.

»Das kitzelt!« kicherte Manci, als Damenbarts dicke, nasse Zunge über ihre kleine Hand schleckte.

Von da an gehörte nun auch die Versorgung der Ziege zu unseren täglichen Arbeiten. Die Kinder rannten jeden Morgen gleich nach dem Frühstück zum Verschlag, um die Ziege zu füttern und zu streicheln. Am Abend gingen sie ein letztes Mal zu ihr, um ihr ›Gute Nacht‹ zu sagen.

Mutter kümmerte sich mehr um die praktische Seite der Angelegenheit. Für sie war Damenbarts Euter das Allerwichtigste. Sie bewahrte alle Gemüseschalen auf, die sie dann kochte, würzte und mit den Getreidehülsen des Ziegenfutters mischte. So verschaffte sie ihr eine gute Ernährung. Die Ziege entwickelte sich prächtig und gab sogar mehr als den einen Liter Milch am Tag, den Herr Baltar garantiert hatte. Aber für uns alle, auch für Mutter, war Damenbart bald mehr als nur eine Milchquelle. Sie gehörte fast mit zur Familie, und wir sorgten alle dafür, daß sie es so gut wie möglich hatte.

In den folgenden Wochen waren Mutter und Lilli damit beschäftigt, Vorräte für den Winter anzulegen. Irgendwie gelang es ihnen, eine Kiste Kartoffeln zusammenzubringen. Sie vergruben Mohrrüben und Pastinaken* in nassem Sand, um sie später als Suppengrün verwenden zu können. Nudeln trockneten sie bündelweise und stopften sie in Säcke. Seit Lilli ständig bei uns wohnte, paßte sie sich Mutters Arbeitsrhythmus an. Trotzdem gab sie ihre gelegentlichen Spaziergänge zum Kiosk nicht auf. Dort kaufte sie eine Zeitung oder hörte Radio und blätterte in den Taschenbüchern.

Ab und zu setzten sich Mutter und Lilli hin, machten eine kurze Pause und hörten Nachrichten im Radio. An einem kalten Dezemberabend kam ich in die Küche, wo das Radio inzwischen stand, weil es der einzige warme Raum im Haus war. Mutter hob ihre Hand, damit ich still blieb. »Amerika ist in den Krieg eingetreten«, flüsterte sie. Je länger sie zuhörte, desto blasser wurde ihr Gesicht, ihre Augen wurden immer dunkler. Diese Nachricht erschreckte mich. Amerika war so weit weg. Amerika war das Land unserer Hoffnungen und Träume, wo wir uns hinflüchten wollten. Was würde aus meinen

* Krautige Pflanzen, deren Wurzeln als Gemüse oder Viehfutter dienen

Onkeln und Cousins werden? Müßten sie auch in den Krieg ziehen?

»Auf wessen Seite?« fragte ich, als der Nachrichtensprecher geendet hatte.

»Natürlich auf der Seite der Engländer und der Russen gegen die Deutschen«, sagte Lilli. Sie stand auf und schaltete das Radio aus. Mutter blieb sitzen. Sie sah ratlos aus. »Amerika im Krieg«, sagte sie immer wieder. Ich wußte, daß sie an unsere Familie in Amerika dachte.

12.

Eine Woche vor den Weihnachtsferien kamen Iboya und ich durchgefroren nach Hause. Es wehte ein eiskalter, deutlich nach Schnee riechender Wind, und wir freuten uns auf die warme Küche und das Geplauder von Mutter und Lilli. Doch als wir die Tür aufmachten, war alles anders als erwartet. Mutter saß leichenblaß und mit rotgeweinten Augen auf einem Sessel am Herd. Sandor und Joli standen völlig verschreckt und hilflos neben ihr.

»Sie sind mit Lajos gekommen und haben Lilli abgeholt«, sagte sie tonlos.

»Und Manci auch«, ergänzte Sandor. Er hatte Tränen in den Augen.

»Sie hätte Manci nicht mitzunehmen brauchen«, sagte Mutter. »Ich habe gebeten und gebettelt, daß sie das Kind daläßt. Aber sie hat mir überhaupt nicht zugehört. Ich hätte alles dafür gegeben, wenn sie mir mein Enkelkind dagelassen hätte. Was wollen Lajos und sie denn mit so einem kleinen Kind? Es wird ihnen nur zur Last fallen, vielleicht könnten sie ohne es... Aber jetzt kann man nichts mehr machen. Meine arme Lilli... Was wird bloß aus ihnen werden?« Mutter stand auf und lief in der

Küche auf und ab. Sie lief um uns herum, um den Tisch und die Stühle und fuchtelte mit den Armen. Ihre Stimme war kaum zu hören, sie war ganz heiser. Iboya und ich konnten ihr nur hilflos zusehen, wir fühlten uns genauso überfordert wie Sandor und Joli, die beide von uns erwarteten, daß wir sie trösteten. Iboya und ich brachten Mutter dazu, sich wenigstens wieder hinzusetzen, und ich nahm Joli auf den Arm, die vor Kälte und Angst zitterte. Iboya kümmerte sich um den verstörten Sandor.

»Es ist eiskalt in dieser Küche«, rief Iboya und ließ Sandor los. Sie schürte das Feuer mit den paar glühenden Kohlestücken, die noch zwischen der Asche lagen. Nach einer ganzen Weile fing Mutter an, wieder etwas ruhiger zu atmen, aber sie wirkte total abwesend. Schließlich stand sie auf, sah uns an und sagte: »Gebt den Kleinen was zu essen, und dann geht ihr alle ins Bett.«

Auf dem Herd standen Pilze, die Mutter wohl hatte kochen wollen. Wir rückten den Topf auf die Flamme und ließen das Essen gar kochen. »Es muß heute früh passiert sein, denn die Suppe ist erst halb fertig«, bemerkte Iboya.

»Wie ist es denn passiert?« fragte ich Sandor.

»Da waren zwei Polizisten. Sie hatten Lajos die Hände gefesselt.«

»Mit Handschellen?«

»Ja, ich glaube. Lilli und Manci sind mit ihnen mitgegangen. Manci hat geweint, und Lilli hat mit Mutter gekämpft. Mutter hat versucht, ihr Manci wegzunehmen.«

Wir gaben den Kleinen ihr Essen und räumten auf. Mutter saß noch immer wie betäubt im Sessel. Iboya verriegelte die Tür, und wir legten uns mit den Kindern hin und schliefen gleich ein.

Am nächsten Tag gingen wir nicht in die Schule. Iboya holte Dr. Feher, unseren Hausarzt, der mit meinen Eltern befreundet war. Er gab Mutter ein Medikament und brachte sie schließlich dazu, sich ins Bett zu legen.

»Was haben sie denn für eine Begründung gehabt?« fragte er Mutter.

»Zwei Sachen: politische Sabotage gegen die ungarische Armee, und dann soll seine Staatsbürgerschaft nicht in Ordnung sein. Sie sagten, er wäre kein guter Ungar. Können Sie sich vorstellen, daß man Lajos Mangel an Loyalität und Vertrauenswürdigkeit vorwerfen kann?«

»Was soll er denn getan haben?«

»Sie behaupten, er habe etwas gegen die ungarische Regierung gesagt. Jemand hat ihn angezeigt. Dann haben sie seine Papiere überprüft und haben da auch irgendwas gefunden.«

Dr. Feher schüttelte den Kopf. Als Mutter im Bett war, meinte er zu uns, daß sie in ein oder zwei Tagen wieder die alte sein würde. Uns war klar, daß wir zu Hause bleiben und uns um die Kleinen kümmern mußten, bis es Mutter wieder einigermaßen gutging.

Am nächsten Morgen stand ich früh auf, zog mich an und ging in die Küche. Doch da stand Mutter schon am Herd und erledigte die üblichen Arbeiten. Ich sollte Iboya wecken und mich für die Schule fertigmachen, sie fühlte sich wieder besser, meinte sie. Voll Freude bemerkte ich, daß ihre Stimme wieder den gewohnt sicheren und ruhigen Ton angenommen hatte.

Am nächsten Tag sagte sie uns nach dem Frühstück, daß sie nach Salánk zu Lajos' Eltern müßte, um ihnen zu erzählen, was passiert war. »Ich möchte ihnen keinen Brief schreiben, so etwas kann man nicht schriftlich mitteilen. Ich muß schon selber hin. Deshalb bitte ich euch, zu Hause zu bleiben, bis ich wieder zurück bin.« Sie machte Feuer und rührte etwas Maisbrei zum Frühstück an. Dann zog sie sich schnell an. »Der Zug fährt um neun Uhr, und den will ich nicht verpassen.«

»Wann kommst du zurück?« fragte Iboya.

»Entweder heute abend mit dem Zehnuhrzug oder morgen abend um dieselbe Zeit. Ich werde versuchen, auch nach Komjaty zu kommen, um nach Babi und Rozsi zu sehen.«

Sie küßte uns alle zum Abschied und ermahnte uns noch einmal, gut auf die Kleinen zu achten. Dann ging sie los.

Iboya und ich stellten uns darauf ein, die nächsten Tage ohne Mutter auszukommen. Die Kinder verlangten nicht viel Aufmerksamkeit. Sie waren völlig eingeschüchtert und sehr still. Sie spürten, daß es bei uns einschneidende Veränderungen gegeben hatte. Lilli und Manci, die sonst ständig mit ihnen zusammengewesen waren, waren nun nicht mehr da. Sandor zog sich in sich selbst zurück, er sprach kaum mit uns. Er spielte still vor sich hin, doch manchmal hörte ich, wie er leise mit einem unsichtbaren Spielkameraden flüsterte. Joli hatte gerade angefangen, sprechen zu lernen, aber wir lauschten ihr nicht mit derselben Begeisterung, mit der Lilli jeden ihrer neuen Laute bewundert hatte. Sie rief oft nach Lilli und nach Mutter und ging immer wieder zur Tür und machte auf, als hätte jemand geklopft. Doch ihre Hoffnungen wurden nie erfüllt, und sie wandte sich dann wieder enttäuscht ihrem Spiel zu. Manchmal ging sie zu Sandor und machte ihn nach oder lief ihm hinterher. Wenn er Lust hatte, spielte er ein wenig mit ihr. Aber die meiste Zeit blieb er für sich alleine.

Ich wünschte, daß die Gerbers vorbeikämen. Aber sie kamen nicht, niemand kam uns besuchen. Iboya und ich sprachen wenig miteinander. Wir erledigten unsere Arbeiten, und als der Tag um war, legten wir uns schlafen. Beim Einschlafen dachte ich darüber nach, was sich in dem einen Jahr, das ich inzwischen aus Komjaty zurück war, alles verändert hatte. Plötzlich wachte ich von einem Geräusch auf und sah Mutter auf der Schwelle unseres Schlafzimmers stehen. »Alles in Ordnung«, flüsterte sie. »Ich bin wieder da, schlaf weiter.«

Sie erzählte uns nicht viel von ihrem Besuch in Salánk, nur, daß sie es nicht geschafft hatte, nach Komjaty zu Babi und Rozsi zu kommen. Im Laufe der nächsten Wochen merkte ich, daß sich Mutters Verhalten anderen gegenüber verändert hatte. Sie war nicht mehr so großzügig, schien mißtrauischer zu sein.

Herr Lakatos, unser Briefträger, hatte im Winter immer mit einer heißen Brühe und im Sommer mit einem kühlen Getränk rechnen können. Eines Nachmittags, ungefähr eine Woche nachdem Mutter nach Salánk gefahren war, kam er zu uns. Ich half Mutter in der Küche, wie es sonst Lilli getan hatte. Er wollte Mutter die neuesten Nachrichten von der russischen Front bringen. Doch diesmal grüßte Mutter ihn nicht so freundlich wie sonst und machte auch keine Brühe für ihn warm. Sie sagte nur: »Guten Tag, Herr Lakatos, haben Sie Post für mich?«

»Ich wünschte, ich hätte was für Sie«, antwortete er. »Besonders, seit ich gehört habe, daß Lilli und ihr ...«

»Das ist kein Grund zur Beunruhigung«, unterbrach ihn Mutter. »Es war ein Mißverständnis. Sie werden bald wieder zu Hause sein.«

Herr Lakatos fummelte an seiner Posttasche herum, richtete sich dann auf, klopfte noch mal auf seine Tasche und ging zur Tür. »Na, dann werde ich mich mal wieder an meine Arbeit machen, Frau Davidowitz. Einen guten Tag auch!«

Als er weg war, guckten wir Mutter erstaunt an.

»Wenn sie uns nicht helfen wollen, werde ich ihnen

zumindest nicht die Gelegenheit geben, sich an unserem Schicksal zu weiden«, sagte sie. Schweigend wandten wir uns wieder der Vorbereitung des Abendessens zu. Ich erinnerte mich an Babis Worte: »Du machst dir was vor. Sie sind Nachbarn, aber nur deine eigenen Leute können deinen Schmerz nachempfinden«. Es tat mir weh zu sehen, wie Mutter jetzt tatsächlich diese bittere Erfahrung machen mußte.

Am Neujahrstag kam Frau Gerber uns besuchen. Wir saßen alle im Wohnzimmer und hörten dem Gespräch zwischen ihr und Mutter zu.

Mutter erzählte Frau Gerber von Herrn Lakatos.

»Er hatte von den Nachbarn gehört, was mit Lilli passiert ist. Sie haben darüber gesprochen, aber niemand hat meine Hilfeschreie gehört, an dem Tag, als sie sie verhaftet haben. Und seitdem ist auch niemand zu mir gekommen.«

»Sie haben nur ihre eigene Sicherheit im Kopf«, antwortete Frau Gerber. »Sie haben nichts mehr zum Heizen, und die Lebensmittelvorräte gehen auch zu Ende. Die Männer sind weg, und die Deutschen regieren ihr Land.«

»Ihr Land?« rief Mutter. »Ich habe eigentlich immer gedacht, es wäre auch unser Land. Und was ist mit meinem Ignac und deinem Gabe? Sind sie nicht in der Armee?« Mutter war wütend.

»Hast du inzwischen irgendwas von Lilli und Lajos gehört?«

»Nein, ich habe nichts rauskriegen können.«

Frau Gerber sagte: »Ich finde, du solltest dir nicht so viele Gedanken machen. Mit dem Geld und dem Schmuck, den du ihnen mitgegeben hast, werden sie schon über die Runden kommen. Ein Segen, daß du in dem Durcheinander noch daran gedacht hast.«

»Ich habe einfach alles gegriffen, was ich hatte, und es Lilli in die Manteltasche gesteckt. Ich hätte am liebsten alles den Polizisten gegeben, wenn Lajos mir erlaubt hätte, sie zu bestechen. Statt dessen weinte er wie ein kleiner Junge und bat sie, Lilli und Manci dazulassen. Und Lilli bestand darauf, daß Manci bei ihr blieb. ›Wir bleiben zusammen‹, hat sie andauernd gesagt. Ich mußte damit rechnen, daß der Polizist sah, was ich tat, denn sie waren die ganze Zeit dabei, sogar als Lilli ein paar Sachen in ihren Koffer packte. Ich war sehr vorsichtig und wartete immer, bis sie Lajos antworteten. Als ich dann mit dem Geld und dem Schmuck und dem Mantel am Schrank war, stopfte ich soviel wie möglich in die Taschen. Ich half Lilli in den Mantel und flüsterte ihr dabei auf Jiddisch zu, was ich alles in die Taschen getan hatte. Wer weiß, ob nicht vielleicht die Polizei sich alles unter den Nagel gerissen hat oder ob Lilli was damit anfangen konnte.«

Ich hörte Mutter nicht mehr zu, denn ich hatte die Geschichte inzwischen oft genug gehört. Statt dessen überlegte ich, ob bei dem Schmuck, den Mutter Lilli mitgegeben hatte, auch die Granatohrringe dabei waren, die Babi mir geschenkt hatte. Aber ich wagte nicht zu fragen. Ich hatte mir schon ausgemalt, wie ich später damit aussehen würde, im weißen Seidenkleid mit den Granatohrringen. Doch irgendwie schienen solche Träume keinen Sinn mehr zu haben, manchmal konnte ich mir überhaupt nicht vorstellen, daß ich einmal erwachsen sein könnte. Judi meinte, der Krieg wäre vorbei, wenn wir erwachsen wären. Aber ich war mir nicht so sicher, ob wir jemals wieder zu einem normalen Leben zurückkehren würden.

13.

Eines Tages – es war inzwischen Mitte Januar – kam Mutter mit den beiden Kleinen zu uns in die Schule, um Iboya und mich abzuholen. Sie hatte am Morgen ein Telegramm von Lajos' Eltern bekommen. Sie sollte um drei Uhr nachmittags am Telegrafenamt sein, um ihren Anruf entgegenzunehmen. Iboya sollte mit Joli und Sandor nach Hause gehen und ich mit Mutter zum Telegrafenamt. Der Mann hinter dem Schalter bat uns, Platz zu nehmen und zu warten, bis der Anruf käme. Mutter knabberte vor Aufregung auf den Fingerknöcheln herum. »Sie würden nicht anrufen, wenn sie nicht eine ganz wichtige Nachricht hätten. Gott weiß, was sie mir gleich sagen werden«, meinte sie.

Ich betrachtete die anderen Leute um uns herum. Sie schienen mir genauso unruhig, ängstlich und nervös zu sein. »Hast du schon mal mit jemandem telefoniert?« fragte ich Mutter.

»Ja, einmal in Budapest«, antwortete sie, »als ich eine junge Frau war. Ich rief meinen Bruder im Büro an.«

Die Vorstellung, mit jemandem zu sprechen, der zwei Eisenbahnstunden von uns entfernt war, faszinierte mich.

»Kann ich zuhören?« fragte ich.

»Ja«, sagte Mutter, »wenn es geht. Ich weiß nicht, wie die das hier machen.«

Dann rief jemand vom Schalter. »Frau Davidowitz, Ihr Gespräch ist da. Kabine sechs.«

Mutter sprang auf, aber sie wußte gar nicht, wo Kabine sechs war. Ich zeigte es ihr und ging mit ihr hinein. Sie wußte offenbar nicht einmal mehr, wie sie den Hörer halten mußte, denn sie hielt erst das eine, dann das andere Ende an ihr Ohr. Als sie endlich die richtige Seite hatte, rief sie »Hallo, hallo!« in die merkwürdig aussehende Sprechmuschel. »Ja, ich bin's.« Während sie sprach, wich alle Farbe aus ihrem Gesicht. »Ja, ich habe verstanden. Ich fahre gleich morgen los. Auf Wiedersehen.«

Sie hängte den Hörer auf und kramte in ihrer Tasche herum. Als sie einen Bleistift gefunden hatte, zog sie das Telegramm aus der Tasche, drückte es an die Wand der Telefonzelle und notierte etwas. Dann steckte sie das Telegramm wieder ein.

»Du hast mich überhaupt nicht zuhören lassen«, sagte ich.

»Tut mir leid, das habe ich ganz vergessen. Und dann war auch schon die Zeit um.«

»Was haben sie gesagt?«

»Komm, wir gehen nach draußen, da erzähl ich's dir.«

In der frischen Luft kehrte wieder Farbe in Mutters Gesicht. »Lajos hat ihnen einen Brief aus Polen geschickt. Er will, daß jemand kommt und Manci abholt. Sie hat Keuchhusten.«

»Fährst du hin?« fragte ich.

»Morgen früh.«

»Wie denn? Du kannst doch nicht mit dem Zug fahren.«

»Ich muß aber.«

»Und wenn ...« begann ich und merkte, wie die Angst in mir hochkroch.

»Ich muß fahren.« Damit schnitt Mutter meine Bedenken kurzerhand ab.

Auf dem Heimweg ging Mutter bei dem Pelzgeschäft vorbei, in dem Lujza arbeitete. »Geh rein und bitte sie, rauszukommen«, sagte Mutter. »Ich möchte nicht gerne hineingehen, so wie ich aussehe.«

Ich ging in den Laden, und Lujza entdeckte mich sofort. Sie entschuldigte sich für einen Moment bei einer vornehm gekleideten Dame, die gerade an einem Persianermantel arbeitete. Dann kam sie zu mir, beugte sich herunter und fragte leise: »Ist was passiert?«

»Mutter ist draußen«, antwortete ich. »Sie will mit dir sprechen.«

»Ich muß erst fragen, ob ich gehen darf. Geh raus und warte da.«

Ein paar Minuten später kam sie mit offener Jacke zu uns. Mutter flüsterte mit ihr und zeigte ihr das Telegramm mit den Notizen, die sie sich gemacht hatte. Lujza küßte Mutter auf die Wangen und sagte: »Ich komme heute abend zwischen acht und halb neun zu euch.« Dann ging sie wieder in den Laden.

Mutter und ich liefen zu unserem Schuhgeschäft. »Du bleibst hier draußen. Ich muß kurz mit Herrn Kovacs sprechen«, sagte Mutter zu mir. Ich linste durch die Schuhauslagen und sah, wie Mutter auf Herrn Kovacs einredete. Die beiden Kunden, die im Laden waren, starrten sie an. Ich sah, wie Mutter ihr Kopftuch abnahm und ihr Haar richtete. Sie drängte Herrn Kovacs in eine Ecke an der Tür zum Lagerraum. Ich konnte sehen, mit welcher Ungeduld er ihr zuhörte. Schließlich ging er in den Lagerraum und kam mit einem Blatt Papier zurück, das er Mutter gab. Sie stopfte es in die Manteltasche. Beim Rausgehen nickte sie den beiden Kunden kurz zu.

Sobald sie bei mir war, holte sie das Papier aus der Tasche und faltete es sorgfältig auseinander. »Zwanzig Pengö! Er weiß, daß ich damit noch nicht einmal die Hinfahrt bezahlen kann!«

Als nächstes gingen wir zu Dr. Feher und setzten uns in sein Wartezimmer. Eine der Patientinnen fragte Mutter, was sie denn hätte.

»Es geht um meine kleine Tochter«, sagte sie und deutete auf mich. »Sie hat furchtbare Krämpfe. Ich fürchte, es ist der Blinddarm.« Ich krümmte mich, um zu zeigen, wie schlimm die Schmerzen waren.

Dr. Feher machte die Tür auf, um den nächsten aufzurufen, da sprang Mutter auf und rief: »Es ist ein Notfall! Sie müssen dieses Kind sofort untersuchen!« Er führte uns in sein Behandlungszimmer und schloß die Tür hinter sich. Mutter zog das Telegramm aus der Tasche und gab es ihm zu lesen. Während er es las, sagte sie ununterbrochen: »Ich muß fahren. Ich muß morgen losfahren.«

Als er fertig gelesen hatte, zeigte sie ihm die zwanzig Pengö. »Hier, das hat mir Herr Kovacs gegeben! Können Sie sich das vorstellen? Was ist das bloß für eine Welt! Ich schäme mich so, daß ich mich an Sie wenden muß.«

Dr. Feher holte ein paar Geldscheine aus seiner Hosentasche. Dann nahm er ein Buch aus dem Regal, schlug es auf und nahm Geld heraus. Er gab Mutter das ganze Geld.

»Nehmen Sie. Sie werden's schon zurückgeben, wenn Sie können.« Dann schüttete er Medizin in eine kleine Flasche und wickelte sie ein. »Einen Teelöffel alle vier Stunden.« Er machte die Tür auf, und wir gingen wieder durch das Wartezimmer. Mutter hielt die Flasche mit der Medizin deutlich sichtbar in der Hand.

Lujza kam um halb neun. Sie brachte zwei Fremde mit, einen Mann, der etwa so alt war wie Vater, und eine junge Frau in Lillis Alter. Lujza stellte sie uns als »die Künstler« vor. »Sie brauchen Platz zum Arbeiten«, sagte sie zu Mutter, die sie ins Wohnzimmer führte. Die junge Frau nahm die Plüschdecke vom Tisch, faltete sie sorgfältig zusammen und legte sie vorsichtig auf den nächsten Stuhl. Dann holten die beiden ein Sortiment von Tintenflaschen, Federn, Papieren, Briefmarken, Scheren und Radiergummis aus ihren Taschen und setzten sich an den Tisch. Sie konnten mit ihrer Arbeit beginnen. Lujza durchwühlte eine Schachtel mit alten Fotos, die Mutter aus dem Schrank geholt hatte. Als Iboya und ich ins Bett gingen, waren sie immer noch nicht fertig.

»Was machen die bloß die ganze Zeit?« flüsterte ich Iboya im Dunkeln zu.

»Sie machen einen Paß für Mutter. Falls sie angehalten wird.«

»Warum dauert das so lange?«

»Weil es absolut perfekt sein muß. Sie muß durch die von Deutschen besetzten Gebiete.«

»Meinst du, es wird klappen?«

»Die machen das schon lange für die Zionisten.«

Am nächsten Tag erkannte ich Mutter kaum wieder, als sie sich auf den Weg machte, um den Nachmittagszug nach Polen zu erreichen. Um Kopf und Schultern trug sie einen schweren, schwarzen Schal und sah dadurch wie eine Bäuerin aus. Darunter hatte sie ein dickes Baumwollhemd und an den Füßen klobige Lederstiefel, wie sie die Bauersfrauen in Komjaty trugen. Über den Arm trug sie einen Marktkorb.

Iboya blieb mit Sandor und Joli in der Küche, damit sie nicht sehen konnten, wie Mutter fortging. Ich brachte Mutter hinaus und verriegelte das Tor hinter ihr. In der Küche fragte ich Iboya, wo Mutter denn die Sachen herhatte, die sie trug.

»Von Frau Silbermann«, antwortete Iboya.

»Und was hat Mutter in dem Korb?«

»Lebensmittel – lauter Sachen, die nicht koscher* sind.

* *koscher* – rein, einwandfrei. Dieses Wort wird für Speisen angewendet, die entsprechend den jüdischen Religionsgesetzen zubereitet sind. Es dürfen nur bestimmte Tiere gegessen werden (z. B. kein Schweinefleisch), und die Tiere müssen auf eine bestimmte, rituelle Art geschlachtet sein. Fleisch- und Milchprodukte dürfen weder zusammen gekocht noch zusammen gegessen werden.

Sie hat sogar Speckstullen dabei. Ich möchte mal wissen, wo sie die her hat«, überlegte Iboya.

»Meinst du, sie wird sie essen?« fragte ich überrascht.

»Ich nehme an, sie wird alles tun, damit man denkt, sie ist eine Bäuerin.«

»Wenn die Nachbarn sie gesehen haben, als sie aus dem Haus ging, dann haben die bestimmt gedacht, sie wäre jemand aus Komjaty«, sagte ich.

Bevor wir am Abend zu Bett gingen, verriegelten Iboya und ich die Tür doppelt und dreifach. Als wir im Bett lagen, unterhielten wir uns noch bis spät in die Nacht hinein.

Am nächsten Abend kam Lujza vorbei, um zu sehen, ob wir zurechtkämen. »Wenn sie bis morgen nachmittag nicht zurück ist, kommt ihr bei mir im Geschäft vorbei und sagt mir Bescheid«, sagte sie.

Iboya und ich hatten uns schon auf eine zweite durchwachte Nacht eingestellt, als kurz vor Mitternacht ein leises Klopfen am Fenster über unserem Bett zu hören war. Wir beide sprangen vor lauter Angst aus den Betten, wagten aber nicht, das Rollo hochzuziehen. Aber dann hörten wir Mutters Stimme: »Piri, Iboya, macht auf!«

Wir rannten in unseren Nachthemden nach draußen und riefen sicherheitshalber: »Wer ist da?«, bevor wir die Tür aufriegelten. Mutter antwortete uns in sehr ungeduldigem Tonfall, und wir beeilten uns, ihr aufzumachen. Wir hatten erwartet, daß Manci bei ihr war, doch sie kam allein mit dem leeren Marktkorb. In der Küche sank sie auf den nächstbesten Stuhl. Sie wirkte völlig erschöpft.

Iboya stocherte in der Glut und brachte das Feuer im Herd wieder zum Brennen, so daß sie Teewasser aufsetzen konnte. Mutter rieb ihre steifgefrorenen Finger, bis sie sie wieder einigermaßen bewegen konnte. Dann zog sie die Stiefel aus und knetete ihre Zehen. »Es war unglaublich kalt in dem Zug. In Polen ist es noch viel kälter als hier. Niemand hat was zum Heizen. Alle frieren. Zu essen haben sie auch so gut wie gar nichts, und deshalb kreisen ihre Gedanken nur um die beiden Sachen: Brennholz und Lebensmittel. Für mein Problem konnten sie überhaupt kein Interesse aufbringen. Wenn ich Holz oder Lebensmittel dabei gehabt hätte, dann wären sie vielleicht ein bißchen interessierter gewesen. Mit meinem Geld können sie das, was sie brauchen, sowieso nicht kriegen.« Sie hörte auf, an ihren Zehen zu reiben, und stand auf.

Iboya gab ihr Vaters Becher voll mit heißem Tee, in den sie ein bißchen aus dem kleinen Fläschchen gekippt hatte, in dem wir Rum für unsere Gäste aufbewahrten. Mutter nippte ein paarmal an dem Becher, der warme Tee schien ihr gut zu tun. Sie holte so tief Atem, daß ihr das schwarze Tuch von der Schulter rutschte. »Ich habe nichts erreicht.«

»Du hast sie nicht gefunden?« fragte Iboya.

»Nein, ich kam zu spät. Sie waren am Morgen losgegangen. Ich hätte an dem Abend fahren sollen, an dem ich die Nachricht bekommen habe, dann hätte ich sie vielleicht getroffen.«

»Aber wie denn?« unterbrach sie Iboya. »Du brauchtest doch die Papiere und das Geld.«

»Ja, und ich wollte auch die Medikamente von Dr. Feher mitnehmen«, fügte Mutter hinzu. »Aber was hat das alles genützt? Manci ist krank, und ich habe Geld und Medizin bei irgendwelchen fremden Leuten gelassen, von denen ich nicht mal weiß, ob sie Lilli überhaupt suchen werden. Gut, sie haben mir für eine Nacht Quartier gegeben und mich am nächsten Tag zum Zug gebracht. Dafür haben sie schon ihr Leben riskiert. Deshalb haben sie das Geld vielleicht sogar verdient. Und sie hatten Lilli,

Lajos und das arme kranke Kind aufgenommen. Das war auch ein ganz schönes Risiko. Deportierte aufzunehmen, kann eine ganze Menge Ärger bedeuten. Zuerst haben sie geglaubt, sie wären bloß politische Flüchtlinge. Das war schon riskant genug. Und als sie gemerkt haben, daß Lilli und Lajos Juden sind, haben sie sie immerhin noch eine Nacht bleiben lassen. Mancis Husten wurde immer schlimmer und sie mußten befürchten, daß es jemand hören könnte. Sie leben in ständiger Angst. Die deutschfreundlichen Polen sind überall und platzen ohne Vorankündigung in die Häuser, um zu kontrollieren. Die Leute meinten, sie bewunderten meinen Mut.«

Mutter atmete einmal tief durch und sprach dann weiter: »Ich schlief mit offenen Augen und mit den Stiefeln an den Füßen. Kurz bevor sie mich zum Zug bringen wollten, kam ein Freund ihres Sohnes, ein Mann in Uniform. Sie stellten mich als eine Verwandte aus der Slowakei vor. Aber die Art, wie er mich betrachtete, zeigte deutlich, daß er ihnen nicht glaubte. Ich wagte kaum, mich zu bewegen, weil ich Angst hatte, mich genauso zu verraten wie Lilli. Jetzt hört mir mal gut zu und merkt euch, was ich euch sage. Mit dem Geld von Lajos hatten sie es geschafft, ein frisches Ei für Manci zu besorgen. Lilli schlug das Ei am Rand einer Schüssel vorsichtig auf, öffnete es, um zu sehen, ob im Ei Blutsprenkel waren. Sie kippte es von einer Schalenhälfte in die andere, bevor sie es durchrührte. Und dabei hatte sie völlig vergessen, daß nur jüdische Frauen so etwas machen. Das alte polnische Ehepaar stand da und guckte, und da begriffen sie, daß sie eine jüdische Familie beherbergten. Der Mann sagte, sie müßten sofort sein Haus verlassen. Nur Lajos' Bitten und der Inhalt von Lillis Taschen brachte sie dazu, die drei noch eine weitere Nacht bleiben zu lassen. Ich entdeckte deine Granatohrringe an den Ohren der Frau, als ich ankam. Daher wußte ich gleich, daß ich im richtigen Haus war.« Mutter blickte zu mir hinüber. Jetzt wußte ich also, was aus meinen Ohrringen geworden war. »Beim Abschied versprachen sie mir, daß sie versuchen würden, Lajos und Lilli zu finden. Das ganze Land ist voll von Soldaten und Flüchtlingen.«

»Und wie können sie dann Lilli finden?«

»Ich weiß es nicht. Wenn es nur um Lilli und Lajos ginge, würde ich mir nicht solche Sorgen machen. Aber mit einem kranken Kind! Gott allein weiß, wie das enden wird!« Sie redete und redete, bis sie schließlich im Stuhl einschlief.

Als ich am nächsten Tag aus der Schule kam, war Mutter in der Küche beschäftigt und berichtete dabei Frau Gerber von ihrer Fahrt. Ich ging zu den beiden Kleinen, die leise in ihrer Ecke spielten, und bot an, ihnen im Schlafzimmer etwas vorzulesen. Ich wollte aus der Küche, weil ich es nicht ertragen konnte, die Geschichte von Mutters vergeblichem Versuch, Lilli zu finden, noch einmal zu hören.

Gegen Abend verließ uns Frau Gerber. Inzwischen war auch Iboya gekommen, und wir halfen beide, das Abendessen vorzubereiten. Gerade als wir mit dem Essen fertig waren, klopfte jemand an die Tür. Ich machte auf, und vor mir stand Lujza, die sehr besorgt aussah. Sie kam schnell herein, sah Mutter, gab mir ihren Mantel und sagte dann, sichtlich erleichtert, zu Mutter: »Gut. Ich hatte gehofft, daß du wieder da bist. Und? Was war? Hast du Lilli gefunden? Ist Manci hier?«

Mutter räumte den Tisch ab. »Setz dich«, sagte sie, »ich mach dir einen Tee. Ich wollte Piri heute nachmittag zu dir schicken, um dir Bescheid zu sagen, aber dann kam Frau Gerber und ich hab's vergessen. Tut mir leid. Ich wußte, daß du dir Sorgen gemacht hast. Leider war die Reise ein Fehlschlag.«

Lujza setzte sich und Mutter auch, weil Iboya und ich ihr das Abräumen abgenommen hatten. Mutter erzählte noch einmal die Geschichte von ihrer Fahrt. Lujza saß die ganze Zeit still da, nickte nur von Zeit zu Zeit mit dem Kopf. Endlich war Mutter fertig, ihr kamen die Tränen.

»Du hast getan, was du konntest, Rise«, sagte Lujza liebevoll. »Vielleicht sind die beiden Polen ja doch noch losgezogen, um sich nach Lilli umzusehen. Sie wissen doch viel besser als du, wo sie suchen müssen.«

»Ich weiß ja, ich weiß«, sagte Mutter. »Deshalb habe ich es ja auch nicht weiter versucht. Schließlich habe ich noch mehr Kinder, um die ich mich kümmern muß.«

»Du hast wirklich alles versucht«, wiederholte Lujza. »Wie wir alle.«

Wochenlang hörten wir nichts von Lilli. Doch eines Tages, es war schon Ende Februar, bekam Mutter eine Nachricht, daß Frau Kertes' Sohn Miklos Urlaub hatte und Mutter sprechen wollte. Nach dem Abendbrot ging Mutter mit mir zu Frau Kertes. Iboya blieb mit den Kleinen zu Hause. Miklos' Frau Mari, eine schmale, kühl aussehende Frau, öffnete uns die Tür. Sie bat uns ins Wohnzimmer und holte dann Miklos. Er küßte Mutter zur Begrüßung die Hand. Mutter setzte sich, aber Miklos blieb stehen und ging im Raum auf und ab, während er sprach. Er erzählte Mutter, daß er Lilli vor ein paar Tagen auf einem Bahnhof in Polen gesehen habe. Er hatte gerade in seinen Zug einsteigen wollen, als er jemanden seinen Namen rufen hörte und Lillis Stimme erkannte. Sie wären ja schließlich zusammen aufgewachsen, meinte er. Lilli versuchte aus der Reihe, in der sie stand, auszubrechen und zu ihm zu laufen, aber einer ihrer Bewacher hielt sie zurück.

»Sie warteten auf ihren Abtransport«, sagte Miklos. »Diese Züge fahren ununterbrochen. Ständig sind Leute unterwegs. Tag und Nacht. Sie laden sogar Güterzüge mit Menschen voll.«

»War sie alleine?« unterbrach ihn Mutter.

»Nein, ein Mann war bei ihr. Und sie brüllte andauernd: ›Sag Mutter, daß du uns gesehen hast! Sag Mutter, daß du uns gesehen hast!‹«

»Und das Kind? Hatten sie ein Kind dabei?« fragte Mutter.

»Ja«, nickte Miklos.

»Bist du dir ganz sicher?«

»Ja, der Mann hatte ein Kind auf dem Arm. Ich sah sie noch einmal, als unser Zug an ihnen vorbeifuhr. Ich habe sein Gesicht nicht gesehen, aber er stand direkt neben Lilli und hatte ein Kind auf dem Arm, ein Mädchen.«

Mutter versuchte von Miklos zu erfahren, was er noch alles in Polen gesehen hatte, aber Mari brach das Gespräch ab. Sie meinte, Miklos hätte genug geredet.

»Er ist tagelang unterwegs gewesen und ist sehr müde. Es ist besser, wenn Sie jetzt gehen.«

Wir erhoben uns, und Mutter dankte Miklos, daß er Lillis Nachricht überbracht hatte. Als Mari uns zur Tür brachte, erzählte sie Mutter, daß Miklos an der russischen Front gewesen wäre und dort grauenvolle Dinge gesehen hätte.

»Von dort hat mir mein Mann zuletzt geschrieben«, sagte Mutter.

»Ich hoffe, daß er heil nach Hause kommt«, antwortete Mari. »Und bitte, erzählen Sie niemandem, daß Sie hier waren.«

Auf dem Heimweg sagte Mutter immer wieder vor sich hin: »Das Kind lebt, das Kind lebt.«

14.

Mutter und Frau Gerber hatten monatelang versucht herauszubekommen, was mit ihren Männern war. Endlich, im April 1942, erhielten sie einen Brief, in dem ihnen mitgeteilt wurde, daß Vaters Truppe in russische Gefangenschaft geraten war. Allerdings kam von keinem der beiden Männer eine persönliche Nachricht. Mutter und Frau Gerber verbrachten viel Zeit miteinander und nahmen jede Gelegenheit wahr, sich gegenseitig ein wenig aufzumuntern.

Dann verloren wir Damenbart. An einem Nachmittag im Mai klopfte es an der Küchentür. Mutter öffnete, und vor ihr standen zwei fremde Männer.

»Sind Sie Frau Davidowitz?« fragte der eine in einem sehr amtlichen Tonfall.

Mutter hauchte ein kurzes »Ja.« Sie nahm wohl an, daß die beiden Männer entweder von Vater oder von Lilli Neuigkeiten brachten.

»Wir sind Inspektoren des Wohnungsamtes«, erklärte der Größere der beiden. »Wir müssen einer Beschwerde nachgehen, wonach Sie auf Ihrem Grundstück eine Ziege halten sollen. Dies ist, wie Sie sicher wissen, eine reine Wohngegend. Außer Hunden und Katzen sind hier keinerlei Tiere erlaubt.«

»Sie brauchen überhaupt nichts zu untersuchen«, sagte Mutter und betonte das letzte Wort. »Ich gebe zu, daß ich eine Ziege halte. Aber, meine Herren, diese Ziege belästigt überhaupt niemanden, und sie gibt Milch für meine Kinder. Ich bin sicher, daß Sie selber Kinder haben und Verständnis für meine Situation aufbringen werden. Sie können einer Mutter, deren Mann in russischer Gefangenschaft ist, in diesen schweren Kriegszeiten doch nicht zum Vorwurf machen, daß sie versucht, ihre kleinen Kinder ordentlich zu ernähren, oder?«

»Wir sind lediglich Angestellte des Wohnungsamtes. Mit Kriegsproblemen haben wir nichts zu tun. Wo ist die Ziege?«

»Ich zeige sie Ihnen, und Sie können sich selbst überzeugen, was für ein friedliches und ruhiges Tier sie ist. Sie stört niemanden.« Mutter führte die Männer von der Veranda in den Hof und kam einen Moment später zurück, um den Melkeimer zu holen. »Ich werde sie wenigstens vorher noch einmal melken. Ihr Euter ist so voll, daß sie kaum laufen kann.«

»Sie sollen sie nicht mitnehmen«, bat Sandor.

»Sie hören nicht auf mich«, antwortete sie ihm freundlich. Dann drehte sie sich um und verließ die Küche. Sandor und Joli rannten ihr hinterher. Ich schnappte unsere Mäntel und folgte ihnen. Als ich zu dem Verschlag kam, sah ich, daß Joli ihre kurzen Arme um Damenbart geschlungen hatte. »Sie gehört mir!« schrie sie den beiden Männern zu, die so viel größer waren als sie. »Sie gehört mir!«

Mutter zog den Melkschemel heran und melkte Damenbart. Ich versuchte Joli dazu zu bewegen, die Ziege wenigstens so lange loszulassen, bis ich ihr den Mantel angezogen hatte. Sandor stand am Eingang des Verschlages und starrte in all die finsteren Gesichter um ihn herum. Was sich hinter seiner Miene verbarg, konnte man nicht ausmachen.

Das einzige Geräusch in dem kleinen Verschlag war das rhythmische Spritzen der Milch in den Eimer. Als Mutter fertig war, nahm sie den Eimer und ging davon, ohne ein Wort zu den Männern zu sagen.

»Haben Sie ein Seil?« fragte der kleinere Mann.

»In der Küche.«

Wir liefen alle Mutter hinterher. Sie stellte den Eimer auf den Küchentisch und versuchte noch einmal, die Männer davon abzuhalten, Damenbart mitzunehmen. »Könnten Sie nicht einfach vergessen, daß Sie die Ziege gesehen haben?«

»Wir müssen unsere Arbeit erledigen, meine Dame«, schnauzte der kleinere Mann sie an. »Jetzt geben Sie uns ein Stück Seil und wir verschwinden.«

Mutter wollte das Seil aus der Schublade holen, doch Joli zerrte an ihrem Rock und versuchte sie festzuhalten. Mutter nahm sie auf den Arm, öffnete mit ihrer freien Hand die Schublade und zog ein ausgefranstes Stück Seil heraus, das sie den Männern hinhielt. Als der kleinere Mann nähertrat, um ihr das Seil abzunehmen, kam er an der offenen Tür zum Wohnzimmer vorbei und entdeckte unser Radio. »Wissen Sie nicht, daß Sie das schon im letzten Januar hätten abgeben müssen?« Der andere Mann ging ins Wohnzimmer und zog den Stecker vom Radio heraus. Er wickelte die Schnur ums Radio und nahm es unter den Arm. Dann verließen die beiden Männer das Haus, ohne ein weiteres Wort zu sagen.

Mutter setzte Joli auf den Boden, schloß die Tür hinter den beiden Männern und lehnte sich dann mit dem Rücken dagegen. Ein paar Minuten später ging sie hinaus, verriegelte das Gartentor und kam zurück in die Küche, um die immer noch weinende Joli zu trösten.

»Was machen die mit Damenbart?« fragte ich.

»Ich nehme an, daß sie sie mit ihren Sünden beladen und in die Wüste schicken werden.«

»Was?«

»Ach, schon gut«, sagte sie und ging ins Schlafzimmer.

Im Herbst, ein paar Tage, bevor die Schule wieder anfing, hörten wir, daß jüdische Kinder nicht mehr in öffentliche

Schulen gehen dürften. Frau Gerber bot an, Iboya, Judi und mir in Ungarisch, Deutsch und Geschichte Unterricht zu geben. Iboya und ich gingen jeden Morgen zu ihr und kamen mittags wieder nach Hause. Auf unserem Weg mußten wir an der Schule vorbei, und mittags hatten die anderen Kinder Pause. Es war merkwürdig, ihnen von draußen bei ihren Turnübungen zuzuschauen.

Im Oktober eröffneten die jüdischen Lehrer, die ebenfalls von den öffentlichen Schulen ausgesperrt worden waren, eine behelfsmäßige Schule in den Sonntagsschulräumen der großen Synagoge an der Hauptstraße. Iboya und ich waren mit den Schülern der fünften bis zur zehnten Klasse in einem Raum. Die Lehrer versuchten erst, alle Fächer zu unterrichten, beschränkten sich dann aber bald auf Mathematik, Hebräisch und jüdische Geschichte.

In dieser Schule lernte ich Gari Weiß näher kennen, einen Jungen, der fast drei Jahre älter war als ich. Er kam aus einer der reichsten Familien der Stadt. Ihnen gehörte die große Villa hinter der Ziegelei. Während des Unterrichts beobachtete ich ihn, sooft ich konnte. Am besten gefiel er mir, wenn er ein weißes Hemd trug. Dann kam seine dunkle Haut besonders gut zur Geltung, und mit den glatten zurückgekämmten Haaren sah er schon recht männlich aus. Statt im Unterricht mitzumachen, schrieb ich ihm kleine Briefe, in denen ich ihn fragte, ob er mich mal treffen wollte. Dann zerriß ich die Zettel zu kleinen Schnipseln.

Nach der Schule hatte er den gleichen Weg wie ich, aber er war immer mit Robi Berg zusammen. Mit Robi Berg spielte er auch auf dem kleinen Platz hinter der Villa Tennis. Judi und ich sahen ihnen oft zu und ließen uns allerhand einfallen, damit sie auf uns aufmerksam würden. Doch leider vergeblich. Iboya machte sich über mich lustig, aber Judi konnte mich verstehen, denn sie war auch in einen Jungen verknallt. Er arbeitete in einer Buchhandlung. Hari war sechzehn, und sie unterhielt sich mit ihm über Bücher.

»Und deine Mutter? Erlaubt die das?« fragte ich, als Judi mir erzählte, daß Hari bei ihnen Abendbrot gegessen hatte. »Er ist doch älter als du, und Jude ist er auch nicht.«

»So was ist meiner Mutter egal. Sie denkt modern«, erklärte Judi.

Jedesmal, wenn Judi betonte, wie modern doch ihre Familie sei, fühlte ich mich miserabel – so, als ob sie etwas Besseres wären als wir. Ich versuchte mir vorzustellen, was Judi wohl denken würde, wenn sie Babi kennenlernte. Oder was Babi von ihr halten würde. Als ich Judi zum erstenmal von Komjaty erzählt hatte, meinte sie: »Diesen kleinen, verschlafenen Ort würde ich mir eines Tages ganz gerne mal ansehen.«

»Die Leute dort schlafen nicht!« hatte ich protestiert. »Sie arbeiten sehr schwer.«

»Das Schlafen meine ich geschichtlich betrachtet«, hatte sie erläutert. »Der Fortschritt geht an ihnen vorbei. Sie denken und arbeiten noch genauso wie ihre Vorfahren. Sie lesen keine Zeitung. Sie wissen noch nicht einmal, was außerhalb ihres Dorfes los ist.«

»Meine Babi liest sehr wohl die Zeitung und weiß genau über Hitler Bescheid.«

»Dann hätte sie auf deine Mutter hören und da weggehen sollen.«

»Aber sie kann doch nicht einfach ihr Land und alle ihre Tiere im Stich lassen.«

»Sie klammerte sich an eine falsche Hoffnung. Ich habe gehört, wie meine Mutter über sie gesprochen hat. Meine Mutter hat gesagt, deine Großmutter denkt, daß sie ein

Teil von Ungarn ist, wenn sie in Ungarn Land besitzt. Kein Jude gehört zu dem Land, in dem er lebt, auch wenn's sein Eigentum ist. Es sei denn, es ist Palästina.«

»Aber du und deine Mutter, ihr denkt doch auch, ihr wärt Ungarn?«

»Nein, das auch wieder nicht.«

Judis Art zu diskutieren verwirrte mich, und manchmal hatte ich den Eindruck, daß sie genau das beabsichtigte. »Meine Babi ist sehr klug«, hatte ich damals noch gesagt. »Sie kann Hebräisch, Jiddisch, Ukrainisch und Ungarisch lesen. Sogar der Rabbi in Komjaty hat Respekt vor ihr und fragt sie manchmal nach ihrer Meinung.«

»Rabbis«, hatte Judi mich unterbrochen, »sind keine modern denkenden Menschen.«

Es war unmöglich, einen Disput mit Judi zu gewinnen. Als wir einmal über ein Buch redeten, das wir beide gelesen hatten, merkten wir, wie unterschiedlich unsere Standpunkte waren. Judi mußte das letzte Wort behalten: »Du hattest eben schon vor dem Lesen deine Vorurteile.«

Aber in einem Punkt konnte ich Judi doch übertreffen. Ich bekam als erste meine Menstruation. Eines Tages, während des Unterrichts in unserer Behelfsschule, spürte ich es kommen. In der Pause lief ich zu Judi, um es ihr zu erzählen. Obwohl wir schon oft darüber gesprochen hatten, war ich doch ein bißchen erschrocken und überrascht.

»Kannst du Frau Solomon sagen, daß ich Bauchschmerzen hatte und nach Hause gegangen bin?« fragte ich Judi.

»Nein, das mache ich nicht«, antwortete sie. »Komm, wir gehen beide zu ihr und sagen ihr die Wahrheit.« Sie nahm mich an der Hand und zog mich zu der Ecke im Flur, wo die Lehrer an einem Tisch saßen und Tee tranken. Ich wollte mich losmachen, aber sie hielt mich so fest, daß es mir peinlich gewesen wäre, davonzulaufen.

»Frau Solomon«, fragte Judi, »können Piri und ich Sie einen Augenblick sprechen? Es ist wichtig.«

Frau Solomon stand auf und ging mit uns ein Stück den Flur entlang. Dann blieb sie stehen und wartete darauf, daß eine von uns etwas sagte. Judi hielt sich einen Moment lang zurück, damit ich sprechen konnte, aber ich war zu schüchtern.

»Piri möchte nach Hause gehen«, sagte sie schließlich. »Sie hat gerade ihre Tage bekommen.«

Frau Solomon guckte uns erstaunt an. Dann meinte sie: »Natürlich kannst du nach Hause gehen, Piri. Komm wieder, sobald du dich besser fühlst.«

»Kann ich sie nach Hause bringen?« fragte Judi.

»Ja, das kannst du machen. Seid aber vorsichtig, ihr beiden«, sagte sie und ging wieder an den Lehrertisch zurück.

Wir nahmen unsere Bücher und verließen die Schule.

Auf dem Heimweg fragte mir Judi Löcher in den Bauch, sie wollte genau wissen, wie es war, eine erwachsene Frau zu sein und die Blutung zu haben. Ich war froh, als ich endlich zu Hause war und Mutter sich in ihrer ruhigen und bestimmten Art meiner annahm.

15.

Iboya gefiel die Behelfsschule nicht. Sie konnte sich in dem überfüllten, unruhigen Klassenraum nicht konzentrieren und klagte ständig über Kopfschmerzen. Das war dann der Anlaß für lange Gespräche mit Mutter, in denen Iboya ihr klarzumachen versuchte, daß es sinnvoller sei, mit der Schule aufzuhören und Arbeit zu suchen. Aber

Mutter bestand darauf, daß sie wenigstens so lange in der Schule blieb, bis sie sechzehn war. Mutter wies sie auch darauf hin, daß es für ein jüdisches Mädchen sowieso so gut wie unmöglich wäre, Arbeit zu finden.

An einem Freitagnachmittag putzten Mutter und ich gerade Fisch, den Herr Schwartz mitgebracht hatte. Herr Schwartz saß am Küchentisch und trank heiße Brühe. Da kam Iboya aus der Schule, ihr Gesicht war schneeweiß, und sie hatte die Augen vor Schmerzen zusammengekniffen.

»Schon wieder Kopfschmerzen?« fragte Mutter.

»Ja«, antwortete sie, legte ihre Bücher weg und bat Mutter um ein Aspirin.

Mutter reichte ihr die Tablettenschachtel aus dem Regal und meinte: »Ich weiß ja, daß du keine Lust mehr hast, in die Schule zu gehen. Aber du bist noch zu jung, um aufzuhören!«

»Warum denn?« fing Iboya an und brachte wieder die Argumente vor, die ich schon oft gehört hatte: »Wir lernen dort sowieso nichts. Kein Mensch interessiert sich für die Schlachten, die unsere Großväter geschlagen haben, während direkt vor unserer Nase der wirkliche Krieg stattfindet.«

»Wie alt bist du?« unterbrach sie Herr Schwartz.

»Fünfzehn.«

»Und was würdest du lieber machen wollen?«

»Lujza hat sie mit zu den Zionisten genommen«, sagte Mutter, bevor Iboya Herrn Schwartz antworten konnte. »Und ich weiß, daß ihre Ideen sie sehr beeindrucken.«

Mutter wußte also Bescheid! Iboya errötete, als ihr klar wurde, daß Mutter sich von ihren Ausreden für ihr spätes Nachhausekommen nicht hatte hinters Licht führen lassen.

»Hat Lujza dir davon erzählt?« fragte sie.

»Nein, sie brauchte mir nichts zu erzählen. In deinem Alter hatte ich auch revolutionäre Ideen. Ich weiß, wie sich sowas äußert.«

»Hättest du Lust, in meinem Laden zu arbeiten?« unterbrach Herr Schwartz erneut.

»Was könnte sie denn da machen?«

»Ich brauche eine Kassiererin, der ich vertrauen kann.«

»Sie dürfen doch keine Juden anstellen.«

»Ich brauche sie ja nicht offiziell anzustellen – sie ist einfach die Tochter eines Freundes, die mir hilft. Donnerstags und freitags, da ist am meisten los, da könnte ich sie brauchen. Weil es kein Fleisch gibt, wollen alle jüdischen Frauen Fisch zum Sabbatessen kaufen. Ich würde schon eine Möglichkeit finden, Iboya für ihre Arbeit zu entlohnen, zum Beispiel mit Gutscheinen für andere Geschäfte. Und Sie würden jeden Freitag umsonst Fisch bekommen.«

Mutter lachte. »Sie haben mir schon lange nichts mehr für den Fisch abgenommen, ich hoffe, Sie führen auch ordentlich Buch darüber.«

»Wenn Iboya bei mir anfängt, kann sie ja die Schulden abarbeiten. An den Geruch von Fisch wird sie sich allerdings gewöhnen müssen.«

Wir hatten uns nie an den Fischgestank gewöhnen können, den Herr Schwartz ausdünstete. Freitag abends, wenn er bei uns aß, mochte keiner neben ihm sitzen. In der letzten Zeit, seit Lilli weg war, hatte Mutter ihn öfter eingeladen. Lilli hatte sich immer über seinen leeren Ärmel aufgeregt.

Ich hatte einmal gehört, wie Mutter zu Lilli sagte: »Ein Segen, daß er den Arm verloren hat. Herr Schwartz ist der einzige Jude in der Stadt, der sein Geschäft weiterführen durfte. Und außerdem kassiert er noch eine Pension.«

»Mich schüttelt's, wenn ich ihn sehe«, hatte Lilli geantwortet. »Er erinnert mich ständig an den Krieg.«

»So muß es seiner Frau auch gegangen sein. Sie hat ihn verlassen, als er aus dem Weltkrieg kam. Verrückte Frau. Hat sie nicht begriffen, was für ein Glück sie hatte, daß er überhaupt nach Hause gekommen ist? Es gibt Schlimmeres, als einen einarmigen Mann zu haben.«

Damals hatte Lilli die Diskussion damit abgebrochen, daß sie ihren Mantel angezogen hatte und zum Kiosk gegangen war,um eine Zeitung zu kaufen. Offensichtlich hatte sie nichts mehr hören wollen – weder vom Krieg noch von Herrn Schwartz.

Jetzt wandte sich Mutter an Iboya und sagte: »Ich finde, das ist eine gute Idee. Ich werde dich für die beiden Tage in der Schule entschuldigen. Was meinst du?«

»Ich würde es bestimmt gerne versuchen«, sagte Iboya voll Freude.

»Es ist zwar nicht gerade das, was ich mir für meine Mädchen erträumt habe, aber es ist Krieg, und arbeiten war noch nie verkehrt«, schloß Mutter.

Also fing Iboya im Fischladen an. Sie mußte während der Arbeit eine Gummischürze tragen, um ihre Kleider vor den herumspritzenden Fischschuppen zu schützen. Wenn sie abends nach Hause kam, machte sie Unmengen von Wasser heiß und badete sich ausgiebig in einer Wanne mit Seifenlauge, um den Fischgestank loszuwerden. Wenn wir zusammen im Bett lagen, konnte ich in ihren Haaren immer noch Fisch riechen, aber ich sagte kein Wort.

Nachdem Mutter aus Polen zurückgekehrt war, kam Lujza uns öfter besuchen. Mutter und sie schienen ihre gegenseitige Abneigung langsam zu überwinden. Sie saßen abends gemeinsam am Küchentisch, tranken

Kräutertee und überlegten, wie sie Etu am besten aus Budapest nach Hause holen könnten. Eines Abends, als sie wieder mal über Etu und Rozsi sprachen, fragte Mutter Lujza plötzlich, ob sie eine Möglichkeit hätte, irgend etwas über das russische Gefangenenlager rauszukriegen, in dem Vater war, und ob sie wüßte, wie man einen Brief dorthin befördern könnte.

»Rise, ich wünschte, ich könnte dir helfen, er ist ja immerhin mein Bruder. Du solltest mal hören, was bei uns zu Hause los ist. Meine Mutter glaubt, die Zionisten wären Zauberkünstler. Sie will nicht nur, daß ich rauskriege, wo Ignac ist, sondern sie will auch noch wissen, was mit Srul und seiner Frau in Rußland ist und wie es meinem Schwager in Rumänien geht. Ich wünschte, die zionistische Bewegung wäre nur halb so stark, wie ihr sie gerne hättet. Tatsache ist, daß im Moment sowieso nichts mehr läuft. Die Amerikaner schicken uns bei weitem nicht mehr soviel Geld wie früher, und die neuen Reisebeschränkungen machen uns auch zu schaffen. Nein, ich glaube, wir sind am Ende. Unsere Hauptaufgabe, Juden nach Palästina zu schaffen, ist erledigt. Jeder, der bis vergangenen Dezember nicht rausgekommen ist, muß hierbleiben. Viele von den Sachen, die wir früher gemacht haben, gehen jetzt nicht mehr. Wir mußten unsere regelmäßigen Treffen aufgeben, weil wir beschattet werden. Jedenfalls die aktiven Leute, so wie ich. Und wenn die Polizei einen von uns verhaftet, dann bestrafen sie nicht nur ihn, sondern gleich die ganze Familie mit. Alle werden nach Polen deportiert. Das ist gerade einem unserer besten Leute passiert. Er und seine ganze Familie – Vater, Mutter, Frau und Kinder – wurden deportiert. Wer kann es verantworten, seine Familie einer solchen Gefahr auszusetzen?«

Danach schwieg Lujza. Mutter stand auf, um ihr Tee

zu kochen, und kratzte die letzten Blätter auf dem Boden der Dose zusammen. Als der Tee lange genug gezogen hatte, goß sie Lujza eine Tasse voll ein. Plötzlich schien ihr etwas einzufallen. Sie ging zum Regal, auf dem unsere kostbare letzte Flasche mit Rum stand. Sie öffnete die Flasche und kippte einen Schuß von der goldenen Flüssigkeit in die Tasse mit dem schwarzen russischen Tee, die ihr Lujza hinhielt.

»Nimm dir auch was, Rise«, sagte Lujza.

Mutter zögerte einen Moment, dann legte sie das silberne Teesieb auf eine Tasse, schenkte sich Tee ein und fügte ein klein wenig Rum hinzu. Die Gesichter der beiden Frauen entspannten sich, während sie den Tee schluckweise genossen.

Lujza lächelte. »Es scheint so, als ob die Alliierten die Deutschen aus Nordafrika vertreiben würden.«

»Afrika!« meinte Mutter. »Was haben wir denn davon? Wir müssen hoffen, daß die Russen rechtzeitig hier sind, bevor die Deutschen die Macht ergreifen.«

Lujza war entsetzt, aber sie sagte nichts. Ich wußte, daß die Kommunisten Anti-Zionisten waren, und auch ich war erstaunt über das, was Mutter gesagt hatte. Aber ich schwieg ebenfalls. Lujza stand langsam auf, nahm ihren Mantel, verabschiedete sich und ging.

Herr Schwartz nahm Iboya auch mit nach Porta, einem kleinen Fischerort an der slowakischen Grenze, wo er seine Ware den Fischern fangfrisch abkaufte. Sie fuhren donnerstags und freitags im Morgengrauen los und waren früh um neun Uhr, wenn der Laden aufmachte und die Leute schon massenhaft anstanden, pünktlich wieder da. Mittags war aller Fisch verkauft, und Herr Schwartz mußte den Laden schließen. Manchmal drohten die Leute, die keinen Fisch abbekommen hatten, die

Tür aufzubrechen. Dann mußte Iboya den Laden durch die Hintertür verlassen und ihren Fisch unter einem Tuch verstecken.

An einem Donnerstagabend klagte Iboya beim Essen über Kopfschmerzen und schien ungewöhnlich erschöpft und gleichzeitig erregt zu sein.

»Wenn es dich so anstrengt, könnte ich Herrn Schwartz bitten, daß er dich nicht mehr auf die Fahrt nach Porta mitnehmen soll«, schlug Mutter vor.

»Das geht jetzt nicht mehr«, antwortete Iboya. »Er ist dringend auf meine Hilfe angewiesen.«

»Er könnte doch einen anderen Angestellten mitnehmen.«

»Das sind alles Gojim, denen kann er nicht vertrauen.«

»Bist du denn für die Kasse verantwortlich, wenn ihr mit den Fischern handelt?«

»Das auch und . . .« Iboya hielt inne und strich sich mit der Hand über die Stirn.

»Kriegst du jetzt vom Fisch Kopfschmerzen?«

»Nein, nicht vom Fisch, es ist wegen der Leute!« platzte Iboya heraus.

»Was für Leute?« Mutter sah ernst aus. »Erzähl!«

Iboya warf einen besorgten Blick auf mich. Ich kochte vor Zorn. Seit sie angefangen hatte, in dem Fischladen zu arbeiten, hatte sie sich von mir abgesetzt. Sie schien jetzt zu erwachsen, um mir noch vertrauen zu können. Abends lag sie still im Bett, die Augen geschlossen. Aber ich wußte, daß sie nicht schlief.

»Wenn du nicht mit mir reden willst – bitte!« hatte ich ärgerlich zu ihr gesagt.

»Es ist nicht deinetwegen, ich kann das niemandem erzählen«, war ihre Antwort gewesen.

Jetzt streichelte Mutter Iboya übers Haar. »Mach dir mal keine Gedanken«, sagte sie, »Piri würde niemals etwas weitererzählen, was sie für sich behalten soll, auch Judi nicht.« Mutter warf mir einen warnenden Blick zu.

Ich nickte.

»Mutter, auf dem Weg von Porta hierher versteckt Herr Schwartz Leute in seinem Fischwagen«, sagte Iboya langsam.

Mutter wurde blaß. »Es sind Flüchtlinge«, fuhr Iboya nach einer kurzen Pause fort. »Heute morgen war es eine Frau mit zwei Kindern. Eines von ihnen hat dauernd geweint, es hatte solche Angst unter der dicken Plane.«

»Wie lange macht ihr das schon?« fragte Mutter streng.

»Von Anfang an. Er sitzt vorne auf dem Kutschkasten und hält die Zügel. Ich sitze verkehrt rum, um nach hinten gucken zu können, wo er ja nichts sehen kann. Wenn ich jemanden kommen sehe, bedecke ich die Leute mit der Plane. Sie müssen so lange drunterbleiben, bis niemand mehr zu sehen ist. Dann können sie wieder an die frische Luft kommen. Heute gab es zum ersten Mal einen Zwischenfall. Ein berittener Polizist hielt uns an und hörte eines der Kinder weinen.

›Meine kleine Tochter ist krank‹, sagte Herr Schwartz. ›Ich bringe sie zum Arzt.‹

›Kein Wunder, daß sie krank ist‹, lachte der Polizist, ›wenn sie zwischen all dem stinkenden Fisch liegen muß!‹

Herr Schwartz drückte dem Polizisten seine Papiere in die Hand und schrie mich an: ›Warum hast du sie drunter gelegt? Ich habe dir doch gesagt, du sollst sie auf den Arm nehmen!‹ Er gab mir eine Ohrfeige, griff unter die Plane, holte das brüllende Kind raus und gab es mir. Dann langte er noch mal unter die Plane, zog einen großen Fisch vor, wickelte ihn in Zeitungspapier und reichte ihn dem Polizisten.

›Nehmen Sie das Ihrer Frau mit. Vor zwei Stunden schwamm er noch im Wasser‹, sagte er.

Der Polizist nahm den Fisch und gab Herrn Schwartz seine Papiere zurück. ›Ich denke, es ist alles in Ordnung‹, sagte er.

Wenn der Polizist nun unter die Plane geguckt und die Frau und das andere Kind entdeckt hätte? Ich hatte solche Angst!«

»Was habt ihr mit der Frau und dem Kind gemacht, als ihr nach Beregszász gekommen seid?«

»Meistens läßt er mich mit den Leuten an der Ecke Tinodistraße raus, und ich bringe sie dann zu Frau Silbermann.«

Mutter dachte einen Moment lang nach. »Ich werde mit Herrn Schwartz sprechen, wenn er das nächstemal zum Essen kommt«, sagte sie schließlich. »Er soll damit aufhören. Das hatten wir nicht abgemacht.«

»Aber Mutter«, antwortete Iboya, »es gibt so viele Leute, die mitgenommen werden müssen, und er hat niemanden außer mir, dem er vertrauen kann. Normalerweise macht es mir ja auch nichts aus. Es war nur heute morgen so schlimm, als das Kind weinte und er mich anbrüllte. Ich wußte nicht, was los war. Dabei war es ja genau richtig, daß Herr Schwartz mich anbrüllte und dem Polizisten die Geschichte vom kranken Kind erzählte und ihm den Fisch geschenkt hat.«

In dem Moment, in dem ich erfuhr, was Iboya vor mir verborgen hatte, schämte ich mich über meinen Ärger. Sie hatte mich nicht auch noch belasten wollen. Trotzdem wünschte ich, sie hätte mir vertraut und mir alles erzählt. Ich konnte Geheimnisse für mich behalten, auch Mutter gegenüber, wenn es sein mußte. Ich hatte Mutter ja auch noch kein Wort darüber erzählt, daß Iboya sich nach den zionistischen Versammlungen regelmäßig mit Shafar traf. Ich mußte sehen, wie ich Iboya das klarmachen konnte. Natürlich würde ich auch Judi nichts von dem wissen lassen, was ich gerade erfahren hatte. Es freute mich sogar, daß ich einmal mehr wußte als sie.

Am nächsten Tag kam Herr Schwartz zum Essen. Mutter sagte ihm, wie erstaunt sie gewesen wäre, als sie erfahren mußte, was Iboya und er wirklich in Porta machten. Und sie wollte von ihm wissen, ob es vernünftig war, Iboya weiterhin mithelfen zu lassen. Aber er überzeugte Mutter, daß er jederzeit in der Lage wäre, so schwierige Situationen wie gestern zu bewältigen. Er brauchte Iboya unbedingt, meinte er. So blieb es dabei. Den ganzen Sommer über fuhr Iboya zweimal in der Woche mit Herrn Schwartz nach Porta, um Flüchtlinge aufzunehmen.

Im folgenden Herbst, einige Tage nachdem die Behelfsschule ins zweite Schuljahr ging, stand ich in der Küche und half Mutter beim Essenmachen. Die Tür schlug auf und Iboya kam rein. Sie war leichenblaß und schien völlig fertig zu sein. Unter dem Arm trug sie eine Zeitung. Mutter stellte das Tablett mit den Kartoffeln ab und griff nach der Zeitung. Sie erstarrte, als sie die Überschrift las.

»Ungarn hat genau wie die Tschechoslowakei, Polen und Deutschland Hitlers Juden-Gesetze übernommen. Sie gehören zusammen, und wir sind alle Juden, um die sich niemand schert«, sagte Iboya bitter.

Mutter warf die Zeitung auf den Stuhl und widmete sich wieder den Kartoffeln. Iboya zog ihre Jacke aus, hängte sie auf und deckte den Tisch. Ich nahm die Zeitung vom Stuhl und schlug sie auf. ALLE JUDEN MÜSSEN DEN DAVIDSTERN TRAGEN, stand da.

Am nächsten Morgen erschien der Stadtausrufer an unserer Straßenecke. Breitbeinig stand er da, mit dicken Stiefeln an den Füßen. Eine Trommel hing an einem Band um seinen Nacken. Sie war so groß, daß sie seinen kurzen

Körper fast ganz bedeckte. Die Trommelstöcke wirbelten einen wilden Rhythmus. Als über hundert Leute um ihn versammelt waren, klemmte er die Stöcke unter das Trommelband und rollte das Papier mit den Bekanntmachungen auseinander. Dann räusperte er sich, reckte seinen kurzen Hals und begann vorzutragen:

»Nach Beendigung dieses Monats, des 30. Septembers 1943, müssen alle Juden in Ungarn gemäß Artikel 270 einen gelben Stern auf den äußeren Kleidungsstükken tragen. Außerdem gibt es eine Ausgangssperre. Juden dürfen ihre Häuser weder vor zehn Uhr morgens noch nach drei Uhr nachmittags verlassen.«

Iboya und ich verspürten nicht die geringste Lust, ihm noch weiter zuzuhören. Aber zur Schule wollten wir auch nicht, denn es war klar, daß heute kaum vernünftiger Unterricht stattfinden würde. Statt dessen liefen wir ziellos durch die Straßen. An der Tinodistraße hörten wir einem Leierkastenspieler zu. Er drehte die Orgel mit einem Griff an der rechten Seite und ließ die Melodie von »Sorrento« ertönen. Ein großer bunter Vogel tanzte oben auf dem Kasten im Rhythmus der Musik. Nach dem Lied ließ der Mann seinen Hut herumgehen und erhielt auch ein paar Münzen. Aber wir hatten leider nichts und gingen deshalb etwas beschämt weiter. Wir trafen eine Flüchtlingsfamilie aus Rumänien, eine Mutter mit zwei kleinen Mädchen, die etwa zwei und sechs Jahre alt waren. Sie erzählte uns, daß sie schon tagelang herumgelaufen wären und kein Quartier gefunden hätten. Wir brachten sie zu Frau Silbermann. Als wir schließlich nach Hause kamen, saßen Mutter und Frau Gerber auf der Veranda. Wir erzählten von der rumänischen Frau mit den beiden Kindern.

»Ein Freund hat mir aus Budapest geschrieben, daß über 15000 jüdische Flüchtlinge über die Straßen

Ungarns ziehen, und die Regierung tut so, als wären sie gar nicht vorhanden«, sagte Frau Gerber.

»Aber jetzt wird das schwieriger werden, mit dem Davidstern und der Ausgangssperre«, meinte Iboya.

»Der Mann im Laden hat gehört, daß Horthy* es geschafft haben soll, sich gegen die Davidstern-Anordnung der Deutschen zu widersetzen«, erwiderte Frau Gerber.

»Und was ist mit der Ausgangssperre?«

»Es gibt Schlimmeres«, meinte Frau Gerber.

Aber die Ausgangssperre hatte erheblichen Einfluß auf unsere Lebensmittelversorgung, wie Mutter uns erklärte, als sie mit leerem Korb vom Markt nach Hause kam. »Nach zehn Uhr morgens gibt es nichts mehr. Jetzt können wir unsere Lebensmittelmarken wegschmeißen, sie nützen uns nichts mehr.«

16.

Spät in der Nacht klopfte es an unserer Tür. Mutter sprang aus dem Bett und versuchte, im Dunkeln ihren Morgenrock anzuziehen. Ich sah sie als Silhouette, wie sie sich in den Ärmeln verhedderte. »Warum machst du denn kein Licht an?« fragte ich, doch sie antwortete mir nicht.

»Wer könnte das sein? Um diese Zeit?« Ich kuschelte mich an Iboya und spürte, wie sie zitterte. Mir fiel ein, wie Vater uns damals mitten in der Nacht heimlich besucht und an unser Fenster geklopft hatte. Ich betete: »Lieber Gott, laß es Vater oder Lilli sein.«

* Reichsverweser in Ungarn, Oberhaupt des Staates als Ersatz für das abgeschaffte Königtum.

Iboya und ich standen auf und gingen zu Mutter, die an der Tür stand. »Wer ist da?« rief sie ungewohnt energisch.

Auch die heisere Stimme, die ihr antwortete, klang nicht so wie sonst: »Ich bin's, Sanyi!«

»Oh, mein Gott! Was ist passiert?«

»Lujza«, weinte unser Onkel Sanyi vor der Tür. Iboya und ich standen hinter Mutter und sahen, wie sie im hellen Mondlicht mit zitternden Fingern das Gartentor aufriegelte.

Sanyi kam herein und versuchte zu sprechen, aber er konnte nicht aufhören zu weinen. Mit den Fingern umklammerte er den Kragen seines schwarzen Mantels. Mutter legte ihren Arm um ihn und führte ihn in die Küche. Sie machte Licht an, schaute ihn an und nahm ihn dann in die Arme.

»Du armer Junge!«

Sanyi legte sein Gesicht auf ihre Schulter. Nach ein paar Minuten hatte er sich etwas beruhigt und blickte Mutter mit rotunterlaufenen, fiebrigen Augen an.

»Lujza ist tot.«

»Was? Wann denn? Wegen der Zionisten?«

»Nein. Der Chef im Laden hat sie beschuldigt, sie hätte Geld gestohlen. Sie kam ganz niedergeschlagen nach Hause. Niemals hätte sie auch nur die kleinste Kleinigkeit gestohlen. Das war eine Lüge.« Er fing wieder an zu weinen.

»Aber wieso ist sie tot?«

Er holte tief Atem und sprach dann weiter: »Der Zug. Wir hörten das Quietschen des Zuges. Es war der Nachtzug aus Miskolc. Vater und ich rannten raus, um zu sehen, warum der Zug vor unserem Haus hielt. Jahrelang sind die Züge vorbeigefahren, aber noch nie hat einer bei uns angehalten. Es herrschte große Aufregung, und eine Menschenmenge hatte sich angesammelt. ›Eine Frau hat sich vor den Zug geschmissen‹, erzählte uns jemand. ›Der Zug ist über sie drüber gerollt.‹ Vater und ich gingen durch die Menge und sahen, wie zwei Bahnbeamte auf einer Bahre einen zugedeckten Körper trugen. Im Dunkeln konnten wir nur erkennen, daß es sich um einen weiblichen Körper zu handeln schien. Dann sind wir wieder nach Hause gegangen. Als wir zur Tür kamen, stand da ein Polizist mit Papieren in der Hand, er wollte gerade anklopfen. ›Herr Davidowitz?‹ fragte er.

›Ja, kann ich Ihnen irgendwie behilflich sein?‹ antwortete Vater. Er dachte, daß der Polizist uns um Hilfe bitten wollte, weil unser Haus so nah an der Unfallstelle war.

›Haben Sie eine Tochter namens Lujza? Es gab einen Unfall.‹

›Ich weiß. Wir waren gerade da, aber was hat meine Tochter damit zu tun?‹ Vater und ich waren uns ganz sicher, daß Lujza zu einem Treffen der Zionisten gegangen war.

›Würden Sie bitte mit mir mitkommen?‹

Vater und ich gingen mit ihm zu den Gleisen. Sie hielten ihre Laternen über die Bahre und nahmen die Decke von der Leiche. ›Können Sie das Opfer identifizieren?‹ fragte der Polizist. Wir sahen, daß es Lujza war, aber keiner von uns beiden brachte einen Ton hervor. Ihr Kopf war platt und ihr Körper übel zugerichtet, aber wir wußten, daß es Lujza war. Sie trug ihre Fohlenjacke, die ganz zerrissen war. Vater sagte ihnen, sie sollten die Leiche in die Scheune legen. Er wollte erst mit Mutter sprechen, bevor wir sie ins Haus brachten. Dann hat er gesagt, ich soll euch Bescheid sagen.« Sein Gesicht bebte, und seine Hände zitterten, während er sprach. Obwohl Mutter kleiner war als er, wiegte sie ihn in ihren Armen.

Iboya und ich sahen uns an und fingen ebenfalls an zu weinen.

»Iboya, mach Feuer an, Piri, hol die Schnapsflasche!« Mutters Anweisungen klangen schon fast wieder normal. Sie setzte Sanyi auf einen Stuhl und holte eine Decke aus dem Schlafzimmer, die sie ihm um die Schultern legte. »Du bleibst bis morgen früh hier«, sagte sie. »Du hast für heute genug gesehen.«

»Ich kann nicht, ich muß zurück und helfen«, protestierte Sanyi.

»Du kannst auch nichts mehr machen. Du hast Glück gehabt, daß sie dich auf dem Weg hierher nicht geschnappt haben. Wir dürfen um diese Zeit nicht auf der Straße sein. Wenn es hell wird, begleite ich dich. Hast du deine Papiere bei dir?«

Sanyi betrachtete den Mantel, den er anhatte. »Ich habe Vaters Mantel angezogen. Ich dachte, es wäre meiner.« Er faßte in die Brusttasche und holte eine schwarze Brieftasche hervor. »Ich habe Vaters Papiere.«

»Du hast wirklich Glück gehabt. In der letzten Zeit haben sie nachts mehr Leute als sonst verhaftet. Wir warten bis morgen früh. Du kannst sowieso nichts mehr machen, und deine Eltern wissen, wo du bist.«

Mutter gab ihm ein Glas voll Birnenschnaps. Seine Hände zitterten, als er das Glas zum Mund führte und trank. Iboya und ich setzten uns neben ihn und legten die Arme um ihn. Sanyi ließ es sich gefallen.

Am nächsten Morgen ging Sanyi mit Mutter weg. Mutter kam am Nachmittag zurück und erzählte uns, daß die Beerdigung am nächsten Morgen sein würde und daß sie Iboya mitnehmen würde. Ich sollte bei den Kleinen bleiben. Im Grunde war ich ganz froh, daß ich nicht mitmußte. Mir fiel plötzlich ein, daß Lujza nur ein klein wenig älter als Lilli gewesen war.

Als sie von der Beerdigung zurückkamen, erzählten sie, daß kaum jemand gekommen war. Keiner von den Zionisten wäre dagewesen. Mutter sagte, daß sie wahrscheinlich Angst gehabt hatten. Keiner glaubte, daß Lujza das Geld gestohlen hatte. Die Polizei hatte vermutlich herausgefunden, daß sie Zionistin war, und Lujza hatte es gemerkt. Durch ihren Selbstmord wollte sie ihre Familie retten.

Iboya sagte, Mutter wäre die einzige gewesen, die nicht geweint hätte. Großmutter Davidowitz wäre ständig ohnmächtig geworden, und die anderen hätten sie stützen müssen.

»Sie war ein mutiges Mädchen«, sagte Mutter immer wieder. Ich stellte mir vor, wie Lujza in ihrer Fohlenjacke allein draußen in der kalten Nacht stand und auf den Zug wartete. Und wie dann der harte metallische Klang in ihrem Kopf gedröhnt haben mußte. Ich mußte Mutter zustimmen, Lujza war eine mutige Frau. Wenn ich so über sie nachdachte, fiel mir ein, wie ernst sie immer gewesen war. Auf den Versammlungen der Zionisten hatte sie sich nicht wie die anderen Frauen am Tanzen und Singen beteiligt. Statt dessen hatte sie sich mit ihren Papieren beschäftigt oder den anderen zugeschaut.

Nach Lujzas Beerdigung schränkte Mutter unsere Aktivitäten drastisch ein. »Ihr geht nicht mehr zu Frau Silbermann. Und ihr holt nichts mehr vom Zug aus Komjaty ab. Mit den Fahrten nach Porta ist auch Schluß. Das, was von meiner Familie noch übrig ist, will ich zusammenhalten. Die Deutschen haben erhebliche Verluste an der russischen Front, und ihren Ärger darüber werden sie mit Sicherheit an uns auslassen.«

Sie blieb auch standhaft, als Herr Schwartz sie zu überreden versuchte, Iboya weiterhin mit ihm nach Porta fahren zu lassen. Sie verlangte sogar, daß Iboya ganz aufhörte, in seinem Geschäft zu arbeiten. Aber in diesem Punkt gab sie dann doch nach, weil sie einsah, daß es nicht anders ging. So arbeitete Iboya weiterhin jeden Donnerstag und Freitag im Fischgeschäft an der Kasse und brachte jedesmal Fisch zum Abendessen mit. Einige Wochen später erschien Shafar eines Abends bei uns. Er war zur Zwangsarbeit in einer der neuen Budapester Munitionsfabriken verpflichtet worden und wollte sich von Iboya verabschieden. Da Mutter wußte, daß Iboya zu den zionistischen Versammlungen gegangen war, akzeptierte sie Shafar als einen von Iboyas Kameraden. Sie schien ihn sogar zu mögen. Als wir über Budapest sprachen, erwähnte sie, daß Etu dort lebte, und Shafar versprach, sie zu besuchen, um zu sehen, ob er ihr irgendwie helfen konnte. Iboya brachte ihn dann hinaus ans Tor. Wieder im Haus, wich sie Mutters fragendem Blick aus und meinte, sie hätte Kopfschmerzen und wollte ins Bett. Ich sah Mutter an, daß sie bemerkt hatte, daß zwischen Shafar und Iboya mehr war als Kameradschaft.

Mutter kratzte das letzte Mehl aus den Säcken. In diesem Winter kamen keine Lebensmittel mehr aus Komjaty. Molcha erklärte in einem Brief, warum das so war. Die ohnehin magere Ernte des Jahres 1943 war für Kriegszwecke beschlagnahmt worden, die Bauern hatten nur eine kleine Zuteilung bekommen. Babi hatten sie alle ihre Tiere weggenommen, sogar die Hühner. Die Pflaumenbäume und Weinstöcke waren kahlgepflückt worden.

Rozsi versuchte in ihren Briefen, die Angelegenheit zu beschönigen, damit Mutter sich keine Sorgen machte. »Wir kommen gut zurecht«, schrieb sie in allen ihren Briefen. Sie hatte es aufgegeben zu fragen, ob es irgendwelche Nachricht von Lajos, Lilli und Manci gab oder

Post von Vater. Mutter schickte uns nicht mehr ans Tor, um den Briefträger abzuwarten, und auch sie selbst lauerte nicht mehr voll Spannung auf der Veranda, wenn es Zeit für die Post war. Aber sie hielt sie dennoch nicht für verloren. Ich hörte sie oft mit Frau Gerber darüber spekulieren, wo sie wohl sein könnten. Sie malten sich aus, daß Vater, der in russischer Gefangenschaft war, es vielleicht geschafft haben könnte, mit seinem Bruder Srul Kontakt aufzunehmen, der als jahrelang aktiver, überzeugter Kommunist jetzt bestimmt einigen Einfluß haben müßte. Frau Gerber versicherte Mutter immer wieder, daß die beiden Polen Mutters Geld bestimmt an Lilli weitergeleitet hätten. Aber Lilli könnte nicht schreiben, weil Post aus Polen uns verdächtig machen würde.

Mir war nicht klar, ob sie die Geschichten wirklich glaubten oder ob diese Gespräche nur zum routinemäßigen Bestandteil ihrer gegenseitigen Besuche geworden waren. Wenn Frau Gerber zu uns kam, war sie meist sehr niedergeschlagen.

»Ich mußte heute einfach vorbeikommen«, war ihre ständige Rede. »Ich konnte meine Gedanken nicht mehr zusammenhalten. Ich dreh noch mal durch, ich komme einfach nicht klar. Und die Kinder wollten auch kommen.«

Mutter fiel immer etwas ein, womit sie sie aufmuntern konnte. Entweder machte sie schnell eine Gemüsesuppe oder Kartoffelpuffer, oder sie kochte ein paar Nudeln und streute ein paar von den selbstgeernteten, gehackten Walnüssen und ein Quentchen Zucker darüber. Wenn Frau Gerber über ihren Erfindungsgeist staunte, antwortete Mutter: »Im Grunde meines Herzens bin ich eine Bäuerin!«

Wir versorgten uns mit Gemüse aus unserem Garten und konnten damit die immer kleiner werdenden Lebensmittelzuteilungen ergänzen. Mutter machte das Obst und Gemüse nicht nur ein, sondern vergrub auch Mohrrüben und Pastinaken in feuchtem Sand und stellte sie in Kisten ins Haus. Obendrauf wuchs dann auch noch das Kraut, und so hatten wir den ganzen Winter über frisches Suppengrün. Mutter hatte außerdem Sauerkraut zubereitet, Gurken eingelegt und Tomatenpüree gemacht. Von den Fischen, die wir von Herrn Schwartz bekommen hatten, hatte sie einige als Salzheringe in einem kleinen Faß aufbewahrt. Mutter fiel immer wieder etwas Neues ein.

Frau Gerber, die nicht immer diejenige sein wollte, die etwas bekam, brachte manchmal ein Geschenk von zu Hause mit.

»Wenn du nicht bald damit aufhörst«, meinte Mutter, »wird euer Haus bald leer sein.«

»Ob mein Haus nun voll oder leer ist – ich fühle mich da sowieso nicht wohl«, antwortete Frau Gerber. »Du hingegen heiterst mich immer wieder auf.«

Judi, Iboya und ich hatten uns immer was zu erzählen, und Pali, Sandor und Joli konnten offensichtlich auch gut zusammen spielen. Joli war inzwischen drei Jahre alt und war trotz aller Sorgen und Schwierigkeiten zu einem hübschen kleinen Mädchen herangewachsen. Sandor und sie kamen gut miteinander aus, und wenn ich die beiden zusammen spielen sah, erinnerte ich mich oft daran, wie Sandor und Manci zusammen gespielt hatten.

Wenn Mutter dabei war, sprach ich nie von Manci. Ich konnte es nicht ertragen, den Schmerz in Mutters Augen zu sehen, wenn Mancis Name erwähnt wurde. Noch nicht einmal die Abwesenheit von Lilli schien ihr soviel auszumachen wie der Verlust ihrer Enkelin. Sie dachte immer daran, daß Manci vielleicht hätte gerettet werden können. Immer wieder fielen ihr neue Möglichkeiten ein, wie sie es unter Umständen doch hätte verhindern können, daß Manci mitgenommen wurde. Manchmal, wenn ich nachts aufwachte und in die Küche ging, um einen Schluck Wasser zu trinken, saß Mutter dort in der Kälte. Wenn ich ihr auf die Schulter tippte und sagte: »Anyuka, geh schlafen, hier ist es zu kalt«, schreckte sie zusammen.

»Ich kann nicht schlafen«, antwortete sie meist.

Trösten konnte ich sie nicht, deshalb holte ich oft meinen Mantel und setzte mich zu ihr, ohne etwas zu sagen. So saßen wir still beisammen und warteten auf den neuen Tag.

Endlich wurde der Schnee des Winters vom Frühlingsregen weggespült, und im Garten tauchte erstes, zartes Grün auf. Am Tag wurde es wärmer, und die Sonne trocknete den Sand in der Buddelkiste. Sandor und Joli spielten wieder draußen. Der Walnußbaum bekam die ersten Knospen. Das Pessachfest rückte näher, und Mutter machte sich still an die Vorbereitungen. Sie war so fest mit der Tradition verbunden, daß Sorgen und Trauer und die Gefahr der ständig näher rückenden Deutschen das Feiertagsritual nicht beeinflussen konnten. Ich half Mutter, das Geschirr für das Pessachfest herunterzuholen und den Chumez* auszufegen. Jeder Krümel Brot wurde vom Regal und aus dem Küchenschrank gefegt und zusammen mit dem Strohbesen verbrannt. Ein paar Tage vor dem Fest hatte Mutter eine Schachtel mit Zutaten für das Pessachmahl gefunden, die sie schon ganz vergessen hatte.

* *Chumez* – darunter versteht die Tradition alles, was aus Körnern von Weizen, Roggen, Gerste, Dinkel und Hafer mit Sauerteig bereitet ist. Zum Pessachfest, also zur Erinnerung an die Befreiung aus dem Elend der Knechtschaft in Ägypten und an die Hast des Aufbruchs, soll nur ungesäuertes Brot (die »Matze«) gegessen werden. Vor dem Fest wird deshalb alles gesäuerte »Chumez« aus den Haus entfernt und am Rüsttag, dem Vormittag vor Pessach, verbrannt.

»Ich möchte Großmutter Davidowitz von diesen Gewürzen etwas abgeben«, sagte sie zu mir. »Geh und bring's ihr.« Und sie schärfte mir ein, sofort wieder nach Hause zu kommen, sobald ich die Gewürze abgegeben hätte.

Ich mußte mehrfach klopfen, bis mir jemand aufmachte. Schließlich kam Sanyi, der unruhig und ängstlich wirkte, aus dem Haus. Er riegelte das Tor auf und ließ mich in den Garten, machte aber keinerlei Anstalten, zum Haus zu gehen, sondern blieb mit mir im Garten stehen.

»Was willst du denn hier?« fragte er.

»Mutter hat mich geschickt, ich soll Großmutter Davidowitz ein paar Pessachgewürze bringen«, antwortete ich und zeigte ihm die kleine Schachtel, die ich in der Hand hielt. »Haltet ihr gerade Seder?« fragte ich zögernd und dachte dabei an ihre Trauer wegen Lujza.

»Piri«, antwortete Sanyi, »wir hauen ab. Vater und Mutter sind schon mit einem Boten vom Judenrat vorausgegangen. Ich packe noch ein paar Sachen zusammen, und dann treffe ich mich mit ihnen. Die Deutschen sind kurz davor, die Macht zu übernehmen.«

Ich muß sehr erschrocken ausgesehen haben, Angst kroch in mir hoch. Ich atmete tief durch und fragte dann: »Wo geht ihr denn hin?«

»Ich weiß es nicht. Lujza hatte das alles eingefädelt, bevor ...« Sanyi hielt einen Moment inne und fuhr dann fort. »Sie hatte sogar christliche Papiere für uns besorgt. Ich glaube, sie wollte für dich, für Iboya und die Kinder auch welche machen lassen. Deine Mutter hat sie ja schon – seit ihrer Polenfahrt. Ich muß jetzt los.« Er zog mich zu sich heran und drückte mich. »Sag deiner Mutter, sie soll auch fliehen«, sagte er, als er mich losließ.

Ich wußte nicht, was ich sagen sollte. Dann ging ich

durchs Tor, drehte mich noch einmal um und sah, wie Sanyi im Haus verschwand.

»Mutter«, sagte ich, als ich wieder zu Hause war. »Sie brauchen die Gewürze nicht. Sie hauen ab. Sanyi sagt, du sollst auch weggehen, weil die Deutschen kommen.«

Mutter ließ den Teller fallen, den sie gerade abtrocknete. Er zersprang in tausend Stücke.

»Hat er gesagt, wo sie hin wollten?«

»Er wußte es nicht. Lujza hat alles mit dem Judenrat vorbereitet. Sie hatte ihnen christliche Papiere machen lassen, solche wie du sie hast, und er sagte, sie hatte wohl auch noch welche für uns machen lassen wollen . . .«

Mutter drehte sich noch während ich mit ihr sprach um und verschwand im Schlafzimmer. Sie fing an Kleider rauszusuchen, die sie einpacken wollte, doch dann ließ sie den Kleiderhaufen auf dem Bett liegen. »Wo sollten wir denn hin?« Sie zuckte die Achseln. »Ihr Kinder habt keine Papiere, und es ist schon halb drei, gleich ist Sperrstunde.« Sie ging wieder in die Küche und trocknete das Geschirr weiter ab.

Ich fragte: »Was ist eigentlich der ›Judenrat‹?«

Sie erklärte: »Das ist eine Organisation von bekannten Juden, die als unsere Vertreter arbeiten.«

Dann kam Iboya in die Küche und brachte wie üblich einen in Zeitungspapier gewickelten Fisch mit.

»Hast du irgendwas gehört?« fragte Mutter sie.

»Es heißt, die Deutschen hätten Horthy eingesperrt, und es gäbe bald eine neue Regierung. So was wie ein Putsch. Die neue Regierung wird besser mit den Deutschen zusammenarbeiten. Wir müssen den Davidstern tragen.«

An diesem Abend machten wir früh das Licht aus, gingen aber noch nicht schlafen. Mutter, Iboya und ich saßen im Dunklen und lauschten auf jeden Laut von draußen. Sogar in der Dunkelheit des Schlafzimmers konnte ich sehen, wie Mutters Gesicht sich verkrampfte, wenn sie männliche Stimmen oder Schritte auf der Straße hörte.

»Ihr beiden schlaft heute in der Laube. Ich habe Bettzeug auf den Stuhl gelegt und zwei alte Kleider von mir und zwei Kopftücher. Ich will, daß ihr wie Bettlerinnen ausseht, damit sie euch in Ruhe lassen, falls sie kommen. Piri, du machst dein Haar auf und versteckst es unter dem Tuch. Schmiert euch Asche aus dem Herd ins Gesicht. Ihr müßt so häßlich wie möglich aussehen. Siegestrunkene Soldaten benehmen sich wie Tiere, das weiß ich noch vom letzten Krieg. Und heute kommen die Deutschen. Deshalb tut, was ich euch sage.«

»Und was ist mit dir und den Kindern?«

»Mir werden sie nichts tun, und mit Kindern können sie nichts anfangen. Plündern wollen sie und junge Frauen.«

Nach einer Weile ging das Feuer aus, aber wir blieben angezogen auf Mutters Bett sitzen. Als es kälter wurde, kletterten wir ins Bett und deckten uns mit dem Federbett zu. Das regelmäßige Atmen von Sandor und Joli machte mich ganz schläfrig und ich lehnte meinen Kopf an Mutters Schulter. Sie küßte mich auf die Stirn.

»Iboya«, sagte sie dann, »geht jetzt in die Laube und legt euch schlafen, aber erst müßt ihr euch verkleiden.«

Wir standen alle drei auf, sie zündete eine Kerze an, schützte sie mit der Hand vor dem Wind, und wir gingen über die Veranda in die Laube. Mutter ließ etwas Wachs auf den Herd tropfen und stellte die Kerze drauf. »Sobald ihr fertig seid, blast ihr die Kerze aus. Beeilt euch und legt euch hin, deckt euch gut zu. Macht auf keinen Fall irgendein Geräusch. Ihr müßt unter allen Umständen still bleiben, ganz egal, was ihr hört.«

Ich versuchte sie festzuhalten, aber Mutter ließ sich nicht aufhalten. Sie schloß die Tür ab und verschwand. Iboya hielt sich an Mutters Anweisungen und beeilte sich. Sie knüpfte mein Haar auf, half mir, eines der alten Kleider anzuziehen, und schmierte mir Asche ins Gesicht.

»Binde dir das Tuch so um den Kopf, daß kein Haar rausguckt«, sagte sie. Dann half ich ihr, sich genauso zurechtzumachen. Wir bliesen die Kerze aus und schlüpften vor Kälte und Angst zitternd unter die Decken, die Mutter aufs Bett gelegt hatte. Iboya drehte sich zur Holzwand, und ich kuschelte mich so dicht wie möglich an sie heran. Ich lauschte angestrengt in die Nacht. Geräusche von Stimmen und Stiefeltritten mischten sich mit Iboyas Atem und dem Rauschen des Windes. Dann hörte ich plötzlich ein Scharren und Nagen.

»Was ist das?« flüsterte ich Iboya zu.

»Mäuse, glaube ich«, antwortete Iboya. Ich erstarrte und rutschte noch dichter an Iboya heran. Die Mäuse knabberten heftig an dem, was immer sie zum Fressen gefunden haben mochten. Ich schloß die Augen und hielt die Luft an, solange ich konnte.

Das nächste, das ich wahrnahm, war Licht und das Geräusch des Schlüssels im Schloß. Mutter kam herein. Sie trug alte Sachen, hatte das Gesicht verschmiert und ein Tuch auf dem Kopf, das ihre Haare verbarg. Einen Moment lang vergaß ich, wo ich war, und war ganz erschrocken bei Mutters Anblick. Dann sah ich Iboya neben mir, die genauso aussah wie Mutter, und mir fiel wieder ein, was in der vergangenen Nacht passiert war.

»Ihr könnt jetzt rauskommen«, sagte Mutter, »die Lage hat sich beruhigt.«

»Waren sie da?«

»Ja, sie waren hier«, antwortete Mutter.

»Ich habe sie gehört«, sagte Iboya.

»Sie sind nicht in unser Haus gekommen, aber sie waren hier in der Straße.«

Sandor und Joli lachten, als Iboya und ich in die Küche kamen. »Ihr beide seht komisch aus!« sagte Sandor. Joli hörte auf zu kichern, und in ihren hellblauen Augen spiegelte sich Furcht. Sie schlug die Arme um ihren schmalen Körper und zitterte. »Ihr sollt nicht so aussehen!«

Mutter gab uns eine Schüssel mit Wasser. »Ihr könnt eure Gesichter jetzt waschen, während des Tages dürfte es keine Schwierigkeiten geben. Ob mit oder ohne gelben Stern – das Haus dürft ihr auf keinen Fall verlassen. Nicht bevor wir wissen, was los ist.«

Gegen zehn hatte sich Mutter wieder als Bäuerin verkleidet, sie trug dieselben Sachen wie damals auf ihrer Fahrt nach Polen. Sie gab uns Anweisungen, wie wir uns zu verhalten hatten: »Verriegelt das Tor, schließt die Haustür ab und laßt auf keinen Fall die Kinder raus. Ich muß los und die Matze holen, die ich bestellt habe. Vielleicht kann ich auch sonst noch irgendwas auf dem Markt auftreiben, wenn ich schon mal da bin. Dann komme ich gleich zurück. Morgen ist der erste Seder.«

»Ist es nicht besser, wenn ich mit dir mitgehe?« fragte Iboya.

»Nein, du mußt mit Piri und den Kindern im Haus bleiben.«

Als Mutter weg war, erzählte mir Iboya, sie hätte gestern im Fischladen gehört, daß die Deutschen Budapest besetzt hätten.

»Was wird mit Etu?« fragte ich, als wir das Frühstücksgeschirr wegräumten. »Warum hat Frau Gerber Mutter geraten, sie dort zu lassen, weil sie dort sicherer wäre?«

Iboya sah mich an und wollte wohl etwas sagen. Doch

dann überlegte sie es sich anders und spülte schweigend ab.

Beim Abtrocknen erinnerte ich mich, wie ich wegen des Krieges an der ungarisch-ukrainischen Grenze in Komjaty bleiben mußte. Ich sah uns wieder in der Küche sitzen, Babi, Rozsi und mich, und dem Gewehrfeuer in der Ferne lauschen. Ich hatte solche Angst, daß ich weglaufen und mich verstecken wollte. Aber Babi saß ganz ruhig in ihrem Sessel und las in ihrem Gebetbuch. Bei jedem Knall sah ich sie an, aber sie zuckte nicht einmal mit den Wimpern, sondern las weiter. Ich wußte noch, wie ich damals am nächsten Tag, nachdem ich die Leichen im Fluß gesehen hatte, voller Angst zu Babi gelaufen war und wie sie mich sanft und gütig getröstet hatte. Als Großvater gestorben war, war sie aus dem Schlafzimmer gekommen und hatte leise gesagt: »Gott hat ihn zu sich genommen.«

»Warum hat er meinen Großvater weggenommen?« hatte ich gefragt.

»Weil wir alle sein sind«, war ihre Antwort. »Wir sind nur hier, um sein Werk zu tun, und wenn wir das beendet haben, holt er uns wieder zu sich.«

Damals hatte ich gedacht, daß Gott ganz schön egoistisch sein mußte, aber ich begann langsam zu verstehen, daß Babis Stärke von innen heraus kam, von ihrem Glauben.

Ich versuchte, ihr zu vertrauen und die Dinge so zu sehen wie sie, aber es gelang mir nicht, ihn überall zu spüren, besonders jetzt nicht.

17.

Iboyas besorgte Stimme unterbrach meine Erinnerungen. »Mutter ist jetzt schon zwei Stunden lang weg, hätte sie mich doch bloß mitgehen lassen.«

»Was meinst du, was aus uns wird, wenn die Deutschen die Macht haben? Werden wir auch Flüchtlinge?« fragte ich.

»Wir können nirgendwohin fliehen. Ungarn war das letzte Land, das auf die deutschen Forderungen in bezug auf die Juden noch nicht eingegangen war.«

Mutter kam erst um halb zwei nach Hause und brachte ein verschnürtes Paket mit. Sie war blaß, ihre Augen trübe und dunkel. »Kinder«, sagte sie, »die Deutschen haben sich im Hof unsere Synagoge niedergelassen, sie haben dort ihr Hauptquartier eingerichtet. Ich habe mit deutschen Offizieren gesprochen.« Sie stellte das Paket mit der Matze auf den Boden und setzte sich auf einen Stuhl. Sie sah uns nicht an, als sie weitersprach, sondern starrte in die Luft. »Als ich durchs Hoftor kam, fragten sie, ob jemand Deutsch könne. Ich hätte ja so tun können, als verstünde ich nichts, und ich weiß auch nicht, was in mich gefahren ist, aber plötzlich sagte ich: ›Ich spreche Deutsch.‹ Könnt ihr euch vorstellen, daß ich ihnen meine Hilfe angeboten habe? Ein Offizier winkte mich heran und bat mich, ihm das Büro des Judenrats zu zeigen. Ich begann den Weg zu erklären, da sagte er: ›Steigen Sie ein und zeigen Sie's uns.‹ Ich hatte keine Wahl. Ich sollte vorne neben dem Fahrer sitzen, er stieg hinten ein. So fuhr ich also mit zwei Deutschen im Auto durch Beregszász. Der Offizier, der hinten saß, wollte dauernd wissen, was das war, wo wir entlangfuhren.«

»Konntest du alles auf deutsch beantworten?« fragte ich.

»Nicht besonders gut, aber er schien mich zu verstehen. Ich mußte mit ins Büro kommen, falls er mich zum Übersetzen brauchte. Die Männer haben mich vielleicht angeguckt, als ich da rein kam. Ich war mir nicht sicher, ob sie mich erkannten. Herr Hirsch begrüßte uns, als wären wir langerwartete Ehrengäste, und holte Stühle herbei. Als ich hörte, wie gut Herr Hirsch Deutsch sprach, wußte ich, daß sie mich nicht brauchen würden. Aber da ich nun schon mal da war, setzte ich mich hin und hörte zu.«

»Und, was hast du gehört?«

»Zuerst redeten sie darüber, wo sie überall Quartier beziehen könnten. Dann sagte der Offizier, daß sie die alten Männer, die in der Synagoge beteten, dort eingesperrt hätten und gegen ein angemessenes Lösegeld wieder freilassen würden. Herr Hirsch schien überhaupt nicht überrascht zu sein. Gott allein weiß, wer da alles drin ist und wie lange sie eingesperrt bleiben! Jedenfalls saßen sie da im Büro und diskutierten darüber, als wickelten sie ein ganz normales Geschäft ab. Dann sprachen sie darüber, die Stadt in Bezirke aufzuteilen. Sie betrachteten den Stadtplan und nahmen sich eine Liste mit Namen vor, die ihnen Herr Hirsch gegeben hatte. Der Offizier machte für jeden Namen einen roten Punkt auf dem Stadtplan. Was er damit bezweckte, konnte ich nicht herauskriegen. Dann sprang ich auf und sagte: ›Ich muß nach Hause, zu meinen Kindern.‹

Der Offizier, dessen Name inzwischen schon häufig erwähnt worden war – von Heckendorff –, sprang auch auf, schüttelte meine Hand und sagte: ›Vielen Dank, Frau . . .‹ und wartete darauf, daß ich ihm meinen Namen nannte. ›Da-vid-o-witsch‹, sagte ich und benutzte die russische Aussprache. Ein Glück daß wir nicht Kohn oder so ähnlich heißen, sonst hätte ich mir ganz schnell einen anderen Namen einfallen lassen müssen. Ich guckte weder Herrn Hirsch noch einen der anderen Männer an, sondern machte, daß ich da raus kam. Ich rannte den ganzen Weg zum Tempel, ging über den Markt und huschte in die Bude, wo sie die Matze verkaufen. Herr Heller konnte es gar nicht fassen, daß ich die Matze abholen wollte.

›Das ist ein tödliches Erkennungszeichen‹, sagte er. ›Wenn sie Sie damit erwischen, dann wissen sie gleich Bescheid, und Ihre Kleider nützen Ihnen gar nichts.‹

Die ganze Wand hoch waren die Pakete mit Matze gestapelt und warteten darauf, abgeholt zu werden. Sie waren mit dem Backen und Abpacken der Matze gerade noch fertig geworden, bevor die Deutschen da waren. Ich legte meine dreißig Pengö hin, nahm die Matze und ging wieder raus auf den Markt. Am nächsten Stand wartete ich ein paar Minuten, und als ich sah, daß niemand in der Nähe war, rannte ich los. Ein Glück, daß die Deutschen nach dem Durcheinander der letzten Nacht noch so desorganisiert sind, daß sie den Matzestand noch nicht entdeckt haben. Aber ich sah einige Soldaten über den Markt schlendern, die sich an den Ständen nach Herzenslust bedienten, so daß ich annehme, sie werden den Stand bald entdecken.«

Einige Zeit später kamen zwei Jeschiwa*-Schüler vorbei, die für das Lösegeld sammelten, mit dem die alten Männer in der Synagoge freigekauft werden sollten. Mutter holte ihr Portemonnaie.

»Wie hoch ist das Lösegeld?« fragte sie.

»Zwanzigtausend Pengö«, antwortete einer der Schüler. Mutter kippte den Inhalt ihres Portemonnaies auf

* *Jeschiwa* – »Sitz«; Hochschule, die der Gelehrten- und Rabbinerausbildung dient.

den Tisch. Sie glättete ein paar Scheine und sammelte die Münzen zusammen. »Zwanzigtausend Pengö! Ich fürchte, da werden meine siebzehn Pengö und das bißchen Kleingeld den Kohl auch nicht fett machen.«

»Wir sammeln auch Schmuck und andere Wertsachen«, sagte der andere Schüler.

»Das habe ich schon weggegeben«, antwortete Mutter.

Die Schüler bedankten sich und gingen weiter.

Gegen Abend kam Herr Hirsch vom Judenrat. Ich ließ ihn herein. Mutter sprang auf, als er in die Küche trat.

»Was machen Sie denn hier? Es ist doch längst Sperrstunde?«

»Ich habe eine Sondererlaubnis«, sagte er und deutete auf die weiße Binde an seinem Arm. »Wir haben die zwanzigtausend Pengö noch immer nicht zusammen, und deshalb gehen wir noch mal selbst los und hoffen, daß die Leute uns mehr geben als den Jeschiwa-Schülern.«

»Die sind gar nicht dumm, die Deutschen! Wie sie uns dazu kriegen, ihre Befehle auszuführen – alle Achtung!« war Mutters bitterer Kommentar. »Ihr gebt ihnen die Namen der wichtigsten Leute in der Stadt – so arbeitet ein Jude gegen den anderen.«

»Was können wir denn machen?« protestierte Herr Hirsch. »Wir hoffen, daß uns unsere Ernennung ein bißchen Spielraum für Verhandlungen geben wird, um den Sturm etwas abzubremsen, sozusagen. Und Sie? Was haben Sie sich denn dabei gedacht, sich als Bäuerin zu verkleiden? Wir waren uns nicht ganz sicher, ob Sie das wirklich waren, bis Sie Ihren Namen sagten. Das war ja vielleicht riskant! Warum haben Sie das getan?«

»Ich habe Kinder. Und die brauchen was zu essen«, sagte Mutter und begleitete Herrn Hirsch ins Wohnzimmer. Sie blieben eine ganze Weile dort und sprachen miteinander. Dann kam Mutter in die Küche zurück –

ohne ihre Perlenohrringe. Die Ohrringe gehörten so selbstverständlich zu ihr, daß sie jetzt, ohne sie, beinahe nackt aussah.

»Du hast ihm deine Ohrringe gegeben, Mutter?« Iboya hatte genau wie ich sofort gemerkt, daß sie fehlten.

»Das war das letzte, was ich geben konnte«, sagte Mutter zu uns, als sie Herrn Hirsch zum Tor brachte.

Am Tag des Pessachfestes beschloß Mutter, mich zu den Gerbers zu schicken, um zu sehen, wie es ihnen ging.

Ich hatte Angst. »Ganz alleine?« fragte ich.

»Es ist hellichter Tag. Die Ausgangssperre beginnt erst in drei Stunden, und es ist insgesamt viel ruhiger geworden«, sagte Mutter. »Du bist immer noch ein Kind, sie werden dich nicht anhalten, aber wir werden dich auf alle Fälle verkleiden.« Sie setzte mich hin und machte meine Zöpfe auf. Statt des üblichen Seitenscheitels teilte sie mein Haar in der Mitte und flocht es erneut. Dann nahm sie das schwarze Bauerntuch und band es mir so um, daß es einen Teil meines Kopfes bedeckte. Sie schlug das Tuch kreuzweise unter meinen Armen und knotete die Enden auf meinem Rücken zusammen. Sie warf einen prüfenden Blick auf mich und entschied dann: »Zieh deine Schuhe aus und geh barfuß. Es ist nicht kalt. Wenn du erst mal läufst, wird es schon gehen. Wenn dir kalt ist, hüpf ein bißchen, das wird dich aufwärmen.« Um mir zu zeigen, was sie meinte, hüpfte sie durch die Küche. Sie rief Iboya herein, die auf Lillis Stuhl im Garten saß und Sandor und Joli beim Spielen zuschaute.

»Was meinst du?« fragte Mutter, als Iboya in die Küche kam. »Ich schicke Piri zu den Gerbers. Die wagen bestimmt nicht, ihr Haus zu verlassen.«

»Ihre Füße sind zu sauber. Aber sonst sieht sie wirklich wie ein Bauernmädchen aus.«

»Gut. Ich würde ihnen gerne etwas Matze schicken, aber ich wage nicht, Piri die Matze mitzugeben.«

»Sie feiern Pessach sowieso nicht«, sagte ich. Aber um wenigstens ein kleines Geschenk zu machen, pulte Mutter die weißen Sprossen von vier kleinen, verschrumpelten Kartoffeln ab, goß ein wenig Sonnenblumenöl in eine Flasche und schlug alles in ein kleines Bündel. »Sie können Puffer draus machen. Ich wünschte, ich hätte noch ein Ei. Erzähl ihnen nicht, daß ich die Matze geholt habe. Sag, uns geht's gut, und wenn es etwas ruhiger wird, besuchen wir uns wieder. Geh nicht die Hauptstraße entlang und nicht an der Synagoge vorbei. Nimm den weiteren Weg. Und komm sofort zurück. Mach deine Füße im Hof noch ein bißchen schmutzig. Ich komme gleich nach und schau dich noch mal an.«

Als Mutter mich schließlich durchs Tor schob, war ich immer noch ängstlich, aber auch gleichzeitig neugierig, wie Beregszàsz sich verändert haben mochte. Die Sonne war warm, und die Kastanienbäume rechts und links von der Straße waren voller dicker Knospen, die jeden Moment aufbrechen und ihre glänzenden Blätter entrollen konnten. Der gepflasterte Bürgersteig unter meinen Füßen fühlte sich hart und rauh an. In Komjaty war ich oft barfuß gelaufen, aber dieses Gefühl war anders. Jetzt war ich ein Bauernkind in der Stadt. Ich überlegte, ob Molcha sich fremd fühlen würde, wenn sie hier an meiner Stelle durch die Stadt gehen würde, ob sie die bunten, gemauerten, mit Stuck verzierten Häuser bestaunen und in die modernen Schaufenster gucken würde. Zwei deutsche Soldaten mit Gewehren über der Schulter kamen mir entgegen. Ich wußte, daß ich auf keinen Fall ängstlich aussehen durfte. Ich behielt dasselbe Tempo bei, und sie gingen ohne weiteres an mir vorbei.

Als ich in die Nähe von Dr. Fehers Haus kam, hörte ich

laute Stimmen. Dann sah ich, daß ganz viele Leute im Hof waren. Ich ging auch hinein und erfuhr bald den Grund für die Ansammlung von Menschen. Dr. Feher war tot. In der letzten Nacht waren deutsche Soldaten in sein Haus eingedrungen und hatten die Frauen geschändet, seine Frau und seine Tochter. Er konnte es nicht ertragen, länger am Leben zu bleiben, und erschoß sich mit seinem Jagdgewehr.

Ich war viel zu durcheinander, um mehr zu begreifen, als daß Dr. Feher sich umgebracht hatte, und machte mich wieder auf den Weg zu Gerbers. Wo waren nur die ganzen Leute auf Dr. Fehers Hof hergekommen? Auf den früher so belebten Straßen waren jetzt kaum Leute. Dabei war Pessach, der erste Seder. An diesem Tag waren sonst die Straßen voller Leute, die geschäftig hin- und herliefen, um letzte Besorgungen zu erledigen. Und ich brachte den Gerbers vier kleine verschrumpelte Kartoffeln für ihr Pessachmahl! Auch ihr Leben mußte sich in der letzten Zeit erheblich verändert haben, nach dem, was Judi mir über die vielen Parties erzählt hatte, die sie in Budapest gegeben hatten.

Als ich an das Tor der Gerbers klopfte, machte Judi auf. Sie blieb zögernd an der Tür stehen und behielt den Riegel in der Hand.

»Wer ist es?« rief Frau Gerber mit ängstlicher Stimme aus dem Innern des Hauses.

»Komm selber gucken«, antwortete Judi. »Ich hätte dich beinahe nicht erkannt«, sagte sie zu mir. »Deine Verkleidung ist phantastisch.«

Frau Gerber kam an die Tür und starrte mich fasziniert an. »Komm rein, wir sollten nicht hier stehen bleiben«, sagte sie und ging zur Küche. Als wir alle drinnen waren, bestaunte sie mich noch einmal. »Hat deine Mutter dich so verkleidet?« fragte sie.

»Ja, sie hat sich Sorgen um Sie gemacht und läßt Ihnen ein paar Sachen für Puffer schicken.«

»Deine Mutter ist wirklich unglaublich. Sie hätte es bestimmt auch geschafft, eine großartige Schauspielerin zu werden!« Frau Gerber nahm mir das Päckchen ab. »Trotzdem ist es ziemlich riskant, dich hierher zu schicken. Hast du auf dem Weg irgendwas Besonderes gesehen?«

»Ja, mir sind zwei deutsche Soldaten mit Gewehren über der Schulter begegnet. Ich muß jetzt aber nach Hause.«

Von Dr. Feher wollte ich lieber nichts erzählen.

»Kann ich sie ein Stück begleiten?« bat Judi und langte nach ihrem Mantel, auf dem ein leuchtend gelber Stern prangte.

»Nein, das ist zu gefährlich, wenn deutsche Soldaten auf der Straße rumlaufen.«

Judi zog trotzdem ihren Mantel an. Frau Gerber packte sie am Arm. »Du gehst keinen Schritt weiter als bis zum Gartentor.«

»Ich möchte mal kurz mit Piri sprechen«, sagte Judi leise. Frau Gerber zögerte einen Moment, dann zog sie ebenfalls ihren Mantel an und ließ uns hinaus. Pali kam hinterher.

»Ich wollte alleine mit ihr reden«, maulte Judi. Sie zog mich zum offenen Tor.

»Bleibt im Garten. Und macht das Tor zu«, befahl Frau Gerber. Sie nahm Pali an die Hand und drehte sich um. Beide gingen ins Haus zurück.

Judi wartete, bis ihre Mutter weg war, und fragte mich dann: »Wie ist es da draußen?«

»Es ist kaum jemand auf der Straße. Aber ich bin bei Dr. Feher vorbeigekommen. Er ist tot. Ich weiß nicht, ob wir das unseren Müttern erzählen sollen. Er hat sich erschossen. Weißt du, was ›geschändet‹ ist?«

Ich war erstaunt, daß Judi mir nicht antwortete. Sie sah verwirrt aus.

»Die Leute im Hof haben gesagt, daß er sich erschossen hat, weil deutsche Soldaten seine Frau und seine Tochter geschändet hatten«, erklärte ich.

»Vergewaltigt«, sagte sie, »Erwachsene sagen schänden, damit wir es nicht verstehen. Was sie meinen, ist vergewaltigt.«

Es dauerte eine Weile, bis ich begriff. »Sind die Soldaten auch durch eure Straße gekommen?« fragte ich.

»Nein, wir wohnen glücklicherweise ein Stück weg vom Zentrum. Aber wir haben von unseren Nachbarn gehört, daß die Krankenhäuser voller Opfer sind.«

»In unserem Haus waren sie nicht, aber in unserer Straße. Mutter hatte Angst, sie würden ...« Ich wollte Judi lieber doch nicht erzählen, daß wir in der Laube geschlafen hatten. »Ich muß jetzt wirklich gehen«, sagte ich.

Frau Gerber kam aus dem Haus gerannt. »Hier, nimm das für deine Mutter mit«, sagte sie. »Ihr werdet bestimmt alle Festtagszeremonien einhalten, auch wenn um euch herum alles zusammenbricht. Dies wird euren Tisch schmücken. Und sei bloß vorsichtig.«

Sie gab mir ein kleines Päckchen.

»Mutter sagte, daß wir uns wieder treffen werden, sobald sich die Lage ein bißchen beruhigt hat«, sagte ich, als ich durchs Tor ging.

Als ich an der Schule vorbeikam, strömte plötzlich ein Trupp deutscher Soldaten auf die Straße. Ich wußte nicht, was ich tun sollte. Wenn ich auf die andere Straßenseite ging, konnten sie mißtrauisch werden. Umdrehen und weglaufen schien mir auch nicht besonders schlau zu sein. Dann erinnerte ich mich daran, wie Mutter durch die Küche gehüpft war. Ich hielt das

Päckchen fest, fing an zu hüpfen und hoffte, daß sie mir genausowenig Aufmerksamkeit schenken würden wie die beiden anderen deutschen Soldaten, denen ich begegnet war. Linkes Bein, rechtes Bein. Der ganze Schulhof war voller Soldaten. Einige von denen, die auf der Straße waren, drehten sich nach mir um.

»Hüpf, hüpf!« sagte einer von ihnen und klatschte im Rhythmus meiner Bewegung in die Hände. Ich hüpfte an Frau Silbermanns Tor vorbei, und sobald ich sicher war, daß die Deutschen mich nicht länger sehen konnten, rannte ich los.

Zu Hause mußte ich ans Tor klopfen, um eingelassen zu werden. Mutter öffnete mir, ihre Augen waren ganz dunkel vor Angst, und ich beschloß, ihr nichts von Dr. Feher zu erzählen.

»Das schickt dir Frau Gerber«, sagte ich hastig und gab ihr das Päckchen.

Sie nahm es und verriegelte das Tor. Als sie drinnen war, machte sie das Päckchen auf und fand darin die mit grünem und goldenem Band umwickelten Kerzen vom Kaminsims der Gerbers. »Jetzt wird ihr Haus leer sein«, meinte Mutter und schüttelte ihren Kopf. Aber sie freute sich, das war deutlich zu merken.

Unser Pessachmahl fand hinter verschlossenen Türen und heruntergelassenen Jalousien statt. Es gab Gemüsesuppe, Kartoffelpuffer und einen Lekvárpudding aus zerkrümelter Matze. Keine Gebetbücher, kein traditionelles Sedergericht, kein Wein. Mutter hatte eine weiße Decke auf den Tisch gelegt und in die Mitte unsere Messingkerzenhalter mit den grün-goldenen Kerzen von Frau Gerber gestellt.

Mutter zündete die Kerzen an. Wir vier Kinder, Iboya und ich, Sandor und Joli, setzten uns an den Tisch, dann setzte sich Mutter auf Vaters Platz und reichte jedem von uns eine Scheibe Matze. »Ihr Kinder wißt, daß heute die erste Nacht des Seder ist«, sagte sie. »Seit dem letzten Pessachfest ist viel geschehen, aber wir sollten dankbar sein, daß wir fünf heute abend beieinander sein können. Normalerweise wird an Pessach gesagt: ›Nächstes Jahr in Jerusalem.‹ Aber diesmal möchte ich statt dessen wünschen, daß wir im nächsten Jahr so wie immer mit der ganzen Familie in Komjaty sein mögen.«

Iboya sagte: »Amen.« Wir anderen sagten es ihr nach. Mutter stand auf und teilte die Suppe aus.

18.

Früh am nächsten Morgen klopfte Herr Hirsch an unsere Tür. Mutter ging in den Garten, um mit ihm zu sprechen. Iboya und ich konnten von der Veranda aus sehen, wie Mutter die Hände vors Gesicht schlug und in Tränen ausbrach. Herr Hirsch legte kurz seine Hand auf ihren Arm, dann ging er.

»Ich kann es nicht fassen«, sagte Mutter langsam. »Dr. Feher hat sich erschossen. Sie haben sich gerade von den Deutschen die Genehmigung geholt, ihn begraben zu dürfen. Aber es wird keine richtige Beerdigungsfeier geben, denn wir dürfen nicht in die Synagoge, und den Rabbi wollen sie auch nicht hinauslassen. Aber wir müssen ihn begraben, in einer Stunde muß ich auf dem Friedhof sein.«

Als Mutter wieder aus dem Schlafzimmer kam, hatte sie eines ihrer guten Kleider angezogen, das sie schon jahrelang nicht mehr getragen hatte. Es war aus schwarzer Seide und hatte eine passende Jacke. In der Hand hielt Mutter den Hut, den sie immer zu dem Kleid aufsetzte. Ich ging mit ihr ins Wohnzimmer. Blaß, aber aufrecht stand sie vor dem Spiegel und rückte den Hut zurecht. »Ich habe den letzten Freund verloren, der mir hätte helfen können«, sagte sie in den Spiegel. Ich sah, daß sie auf ihrer Jacke einen gelben Stern trug.

»So willst du rausgehen?« fragte ich überrascht. »Ist das nicht gefährlich? Ich habe gedacht, du würdest dich wieder verkleiden.«

»Herr Hirsch meint, daß es geht. Die Deutschen sind im Augenblick damit beschäftigt, sich um die Organisation der Regierung zu kümmern, und die Soldaten sind schon reichlich auf ihre Kosten gekommen.« Sie hielt inne und seufzte. Dann fuhr sie fort: »Und außerdem können sie sich jetzt mit den alten Männern in der Synagoge amüsieren. Deshalb denke ich, daß es im Augenblick keine Schwierigkeiten geben wird. Im Moment jedenfalls können wir auf die Straße, solange wir die Ausgangssperre beachten.«

Dann ging sie los. Als ich hinter ihr hersah, wie sie in ihrem schicken Seidenkleid und den guten Schuhen das Tor öffnete und die Straße betrat, kamen mir plötzlich die Tränen, ohne daß ich wußte warum.

Zwei Stunden später kam Mutter zurück, sie brachte die Gerbers mit. Sie schienen sich verändert zu haben, sogar Judi wirkte bedrückt.

Frau Gerber und Mutter setzten sich an den Küchentisch, und Frau Gerber berichtete Mutter von einem Brief, den ihr ein Freund aus Budapest geschrieben hatte. »Hitlers Beauftragter Adolf Eichmann ist höchstpersönlich mit seinen SS-Offizieren hierher gekommen, um die neuen antijüdischen Gesetze durchzusetzen. Er hat alle jüdischen Gemeinderatsmitglieder zusammengeholt, um sie dazu zu bringen, ihm bei der Ausführung der neuen Gesetze behilflich zu sein. Außerdem wird allen Juden jegliche Berufstätigkeit untersagt. Dasselbe geschieht hier bei uns. Das könnte auch ein Grund für Dr. Fehers Selbstmord gewesen sein.«

»Nein«, unterbrach ich, »ich habe gehört, wie jemand gesagt hat, er habe sich erschossen, weil seine Frau und seine Tochter . . .«

». . .vergewaltigt wurden«, fiel mir Judi ins Wort.

Frau Gerber senkte hilflos ihren Kopf. »Was wird aus den armen Männern in der Synagoge werden? Wenn wir bis sieben Uhr nicht die zwanzigtausend Pengö zusammen haben, werden sie sie erschießen. Uns fehlen immer noch achttausend, und die Deutschen haben gesagt, sie würden die Frist nicht verlängern.«

»Ich habe gehört, daß auch viele Nichtjuden etwas gegeben haben«, sagte Mutter.

»Aber ich bin sicher, daß Herr Kovacs nicht dazu gehört. Weiß er eigentlich, daß ihr kaum noch Geld habt?«

»Ich gehe nicht mehr zu ihm«, sagte Mutter. Sie machte eine kleine Pause, bevor sie weitersprach. »Herr Hirsch sagte, sie hätten den alten Männern etwas zu essen bringen dürfen. Einige sind schon krank vor Angst und Erschöpfung. Dr. Feher hätte helfen können. Irgendwie hatte er kein Recht, sich das Leben zu nehmen, finde ich. Solange wir noch hier sind, hätte er uns helfen können.«

»Weiß Herr Hirsch, was sie mit uns vorhaben?«

»Er sagte, nächste Woche weiß er mehr.« Mutter sah Judi und mich an. »Könnt ihr beiden nicht mal den Tisch auf der Veranda decken?« sagte sie.

»Komm«, meinte Judi, »die wollen uns loswerden.«

Später am Nachmittag, als schon Sperrstunde war, kam Herr Hirsch noch einmal, er schien sehr beunruhigt zu sein. Er sagte Mutter, daß die Deutschen kurz davor wären, die Männer in der Synagoge an die Wand zu stellen und zu erschießen. »Sie denken, wir wollen sie hinhalten«, sagte er. »Sie wollen einfach nicht begreifen, daß wir kein Geld haben.«

»Wo sollten wir denn Geld herhaben?« fragte Mutter. »Sie haben uns aller Einkunftsmöglichkeiten beraubt und uns überhaupt nichts mehr übriggelassen.«

»Als letzter Ausweg ist uns eine Versteigerung eingefallen. Sie können sich gar nicht vorstellen, was für fünf Pengö alles gekauft werden kann. Es ist widerlich, aber was sollen wir machen? Die Familien der Eingesperrten flehen uns an, ihre Väter und Großväter zu retten. Und wenn wir jetzt nichts machen, wer wird dann der nächste sein?«

Mutter ging durch die Küche und sammelte zusammen, was ihr noch an Wertvollem geblieben war. Die Kerzenhalter und ihr Mörser, der auf dem Küchenregal stand, waren aus reinem Messing. Beides gab sie Herrn Hirsch.

»Kann ich mitkommen und helfen?« fragte Iboya.

»Im Moment reichen unsere Söhne dafür. Ihr werdet später noch genug Gelegenheit bekommen zu helfen«, antwortete er. Er dankte Mutter für die Sachen, die sie ihm gegeben hatte, und versprach, uns das Ergebnis der Versteigerung mitzuteilen. Dann ging er.

An dem Abend erfuhren wir nichts Neues mehr. Ich lag im Bett und lauschte voller Anspannung auf Gewehrschüsse, aber ich hatte furchtbare Angst, sie wirklich zu hören. Doch ich vernahm nur die Schlafgeräusche der anderen, und so schlief ich schließlich auch ein.

Am nächsten Morgen kam Herr Schwartz auf dem Weg zum Fischgeschäft bei uns vorbei und erzählte, daß die Männer abends um zehn Uhr freigelassen worden wären.

Am selben Tag kam Herr Hirsch und berichtete Mutter

von den bevorstehenden Deportationen, die Eichmann angeordnet hatte. Er hatte Ungarn in sechs Zonen eingeteilt, und als erstes sollte unsere Gegend mit den umliegenden Dörfern evakuiert werden. Sofort dachte ich an Babi und Rozsi und hörte nicht, was er sonst noch sagte. Nachdem er gegangen war, erledigten wir unsere häuslichen Arbeiten und aßen unser mageres Abendbrot. Wenn eine von uns auch nur ein Wort gesagt hätte, hätten wir alle angefangen zu weinen. Wir brauchten auch nicht zu sprechen, uns reichte, daß wir so nah beieinander waren.

Am nächsten Morgen wurden wir sehr früh durch merkwürdige Geräusche von der Straße geweckt. Wir stellten uns im Nachthemd auf die Veranda und sahen, daß unsere ganze Straße voll war mit langsam dahinziehenden Wagen und zu Fuß gehenden Vertriebenen, überwiegend Frauen. Wir gingen schnell wieder hinein und zogen uns und die Kinder an. Mutter sagte Sandor, er solle mit Joli im Haus bleiben, und sie, Iboya und ich gingen zum Tor. Langsam rumpelten die Wagen und Karren, meist von Ochsen gezogen, an uns vorbei. Gelegentlich tauchte ein alter Klepper vor einem Wagen auf. Oben auf den Wagen, die randvoll bepackt waren, saßen die kleinen Kinder, die Kranken und die Alten. Ungarische Polizisten und deutsche Soldaten geleiteten die Vertriebenen mit aufgepflanzten Bayonetten. Fünfzehn Minuten lang schauten wir fassungslos auf diesen endlosen Zug, bis Mutter sich schließlich an einen der ungarischen Polizisten wandte und sehr höflich fragte, wo alle diese Leute herkämen und wo sie hingebracht würden.

»Es sind alles Juden aus den Dörfern um Beregszász«, sagte er verächtlich. »Sie kommen alle in die Ziegelei, das neue Ghetto.«

»Was ist ein Ghetto?« fragte ich Mutter, sobald der Polizist wieder in seiner Reihe verschwunden war.

Sie beantwortete mir meine Frage mit fester Stimme: »Das ist ein Ort für Leute, die vom Rest der Gesellschaft abgesondert wurden.«

Ich wandte mich wieder zur Straße. Einige von den Frauen, die hinter den Wagen liefen, weinten. Eine von ihnen sah uns an und bat: »Bitte, liebe Frauen, gebt mir etwas Wasser für meinen Sohn, er hat Fieber.« Eine andere brauchte eine Windel für ihr Baby. Eine dritte wollte Brot für ihren Vater. »Liebe Frauen ...« Die Bitten nahmen kein Ende. Ich konnte den Leuten nicht ins Gesicht sehen. Es war ein schreckliches Bild. Ihre Körper bewegten sich, ihre Münder formulierten Worte, aber ihre Augen waren leer und hoffnungslos.

Mutter sagte, ich solle Wasser aus dem Brunnen holen und an alle verteilen, die ich erreichen konnte. Sie ging mit Iboya ins Haus, und nach einer Weile kam Iboya zurück und verteilte Windeln, die aus Laken gerissen waren. Ich schleppte Eimer voll Wasser herbei und reichte es den Alten und den Kranken. Ich versuchte, möglichst nur zu den Wagen zu gehen, die von ungarischen Polizisten begleitet waren, aber auch die deutschen Soldaten ließen mich gewähren; sie machten höchstens eine unwillige Bemerkung. Die Leute reichten mir alle möglichen Gefäße, in die ich das Wasser aus dem Eimer füllen sollte. »Liebes Fräulein, schöne junge Dame, Gott segne dich, Gott vergelt's«, hörte ich andauernd, während ich fortfuhr, unseren Brunnen leerzuschöpfen. Ich machte nur ganz kurze Pausen, bis Mutter uns in der Dämmerung schließlich ins Haus rief. Aber der Zug vor unserer Tür ging weiter, sogar, als wir schon schliefen.

Am dritten Tag war der Wasserspiegel unseres Brunnens schon mächtig gesunken. Um meine Hände, die vom

Drehen und Ziehen der Eisenkette schon ganz wund waren, hatte ich alte Lappen gewickelt. Mutter, die nichts mehr hatte, was sie hätte geben können, blieb mit Sandor und Joli im Haus. Ab und zu kam sie heraus, um nach mir zu sehen, und schöpfte dann auch mal einen Eimer Wasser.

Am nächsten Tag borgten sich Iboya und ihre Freunde den Wagen und das Pferd von Herrn Schwartz. Das Pferd war schon zu alt, um beschlagnahmt zu werden. Iboya und ihre Freunde fuhren mit dem Wagen von einem jüdischen Haus zum anderen und sammelten Sachen, die die Leute im Ghetto brauchen könnten. Viele von ihnen waren nämlich aus ihren Häusern getrieben worden, ohne daß sie Kleidung zum Wechseln einpacken konnten. Sie hatten kein Bettzeug, keine Decken. Es gab auch einige, die noch nicht einmal die Medikamente mitnehmen konnten, die sie regelmäßig einnehmen mußten. Gegen Abend, nachdem sie ein dutzendmal zum Ghetto gefahren war, kam Iboya nach Hause.

Als der fünfte Tag des Marsches anbrach, wollte Iboya wieder zu ihren Sammelfahrten aufbrechen.

»Iboya, wie ist es im Ghetto? Wo schlafen die Leute?« fragte ich sie.

»Wir dürfen nur bis zum Tor«, sagte sie. »Die weiße Armbinde bedeutet nur, daß ich zur Jugenddienstgruppe des Judenrats gehöre und daß ich mich nicht an die Sperrstunde halten muß. Ich habe keine Ahnung, wie es innen aussieht.«

Als Iboya fort war, schüttelte Mutter den Mehlsack aus, um das letzte Mehl zu Brot zu verbacken. »Ich kann's mir sparen, Teig fürs nächste Backen aufzuheben«, sagte sie. »Denn ich werde nicht mehr backen. Das hier ist unser letztes Mehl, und außerdem: Wer wird noch hier sein, um Brot zu backen?«

Ich hatte Mutter einmal gefragt, warum sie jeden Freitag beim Backen einen kleinen Teigkloß übrigbehielt und ihn in einer mehlbestäubten Metallbüchse bis zum nächsten Freitag aufbewahrte. Sie hatte geantwortet: »Diese Dose habe ich aus Komjaty mitgebracht, als ich damals nach Beregszász zog. Meine Mutter gab mir einen kleinen Kloß Sauerteig mit. Auch sie hatte damals den ersten Kloß dieses Teiges von ihrer Mutter bekommen. Auf diese Art ist unser Brot über Generationen immer das gleiche.«

»Gibst du mir auch einen Kloß Teig, wenn ich heirate?«

»Natürlich«, war ihre Antwort.

Dieses Versprechen fiel mir jetzt ein. Mutter kratzte jeden Krümel Teig aus ihrer hölzernen Backschüssel zusammen. Mit einem entschlossenen Ausdruck im Gesicht formte sie den ganzen Teig zu einem letzten Laib Brot. Die nächsten Abende sah ich ihr zu, wie sie an der Herdplatte saß, die mit vielen Scheiben Brot bedeckt war. Sie wartete geduldig, bis die Scheiben auf beiden Seiten braun geröstet waren. Als alle fertig waren, packte sie sie in einen Kopfkissenbezug.

»Warum röstest du das ganze Brot?« fragte ich.

»Brot schimmelt, aber geröstet hält es sich lange.«

Jeden Tag, wenn ich hinausging, um den ersten Eimer Wasser zu schöpfen, erinnerte mich Mutter: »Piri, denk dran zu fragen, ob irgend jemand aus der Nähe von Komjaty kommt. Und wenn du jemanden findest, dann komm gleich rein und hol mich.« Ich wußte, daß sie dringend auf eine Nachricht von Babi und Rozsi wartete.

An einem dieser Tage rannte ich einem Wagen hinterher, auf dem zwischen allerlei Bündeln eine alte, sehr kranke Frau lag, und gab ihr einen Becher Wasser. Ihre Hände zitterten, als sie versuchte, den Becher zu greifen.

Deshalb kletterte ich an der Seite auf den Wagen und hielt ihre Hand, so daß sie trinken konnte, ohne Wasser zu verspritzen. Ihre Hand fühlte sich warm und weich an, genauso ledrig und trocken wie die von Babi. Ich fuhr ein Stück mit dem Wagen mit und hielt ihre Hand, bis einer der Wächter mich herunterholte. Ich lief zu meinem Eimer, den ich auf dem Bürgersteig stehengelassen hatte, und fühlte mich furchtbar traurig. Zum ersten Mal, seit dieser Zug begonnen hatte, nahm ich mir einen Augenblick Zeit, um nachzudenken. Wo mochte Babi sein? überlegte ich.

Am nächsten Tag erhielt ich die Antwort in einem Brief von Molcha. Der Brief trug keinen Absender, aber ich erkannte ihre einfache, runde Schrift sofort.

Der Brief war vom 26. 4. 1944. Er hatte nur vier Tage bis hierher gebraucht. Schon im ersten Satz wurde meine Frage beantwortet: *Wir sind hier die ersten im Ghetto von Szölös. Die Stadt haben sie noch nicht geräumt. Ich gebe diesen Brief einem Lagerpolizisten. Er hat mir versprochen, ihn über den Zaun zu schmuggeln.*

Ich las schnell weiter. Deutsche Soldaten waren zusammen mit ungarischen Polizisten gekommen und hatten sie aus ihrem Haus getrieben. Sie hatten dreißig Minuten Zeit und durften jeder ein Bündel mitnehmen. Molchas Vater hatte darauf bestanden, sein Kesselflikkerwerkzeug mitzunehmen, sie ließen ihn gewähren. Als Molcha und ihre Familie zu dem Ochsenwagen vor Babis Tor kamen, hörten sie, wie zwei ungarische Soldaten darüber sprachen, daß Babi sich weigerte, ihr Haus zu verlassen.

Molcha und ihre Mutter gingen ins Haus, um zu sehen, ob sie helfen konnten. Babi saß in ihrem Sessel, das Gebetbuch in der Hand. Rozsi weinte hilflos. Molchas Mutter sagte zu Babi: »Mit deiner Dickköpfigkeit bringst du uns alle in Schwierigkeiten.« Und dann half sie Rozsi, Babi aus dem Sessel zu heben und zum Ochsenwagen zu bringen.

Im letzten Satz schrieb Molcha: *Wir werden doch für immer Freundinnen bleiben, was auch passieren mag.*

Als ich den Brief fertiggelesen hatte, gab ich ihn nur widerstrebend Mutter. Beim Lesen füllten sich ihre Augen mit Tränen. »Jetzt hat meine Mutter doch ihr Land verlassen müssen«, sagte sie mit heiserer Stimme. »Und dafür hat sie nun gelebt! Und sie hat sich immer an die Gesetze des Herrn gehalten! Wo ist deine Gerechtigkeit, Gott? Meine arme Rozsi ...«

Mutter setzte sich hin, holte Schreibpapier und versuchte, einen Plan für Babis Rettung zu entwerfen. Sie adressierte den Brief an unsere Verwandten in Szölös und bat mich, ihn sofort zur Post zu bringen.

Wir haben nie erfahren, was aus diesem Brief geworden ist. Aber am nächsten Tag bekamen wir einen Brief von Rozsi, den letzten, den wir je erhielten, in dem sie uns mitteilte, daß es ihnen gutging, daß Babi immer noch stark und fest im Glauben war und allen anderen half, sich ein wenig zu beruhigen. *Vielleicht schicken sie uns alle an denselben Ort in Deutschland,* schloß Rozsi und meinte, sie freue sich darauf, wieder mit uns allen zusammen zu sein.

Am Freitag, nachdem die Vertriebenen sieben Tage lang an uns vorbeigezogen waren, war plötzlich Schluß. Mein Wassereimer wurde nicht mehr gebraucht, und ich konnte wieder die Straße sehen. Die Ruhe machte Mutter nervös. Sie versuchte, eine Erklärung dafür zu finden. Ungeduldig wartete sie auf den Briefträger, schickte mich an die Ecke, um eine Zeitung zu kaufen, und sah immer wieder die Straße rauf und runter.

»Ich lebe nun schon zwanzig Jahre lang in dieser Straße, aber noch nie in meinem Leben habe ich sie so lange Zeit so verlassen erlebt. In den sieben Tagen des Zuges ist kein einziger Mensch zu mir gekommen, um mit mir zu reden«, sagte sie.

Als ich mit der Zeitung zurückkam, fiel mir auf, daß die Knospen der Kastanien sich geöffnet hatten und die zarten glänzenden Blätter sich in der Sonne entfalteten. Im Garten waren Sandor und Joli wieder draußen im Sandkasten in eines ihrer endlosen Phantasiespiele vertieft. Der große Walnußbaum breitete seine großen Zweige wie einen Schirm über sie.

Mutter stand da und sah ihnen zu. Sie nahm mir die Zeitung ab und setzte sich in Lillis Stuhl. Er war inzwischen zu einem festen Bestandteil des Gartens geworden. Seit Lilli weg war, hatte ihn niemand bewegt. Der laue Frühlingswind wehte den Duft der Walnußblätter zu uns herüber, vermischt mit den anderen erdigen Gerüchen der wachsenden Pflanzen. Die Frühlingsluft machte mich etwas benommen, aber Mutters plötzliche Untätigkeit verursachte mir absolutes Unbehagen.

IM GHETTO

19.

Am nächsten Tag erwachte ich mit immer noch demselben unbehaglichen Gefühl. Ich hörte, wie Mutter und Iboya miteinander stritten.

»Heute fährst du nicht mit dem Wagen los. Ich möchte, daß du bei uns zu Hause bleibst. Außerdem ist Sabbat.«

»Vorige Woche bin ich auch den ganzen Sonnabend über durch die Stadt gefahren, und du hast kein Wort gesagt«, protestierte Iboya.

»Heute sollst du zu Hause bleiben«, antwortete Mutter.

»Ich kann nicht. Ich habe den anderen versprochen, daß ich sie an der Hauptstraße treffe. Sie warten dort auf mich. Wir müssen soviel Lebensmittel, Bettzeug und Kleidung sammeln, wie wir nur können. Die Zeit wird knapp.« Mit den letzten Worten war Iboya durch die Tür verschwunden.

Später ging ich in den Garten und reichte Ica Molnar meinen Plattenspieler über den Zaun.

»Bitte heb ihn für mich auf, falls wir wegmüssen«, bat ich sie. »Du kannst ja meine Platten hören, warte, ich hole sie schnell.«

Ich drehte mich um und ließ die verblüffte Ica stehen. Wir hatten uns nur noch selten gesehen, seit ich nicht mehr in die öffentliche Schule gehen durfte. Wenn wir uns auf der Straße trafen, hatten wir uns nicht besonders viel zu sagen. Sie war immer noch Ica Molnar, aber ich schien ihr nicht mehr ebenbürtig zu sein. Ich war zur unerwünschten Person gemacht worden – als Jüdin –, und Ica hatte gelernt, sich von mir fernzuhalten. Als ich ihr jetzt meinen wertvollsten Besitz anvertraute, war sie sprachlos. In ihren blauen Augen lag Hilflosigkeit.

»Ich wollte dir nichts tun«, brachte sie heraus, als sie den schweren Plattenspieler entgegennahm. Ich wandte mich schneller ab, als es nötig gewesen wäre. Es tat mir weh, sie so bedrückt zu sehen.

Im Gemüsegarten drang plötzlich Mutters Stimme schrill an mein Ohr. »Piri, Piri, wo bist du?«

Ich rannte am Verschlag vorbei zur Veranda und sah, daß unser Vorgarten voller Polizisten und Soldaten war. Fremde männliche Stimmen erklangen, stellten Fragen, gaben Befehle. Zwischen all den feindlichen Männern stand Mutter mit Joli auf dem Arm und Sandor an der Hand. Wut stieg in mir hoch, und ich wünschte, ich wäre stark genug, um meine Mutter und meine beiden kleinen Geschwister beschützen zu können.

Einer der Männer las die Namen vor, die ein Beamter an die Wand der Veranda angeschlagen hatte.

»Wo ist Etu?« fragte er.

»Sie lebt nicht zu Hause. Sie geht auswärts in die Schule.«

Der ungarische Polizist zog ein Notizbuch heraus. »Ihre Adresse?«

Mutter zögerte. »Ich habe schon lange nichts mehr von ihr gehört...«

»Und wie lautet die Adresse von ihrem letzten Brief?«

»Moment, ich hole den Brief.«

»Warten Sie. Die nächste ist Iboya, wo ist sie?«

»Geh und such sie!« schrie Mutter mich an.

Ich mochte sie nicht allein lassen, die beiden Kleinen brauchten Trost, und Mutter war ganz durcheinander.

Der Polizist, der mir am nächsten stand, schubste mich an. »Nun los, tu, was deine Mutter gesagt hat«, knurrte er. »Und beeil dich!«

Ich rannte los, raste durch unsere Straße bis zur Hauptstraße. Ich rannte an unserem Schuhgeschäft vorbei und wünschte mir plötzlich ein Paar neue Schuhe. Ich guckte in das Pelzgeschäft nebenan und dachte an Lujza, die vom Zug zerfetzt worden war. Ich rannte an Dr. Fehers Praxis vorbei und sah ihn in seinem weißen Kittel vor mir. Er war auch tot. Tot, wiederholte ich und lief an der Synagoge vorbei. Als ich die deutschen Panzer dort sah, fiel mir ein, daß ich vergessen hatte, meinen gelben Stern anzumachen. Aber keiner hielt mich an. Die Türen der Synagoge standen offen. Überall waren deutsche Uniformen, kehlige deutsche Laute schallten über die Straße. Ich hetzte weiter und hielt Ausschau nach dem offenen Wagen, der vom alten Pferd des Herrn Schwartz gezogen wurde. Aber ich entdeckte weder den Wagen noch Iboya oder einen ihrer Freunde.

Ich guckte in das Café, in dem Lujza mir mal ein Stück Kuchen gekauft hatte. Die Gesichter und die Stimmen der Gäste hatten sich verändert. Uniformen und deutsches Gelächter erfüllten den Raum. Ich war völlig außer Atem und naß geschwitzt. Wo sollte ich noch suchen?

Ich wurde immer nervöser. Die Zeit lief mir davon. Als ich um eine Ecke sauste, stieß ich mit einem Mann zusammen, der eine Aktentasche trug. Er guckte etwas entgeistert, hastete dann aber an mir vorbei. Schließlich blieb ich stehen und lehnte mich an eine Mauer, um wieder etwas zu Atem zu kommen. Mir fiel ein, wie Mutter und die Kinder dagestanden hatten, als ich losmußte, umgeben von all den Männern in den fremden Uniformen. Ich wußte einfach nicht mehr weiter und fing an zu weinen. Doch dann rannte ich wieder los, die salzig schmeckenden Tränen rannen mir in den Mund. Ich wußte überhaupt nicht mehr, ob ich in die richtige Richtung lief oder in den richtigen Straßen suchte. Endlich, als ich beim Schuster vorbeilief, entdeckte ich Pferd und Wagen.

Ein Freund von Iboya saß auf dem Kutschbock und rauchte. Hinter ihm lag ein Haufen mit gebündelten Sachen.

»Wo ist meine Schwester Iboya?« fragte ich ihn.

»Sie ist drinnen, warte, ich hol sie.« Er schaute mich fragend an, schmiß die Kippe in den Gully und ging ins Haus.

Als Iboya endlich kam, wich die Anspannung von mir. »Sie sind gekommen, um uns abzuholen. Du mußt sofort nach Hause kommen.«

»Wir bringen dich hin«, sagte ihr Freund und zündete sich noch eine Zigarette an.

»Nicht nötig.« Iboya schüttelte den Kopf. »Ihr müßt weitermachen.«

Ein paar Jungen und Mädchen kamen durch das Tor und brachten noch mehr Bündel zum Wagen. »Wir werden bald bei euch sein!« riefen sie hinter uns her.

Iboya sah ärgerlich aus, als sie mein Gesicht betrachtete: »Warum weinst du? Du kriegst bloß Kopfschmerzen.«

»Mutter hat so ängstlich ausgesehen, als sie sie verhört haben, und ich mußte weg, dich suchen. Was ist, wenn sie sie nun mitgenommen haben, ohne auf uns zu warten?« platzte ich heraus.

»Wir wissen doch, wo sie sie hinbringen.« Iboya fing an zu rennen und ich hinterher. Ich mußte alle meine Kraft aufbringen, um ihr folgen zu können, während die Mittagssonne heiß auf meinen Kopf brannte. Als wir in der Gyárstraße ankamen, stand ein Wagen in Fahrtrichtung Ziegelei vor unserer Tür. Ein Kutscher saß obendrauf und kehrte uns den Rücken zu. Wir gingen durchs Tor und sahen Mutter auf der Veranda sitzen, Joli auf dem Schoß und Sandor daneben. Sie sprang auf, als sie uns sah. Wir betraten die Veranda und sahen, wie uniformierte Männer durch unser Haus stapften und sich alles besahen und anfaßten.

Der ungarische Polizist mit dem Notizbuch kam auf die Veranda. »Iboya«, sagte er und strich einen Namen von der Liste an der Hauswand. »Piri.« Er zog einen schwarzen Strich durch meinen Namen. »Frau Rise Davidowitz, Sandor, Joli.« Jedesmal, wenn er einen Namen sagte, strich er ihn mit einer schwarzen Linie aus. Er hatte sich Etus Namen und Adresse in sein Notizbuch geschrieben.

Iboya ging in die Laube und kam mit einem schweren Kleidersack zurück. Der Polizist, der mich vorhin geschubst hatte, trat auf sie zu. »Mach die Schnur auf und kipp den Sack aus«, sagte er. Mutter und ich starrten verblüfft auf die Sachen, die auf seinen Befehl auf den Boden flatterten: eine Schachtel mit Notizpapier, Bleistifte, einiges für die weibliche Intimpflege, eine große Schachtel Aspirin und ein paar Bücher. Iboya wurde rot, als der Polizist die Sachen mit dem Fuß herumstieß und in einige der Bücher guckte.

»Du kannst es wieder aufheben«, sagte er und stieß noch einmal mit dem Fuß gegen den Ballen Verbandswatte und die gehäkelten Monatsbinden.

»Gehen wir«, sagte der Polizist.

Mir wurde klar, daß ich noch überhaupt nichts gepackt

hatte, aber ich konnte nicht ins Haus gehen, solange die alle darin herummarschierten. Iboya hatte alles wieder in den Sack gepackt. Mutter hielt den Schlüssel von der Eingangstür in der Hand und wollte abschließen.

»Das ist nicht nötig. Die Fenster und Türen werden alle verriegelt werden«, schnauzte der Polizist.

Mutter ließ den Schlüssel wieder in ihre Handtasche fallen, stellte Joli auf den Boden und griff den Kissenbezug mit dem gerösteten Brot und einen großen Koffer, den sie schon vor einer Woche gepackt hatte. Iboya und ich nahmen so viele von den Bündeln, wie wir konnten. Als Sandor und Joli von der Veranda traten, rasten sie plötzlich noch mal zur Sandkiste und sammelten ein paar von ihren Spielsachen auf. Dann kamen sie schnell wieder angerannt, voller Angst, daß sie bestraft werden könnten.

Mutter blieb am Tor stehen, drehte sich noch einmal um und wartete.

Die Soldaten kamen aus dem Haus. »Gehen Sie!« sagte einer von ihnen auf deutsch, als er ans Tor kam.

»Ich möchte meine Tür zuschließen, bitte«, sagte Mutter ebenfalls auf deutsch.

»Gehen Sie!« wiederholte er und stupste sie mit seinem Knüppel in den Rücken. Mutter zuckte mit den Schultern und stieg auf den Wagen. Iboya reichte ihr die Kinder mit ihren Spielsachen hoch. Dann war ich dran. Iboya sammelte die restlichen Bündel zusammen und reichte sie mir hoch, bevor auch sie mit ihrem Sack aufstieg. Mutter sah noch einmal zurück auf die Soldaten am Haus. »Schauen Sie sich's noch mal gut an«, sagte der Polizist mit einem sarkastischen Unterton. »Ich fürchte, Sie werden es nie wieder sehen!« Er bedeutete dem Kutscher loszufahren und lief selbst neben dem Wagen her. Mutter saß entgegen der Fahrtrichtung auf unseren Bündeln. Sandor und Joli waren ganz dicht an sie herangerutscht. Ich sah, daß

Ica und ihre Mutter am Fenster standen und unsere Abfahrt durch die Gardinen beobachteten.

Mutter sah alt und müde aus, ihre grünen Augen waren dunkel und lagen tief in den Höhlen. Mir fiel nichts ein, was ich hätte sagen können, so drehte ich mich um und starrte nach vorne. Ich war diese Straße schon so oft entlanggegangen, daß es mir widersinnig schien, mit dem Wagen zu fahren. Das Pferd trottete langsam vor sich hin, der Fahrer hatte es noch nicht einmal für nötig befunden, sich nach uns umzudrehen. Nach der Gyárstraße kamen keine Häuser mehr, links war ein Holzplatz, auf der rechten Seite erstreckte sich ein Park.

Als wir daran vorbeifuhren, erinnerte ich mich daran, wie ich vor ein paar Jahren in den Teich am Rande des Parks gefallen war. Ich hatte damals ein Piquékleid angehabt. Ein paar wunderschöne blaue Blumen am Rande des Teiches hatten es mir angetan, ich streckte mich, um sie mit der Wurzel aus der feuchten Erde zu ziehen, und verlor die Balance. So wie ich war, rutschte ich in den Teich, in meinem weißen Kleid und den schicken Lackschuhen. Ich krabbelte wieder raus und war von oben bis unten mit grüner Entengrütze beklekkert, und in meinen Schuhen quatschte das schlammige Wasser. Als ich nach Hause kam, mußte meine Mutter ihren Besuch alleine lassen, um mich wieder sauber zu machen. Sie war sehr ärgerlich gewesen.

Vom Wagen aus konnte ich auch jetzt die blauen Vergißmeinnicht blühen sehen. Niemand anders nahm Notiz von ihnen. Mutter und Iboya saßen verbittert und still, jede von ihnen in ihre eigenen Gedanken versunken. Die Ziegelei kam in Sicht. Ein großes Holztor war davor gebaut worden, Soldaten patrouillierten auf und ab. Auch rings um die Fabrik, im freien Feld, waren Wachsoldaten zu sehen.

Einer von den Soldaten am Tor erkannte Iboya von den vielen Fahrten, die sie hierher gemacht hatte. »Jetzt bist du also dran?« sagte er zu ihr.

Iboya nickte und bemühte sich, einigermaßen gefaßt auszusehn.

Der Wagen hielt an, und wir stiegen aus. Als der Fahrer unser Zeug auf die Erde warf, sah ich zum ersten Mal sein Gesicht. Es war alt, mit tiefen Furchen versehen. Seine Augen, in die ich kurz sehen konnte, verrieten keinerlei Zeichen von Anteilnahme. Er sah müde aus und gelangweilt.

Zwei junge Männer mit weißen Armbinden kamen uns von der anderen Seite des Tores entgegen und halfen uns mit unserem Gepäck. Der jüngere der beiden lächelte mich an, als er sich bückte, um eines der Bündel aufzuheben. »Ihr wohnt in Nummer sechs«, sagte er.

Wir folgten den beiden Männern und trugen die restlichen Sachen. Die Blicke der Frauen und Männer, an denen wir vorbeigingen, waren voll Verständnis und Freundlichkeit.

Einige Frauen boten sogar an, uns beim Tragen zu helfen.

Wir betraten einen der Lagerschuppen der Ziegelei, aber dies war nicht mehr die Ziegelei, wie ich sie in Erinnerung hatte. Die emsigen Arbeiter waren durch Massen von untätig herumsitzenden Familien ersetzt worden. Es wurde nicht mehr gesungen, nur Stimmen waren als ständig summendes Geräusch zu hören. Verschwunden waren alle Ziegel und die Wagen, mit denen sie transportiert worden waren. Nur Bündel mit Sachen und viele Menschen füllten diese Schuppen, die keine Wände hatten, sondern nur ein Ziegeldach, das von vier Holzpfosten getragen wurde. Die Leute saßen entweder auf ihren Bündeln oder standen in Gruppen herum.

Einige der älteren lagen erschöpft auf dem Boden der Schuppen, auf der blanken Erde.

Die beiden jungen Männer führten uns zu einem leeren Fleck auf der linken Seite des Schuppens Nummer sechs und ließen unsere Bündel auf den Boden fallen.

»Dieses Stück zwischen den beiden Pfosten ist ab jetzt Ihr Zuhause. Sie müssen sich mit dem Platz begnügen, es wird langsam eng hier«, sagte der ältere der beiden.

Sie gingen weg und ließen uns auf unserem Platz stehen, der etwa zweieinhalb mal drei Meter maß.

Mutter setzte sich auf ihren Koffer und betrachtete die neue Umgebung. Eine Frau, die ein Kind in Jolis Alter an der Hand hatte, kam über ein paar schmale Eisenbahnschienen auf uns zu. Sie war jünger als Mutter und machte einen ungepflegten Eindruck.

»Ich heiße Labovitz, und dies hier ist meine Tochter Carla. Vielleicht können unsere Kinder miteinander spielen, wenn wir schon mal Nachbarn sind«, sagte sie. »Ich habe meine Familie verloren, nur wir beide sind noch übrig. Wir sind von meiner Mutter und meinen Schwestern getrennt worden. Ich habe nicht herausfinden können, wo sie sind.«

Das kleine Mädchen langte nach Jolis Sandeimer.

»Woher sind Sie denn?« fragte Mutter.

»Aus Tolcsva. Ich war auf dem Weg zu meinen Schwiegereltern, als sie mich und das Kind von der Straße wegholten.«

Mutter und ich sahen über die Schienen zu ihrem Platz und sahen einen einzelnen, offenen Koffer.

Die Frau hatte unsere Blicke verfolgt und meinte: »Das ist unser ganzer Besitz. Woher kommen Sie denn?«

Mutter stand auf und zeigt in Richtung unseres Hauses. »Wenn die Straße keinen Bogen machen würde, könnten Sie mein Haus sehen. Es ist gerade am Ende der

Straße, wo sie in die Gyárstraße mündet. Die Straße hat ihren Namen von dieser Fabrik.« Mutter blieb bewegungslos stehen. Als sie sich umdrehte und ihre Hand wieder herunternahm, sah ich, daß ihre Augen feucht waren.

»Oh«, sagte die Frau, »Sie sind aus der Stadt. Das hätte ich gleich sehen sollen. Sie haben Ihr Bettzeug mit und alles.«

»Entschuldigen Sie«, unterbrach Iboya. »Ich glaube, ich kann Ihnen vielleicht ein paar Decken besorgen. Meine Freunde kommen gegen fünf ans Tor. Ich werde versuchen, sie dort zu treffen.«

»Gott segne dich für deine gute Tat«, sagte die Frau. »Wir haben die letzte Nacht im Sitzen verbracht – meine kleine Carla und ich. Der Boden ist so kalt und hart.«

Nachdem Mutter noch einmal in die Runde geguckt hatte, zeichnete sich auf ihrem Gesicht eine Entscheidung ab: »Wir sollten jetzt schleunigst mal was tun, statt hier dumm herumzustehen.« Sie knüpfte das größte Bündel auf und zog zwei Bettbezüge heraus. Dann sagte sie zu Iboya und mir: »Helft mir mal, ich möchte die beiden Tücher aufhängen, damit wir ein bißchen abgeschirmt sind.« Mit ein paar Nägeln, die sie aus ihrer Handtasche holte, und mit einem Stein als Hammer befestigte sie die Tücher an den Balken der äußeren Dachsparren und trennte uns damit von den Massen im Schuppen neben uns.

»Ihr Mädchen könnt mal ein paar Ziegelsteine suchen, damit wir uns einen Tisch und ein paar Sitze bauen können. Gibt es hier irgendwo Wasser?« fragte sie die Leute, die um uns herumstanden. »Wir können doch nicht einfach dasitzen und verdrecken. Wir sollten versuchen, uns so gut es geht zu behelfen. Die Deutschen sollen nicht von uns denken, wir wären alle Schweine.«

Inzwischen hatte Mutter schon eine beachtliche Zahl von Zuhörern.

Einige stimmten ihr zu. Andere grinsten blöde: »Warum sollen wir uns hier häuslich einrichten? Selbst wenn wir es einigermaßen hinkriegen würden, dann wär's ja doch nur für ein paar Tage. Wir könnten sogar schon morgen abtransportiert werden.«

»Dann«, antwortete Mutter, »machen wir es eben für heute. Das ist immer noch besser, als dumm rumzustehen.«

Einige der älteren Männer fingen an, miteinander zu diskutieren. »Sie hat recht. Dann haben wir wenigstens etwas zu tun.«

Ein Junge, der ungefähr so alt war wie ich, sagte: »Ich habe hinter dem Schuppen einen Teich gesehen.«

Mutter packte einen Topf aus und gab ihm den. »Hol etwas Wasser, damit die Mütter ihre Kinder waschen können.«

Der Junge blieb stehen, er hatte Angst. »Ich könnte mit den Wachen Ärger kriegen«, sagte er. »Sie beobachten ganz genau, was wir tun.«

Einige Leute stimmten ihm zu. »Ihretwegen gibt es bestimmt Ärger!«

»Gibt es denn hier niemanden, der verantwortlich ist?« fragte Mutter.

Ein Mann kam näher, er trug eine weiße Binde um den Arm. »Mein Name ist Schuster, ich bin vom Lagerdienst.« Er drängelte sich durch die Leute, bis er Mutter gegenüber stand. »Die Leute haben recht«, sagte er mit Nachdruck. »Wir dürfen nicht auf dem Gelände herumlaufen. Jeder soll die ganze Zeit auf dem ihm zugewiesenen Platz bleiben.«

Eine Frau kam aus der Menge und tippte dem Jungen auf die Schulter. Er stellte den Topf, den Mutter ihm gegeben hatte, wieder auf den Boden. Die Frau nahm ihn an der Hand und ging mit ihm weg.

Die Menge zerstreute sich, als Mutter sich wieder dem Auspacken widmete. Sie richtete uns eine Ecke zum Sitzen ein und schaffte einen Platz, wo wir unser Bettzeug ausrollen konnten. Die Töpfe und alles andere steckte sie in einen Kopfkissenbezug. Den Bezug mit dem gerösteten Brot versteckte sie unter einer Decke. Die Kleinen bekamen eine Ecke neben dem herunterhängenden Laken, in der sie spielen konnten.

Dann kam Mutter zu mir und Iboya. Wir beide saßen auf dem Koffer und sahen ihr zu. »Morgen«, sagte sie, »müssen wir uns nach den Gerbers umsehen. Wenn die Deutschen auf unserer Seite der Stadt angefangen haben, werden die Gerbers frühestens morgen drankommen. Vielleicht können wir sie in unsere Nähe kriegen. Iboya, versuch du um fünf deine Freunde zu treffen. Piri wird dich begleiten und mit dem jungen Mann sprechen, der uns diesen Platz zugewiesen hat. Er mochte dich«, sagte sie mit einem Lächeln zu mir. »Du könntest einige wichtige Informationen von ihm bekommen. Es hat überhaupt keinen Sinn, wenn wir wie alle anderen herumsitzen und uns vor Angst verzehren.«

Herr Schuster tauchte noch einmal auf und sah sich um. Er schien sichtlich beeindruckt zu sein von dem, was er sah. »Ich muß eure Namen anbringen«, sagte er und gab mir einen Bleistift und ein Blatt Papier. Ich schrieb unsere Namen auf, er holte einen Nagel aus seiner Tasche und befestigte die Liste am nächsten Stützpfosten.

»Könnten Sie mir ein paar Nägel abgeben?« fragte Mutter. »Die, die ich mitgebracht habe, habe ich schon verbraucht.«

Er kramte noch einmal in seiner Tasche, brachte vier Nägel hervor und gab sie Mutter. »Es tut mir leid, daß ich vorhin Ihr Bemühen, uns ein bißchen zu organisieren, nicht unterstützen konnte«, sagte er. »Aber ich habe strikten Befehl, dafür zu sorgen, daß die Leute in diesem Schuppen ruhig an ihren Plätzen bleiben. Sie dürfen nur zur Latrine gehen und müssen von dort sofort zurückkommen.«

»Es erstaunt mich, daß Sie solche Befehle akzeptieren«, sagte Mutter. »Das hier sind Menschen und kein Vieh. Wenn sie nichts für sich selbst tun können und nur über ihr ungewisses Schicksal lamentieren und allenfalls zur Latrine gehen können, dann werden sie bald genauso werden, wie die Deutschen uns haben wollen – dreckiges Ungeziefer. Die Leute haben schon angefangen, sich gehenzulassen.«

»Wir sind doch erst zwei Tage hier«, antwortete Herr Schuster. »Ich habe mit Leuten gesprochen, die schon länger da sind und die sagen, daß einige von ihnen zu bestimmten Zeiten besondere Vergünstigungen haben. Ich werde mal mit den deutschen Aufsehern sprechen, wenn sie heute bei der Inspektion vorbeikommen.«

»Meine Tochter Iboya hat, seit diese Fabrik ein Ghetto wurde, in der Jugenddienstgruppe gearbeitet. Sie müssen sie um fünf Uhr zum Tor bringen, damit sie dort ihre Freunde treffen kann. Vielleicht kann sie für die unglückliche Frau da drüben ein paar Decken besorgen.« Sie zeigte auf Frau Labovitz und Carla, während sie sprach. Herr Schuster versuchte, sie zu unterbrechen, aber Mutter fuhr fort: »Herr Schuster, wenn wir zulassen, daß sie uns Angst machen, dann geben wir ihnen die Macht, uns zu beherrschen.«

Herr Schuster schüttelte den Kopf. »Ich kann die Verantwortung nicht übernehmen.«

»Sie können ja weggucken.«

»Frau Davidowitz, ich bewundere Ihren Mut. Ich

hoffe, daß meine Frau, wo immer sie auch sein mag, soviel Kraft haben wird wie Sie. Aber ich möchte Sie daran erinnern, daß ich für alle diese Leute hier die Verantwortung habe.« Er beschrieb mit seinem Arm einen Kreis, um zu zeigen, daß er den ganzen Schuppen meinte. Dann drehte er sich um und ging weg. Einige Leute hatten mit neugierigen Augen das Gespräch verfolgt und hätten vermutlich zu gerne gewußt, worüber gesprochen wurde.

Iboya und ich sollten unsere Haare in Ordnung bringen, und Mutter gab jeder von uns eine frische Bluse aus dem Koffer. »Tu so, als ob du zu der Gruppe von Lagerhelfern gehörst, und versuche, einen sicheren Eindruck zu machen«, sagte sie zu Iboya.

»Und was ist mit mir?«

»Du kannst sie ein Stück begleiten, und dann wartest du und guckst, was passiert.«

Wir gingen hinten aus dem Schuppen hinaus, dort, wo die Leute entlanggingen, wenn sie zur Latrine mußten. So brauchten wir nicht an Herrn Schuster vorbeizugehen. Wir liefen zum Schuppen Nummer eins und warteten dort, bis Iboya eine Gruppe von Lagerhelfern mit weißen Armbinden zum Tor laufen sah. Sie rannte hinüber und ging mit ihnen, als gehörte sie dazu. Ich sah, wie sie kurz anhielten und einen Moment zögerten, dann aber Richtung Tor weitergingen.

Von da, wo ich stand, konnte ich die Latrine sehen. Es war mir schleierhaft, warum sie den langen Graben so dicht an der Straße ziehen mußten, so daß er in direkter Sichtweite der Wachtposten und aller Vorbeigehenden lag. Es mußte schrecklich sein, auf diesem Balken zu sitzen, wenn einen alle sehen konnten. Ich beschloß, die Latrine nur im Dunkeln zu benutzen.

Dann sah ich Iboya und die anderen mit Bündeln in

der Hand vom Tor zurückkommen. Ich rannte ihnen entgegen.

»Wir müssen die Sachen ins Vorratslager bringen«, sagte Iboya. »Die Leute dort entscheiden, wie sie verteilt werden.«

Ich nahm Iboya etwas von ihrer Last ab. Der junge Mann, der uns zu unserem Schuppen gebracht hatte, lächelte mich wieder an. »Vielleicht kannst du dich mit deiner Schwester zusammen anmelden und bei unserer Gruppe mitmachen«, sagte er und ging neben uns her.

»Aber sie ist erst ...« Iboya hatte sagen wollen »dreizehn«, aber ich fiel ihr schnell ins Wort und sagte: »Vierzehn.« Ich merkte, wie ich wegen der Lüge rot wurde; es waren immerhin noch zwei Monate bis zu meinem Geburtstag.

»Ich heiße Henri«, sagte der junge Mann. »Und du?« »Piri«, antwortete ich schüchtern. Wir liefen schweigend weiter. In dem Schuppen, in dem die Sachen gelagert wurden, stapelten sich Kleider und Bettzeug in den Regalen. Einer der ungarischen Polizisten nahm uns die Bündel ab.

»Ich möchte bitte ein Kissen und zwei Decken für eine Mutter mit Kind in Schuppen Nummer sechs«, sagte Iboya höflich, aber bestimmt.

»Wir entscheiden über die Verteilung«, sagte er kurz.

»Aber die Leute haben überhaupt nichts dabei. Sie müssen ohne Zudecke auf dem nackten Boden schlafen.«

»Der Lagerdienst muß eine Bestellung einreichen.«

Wir wollten uns gerade abwenden und gehen, als einer der jungen Männer das Wort ergriff. »Außerdem ist die Frau krank, Herr Toron, und wir haben keinen Platz mehr auf der Krankenstation. Sie sind gerade erst angekommen.«

Der Polizist ging an ein Regal und zog eine zerfledderte

Decke heraus. »Sie kann erst mal die nehmen«, sagte er und gab Iboya die Decke. »Aber für alles andere muß der Lagerdienst ihres Schuppens eine Bestellung einreichen.«

Iboya nickte, und wir gingen. Sobald wir draußen waren, fragte Iboya den jungen Mann, der sich eingemischt hatte, warum all die Sachen aufbewahrt wurden, statt sie an die Leute zu verteilen, die sie brauchten.

»Erst sehen sie sich alles an und suchen die besten Sachen für sich raus. Dann lagern sie den Rest«, antwortete er.

»Wenn ich das gewußt hätte, hätte ich nicht so schwer geackert, um die ganzen Sachen zu besorgen«, schimpfte Iboya wütend.

»Es gibt eine Menge, was ihr beiden noch nicht wißt.«

»Ich möchte euch mal was fragen«, sagte ich. »Zum Beispiel, ist das die einzige Toilette?« Ich zeigte auf die Latrine.

»Nein, es gibt noch eine am anderen Ende, aber eure Gruppe muß die vordere benutzen.«

»Das können wir nicht, das ist einfach zu erniedrigend!«

»Dann mußt du dich eben zu der anderen schleichen.«

»Und wie steht's mit dem Essen?«

»Zum Frühstück gibt es Brot und ein warmes Getränk, das sie Tee nennen. Und jetzt bald müßte es die Suppe geben.«

»Na, überfüttern tun sie uns ja nicht gerade.«

»Sie sparen an allem.«

»Wann ist Sperrstunde?«

»Vor neun Uhr morgens und nach sieben Uhr abends. Und außerdem kannst du dich nur in ganz bestimmten Zonen bewegen. Jetzt, zum Beispiel, bist du außerhalb deiner Zone.«

Dann mischte sich Henri ins Gespräch. »Ich sollte euch

jetzt zurückbringen, ich gehöre zum Lagerdienst eurer Zone.«

»Aber erst gehen wir zur hinteren Latrine«, sagte Iboya.

»Beeilt euch, sie ist hinter Schuppen zwölf. Dann bringe ich euch zurück.«

Die andern fünf der Gruppe sagten *»Szervusz«* und gingen davon.

Iboya und ich fanden die hintere Latrine. Sie war kaum besser als die vordere. Es gab zwar Wände, aber nach beiden Seiten hin war sie offen. Auch hier war ein schmaler langer Graben mit einem Balken darüber, der eine Bank bildete, in die viele Löcher reingeschnitten waren. Es blieb uns nichts anderes übrig, wir mußten diese Toilette benutzen. Ich wünschte, daß Henri nicht auf uns wartete, in diesem Moment wollte ich ihn lieber nicht sehen, es war einfach zu entwürdigend.

Aber er war noch da, als wir fertig waren, und um meine Verlegenheit zu überspielen, fragte ich ihn. »Wie ist das Leben im Ghetto?«

Er zögerte. »Du mußt lernen, dich mit Hunger, Kälte und Nässe abzufinden, und du darfst nicht krank werden, denn Medizin gibt es keine. Sie schlagen dich, wenn du nicht gehorchst, und sie töten dich, wenn du zu fliehen versuchst.«

Als wir zu unserem Platz im Schuppen kamen, überschüttete Mutter ihn mit weiteren Fragen: »Was ist, wenn es in der Nacht regnet? Dann werden wir alle durchnäßt. Warum können wir keine Wände bauen, zum Schutz und auch für etwas mehr Abgeschiedenheit?«

»Sie wollen uns nicht lange hierbehalten«, antwortete Henri. »Nur so lange, bis die Züge kommen.«

»Wo wollen sie uns denn hinbringen?«

»Nach Deutschland. Mehr wissen wir auch nicht.«

Mutter dankte ihm für alles und bat ihn, wieder mal vorbeizukommen. Ich brachte ihn bis zum Ende unseres Schuppens.

»Ich habe dich schon mal gesehen«, sagte er. »Du hast einen Wassereimer geschleppt. Du bist auf den Wagen geklettert, in dem meine Großmutter war, und hast ihr den Trinkbecher gehalten.«

»Du bist durch unsere Straße gekommen? Ich kann mich überhaupt nicht an dich erinnern.«

»Du warst ja auch viel zu beschäftigt.«

»Wie geht es deiner Großmutter?«

»Sie ist auf der Krankenstation. Möchtest du morgen mitkommen, wenn ich sie besuche? Ich hol dich ab.«

»Ja«, sagte ich, »gerne.«

»Szervusz.«

»Szervusz.«

Henri entfernte sich, und ich ging zu unserem Platz zurück. Iboya erzählte Mutter, was wir bei unserem Gang mit den jungen Lagerdienstleuten erfahren hatten.

Das Abendessen wurde auf einem Wagen herangebracht und vom Küchendienst ausgeteilt, erschöpft aussehenden Frauen, die von deutschen Wachen beaufsichtigt wurden. Die Rübensuppe war wäßrig und das Brot alt, aber keiner beschwerte sich, sie wollten nur mehr. Mutter kippte alle unsere Portionen in einen großen Topf und fügte einige Gewürze aus ihren Vorräten dazu. Sie lud Frau Labovitz ein, mit uns zu essen, und würzte auch deren Suppe.

Als wir mit dem Essen fertig waren, kam Herr Schuster vorbei. Er rauchte Pfeife.

»Ich möchte mit Ihnen reden«, sagte Mutter.

»Worüber?«

»Über Ihre Liste. Wie ich gehört habe, sollen Sie eine Beschwerdeliste aufstellen.«

»Für mich ist das alles noch ganz neu, Frau Davidowitz, bitte haben Sie Geduld. Vermutlich kennen Sie die Verhältnisse hier inzwischen besser als ich.«

»Aber Sie sind zuständig. Ich will Ihnen keine Schwierigkeiten machen, aber wir sollten auf einigen Rechten bestehen. Wir können sie doch nicht glauben lassen, wir wären blöde wiederkäuende Kühe!«

»Morgen können wir die anderen Unterkünfte besuchen. Ich habe die Zeiten und die Begrenzungen vorne angeschlagen.«

»Die Liste der Dinge, die wir brauchen, Herr Schuster! Meine Töchter haben die Vorräte gesehen. Es gibt genug von allem, aber Sie müssen eine Bestell-Liste einreichen.« Mutter rannte zu Frau Labovitz hinüber und hob die zerrissene Decke hoch. »Hier, das haben sie der Frau und dem Kind gegeben!«

Mutters Demonstration verursachte einige Aufregung. Alle Leute ringsum wollten wissen, wo die Decke her war. Und jetzt wollten alle etwas. Ungefähr fünfzig Leute waren um uns herum. Herr Schuster mußte sein ganzes Können aufbringen, um die Leute zu beruhigen und dazu zu bewegen, wieder an ihre Plätze zurückzugehen.

Während Herr Schuster mit den Leuten beschäftigt war, machte Mutter noch ein paar »Wände«. Sie hängte einen weiteren Bettbezug und ein Laken über die Dachsparren. Dann nahm sie ein Heft aus Iboyas Sack, riß eine Seite heraus, fand einen Bleistift und setzte sich auf den Koffer, um eine Liste zu machen. Wasser stand an erster Stelle, Wände für die Latrinen an zweiter.

Herr Schuster mußte sich bücken, um unseren zeltähnlichen Raum betreten zu können. Er sah Mutter über die Schulter. »Macht es Ihnen was aus, ›Pfeifentabak‹ draufzuschreiben?« fragte er scherzhaft. Seine Stimme war noch ganz heiser vom vielen Schreien.

»Es tut mir leid, ich wollte keinen Aufruhr verursachen«, flüsterte Mutter. »Aber wenn wir nichts unternehmen, werden wir alle krank. Wir können nicht in solchen Massen auf so engem Raum zusammenleben, ohne vernünftige sanitäre Maßnahmen. Das müssen wir ihnen klarmachen. Sie können ihnen ja Angst machen, wenn es nicht anders geht. Sie können ihnen erzählen, daß eine Typhusepidemie hier im Lager leicht die ganze Stadt erfassen kann. Sie haben für überhaupt nichts gesorgt und die Leute einfach wie Vieh hier reingetrieben. Aber sogar Vieh braucht Wasser.«

»Frau Davidowitz, die haben doch gar nicht die Absicht, uns hierzubehalten. Sie warten doch nur auf die Züge.«

»Aber einige der Leute sind schon über eine Woche hier. Und sie fangen an zu stinken.«

»Dann versuchen Sie mal, den Frauen beizubringen, mit den Kindern zur Latrine zu gehen, statt sie auf die Wege zwischen den Schuppen machen zu lassen. Wenn die Deutschen das sehen, dann sagen sie, wir sind eben Schweine und brauchen kein Wasser.«

»Die Kinder haben Angst, auf den Balken zu sitzen. Und was ist in der Nacht? Dürfen wir denn nach sieben Uhr zur Latrine gehen?«

»Nicht während der Sperrstunde.«

»Da haben Sie Ihre Antwort. Sie lassen uns ja keine Wahl.«

»Machen Sie die Liste«, sagte Herr Schuster und seufzte resigniert. »Ich werde sehen, ob sie sich um einige Ihrer Anliegen kümmern werden.«

Als er mit der Liste wegging, war ich sehr müde und fragte Mutter, ob ich mich schlafen legen könnte. Sie rollte das Bettzeug aus und beschloß, daß wir alle versuchen sollten zu schlafen. Als ich am Ende dieses ersten

Tages im Ghetto die Augen schloß, sagte ich mir, daß wir fünf immerhin noch zusammen waren und daß das schließlich das Allerwichtigste war.

20.

Am nächsten Tag – es war ein Sonntag – wurde der Rest der jüdischen Bevölkerung von Beregszász in die Ziegelfabrik getrieben. Iboya, die inzwischen Mitglied des Lagerdienstes war, hielt nach den Gerbers Ausschau. Mutter hatte Herrn Schuster dazu überredet, einen Platz neben uns für die Gerbers freizuhalten. Während wir warteten, beobachteten wir die Neuankömmlinge. Mutter lief von Familie zu Familie, half ihnen, sich einzurichten, und tröstete die Alten und die Kinder. Sandor und Joli blieben in ihrer Ecke. Sie buddelten in der Erde und dachten sich immer wieder neue Spiele aus.

Ich zog los und lief innerhalb der erlaubten Zone von Schuppen zu Schuppen und fragte die Leute, wo sie herkamen und wie lange sie schon im Ghetto waren. Ich hoffte, irgend etwas über Babi, Rozsi und Molcha herauskriegen zu können. Einige erkannten mich zwar als das Mädchen mit dem Wassereimer, aber irgendwelche brauchbaren Informationen hatte keiner.

Eine ganze Weile blieb ich vor einem Schuppen stehen und sah zu, wie die Leute in Gruppen durch das Tor strömten. Hatten wir auch so ausgesehen, als wir gestern ankamen? War ich auch so verschüchtert gewesen? Sie hielten sich eng aneinander, ängstlich, als befürchteten sie, jeden Moment von einem wilden Tier angefallen zu werden. Männer waren so gut wie keine dabei, es waren meistens Gruppen von Frauen und Kindern, fast alle Mütter hatten ein Kind auf dem Arm. Viele der alten

Frauen konnten nicht mehr alleine gehen, sie mußten auf dem Weg zu den Unterkünften gestützt werden. Rote Ziegelstaubwolken wurden von den vielen müden Füßen aufgewirbelt.

Dann entdeckte ich Gari Weiß. Er trug die weiße Armbinde des Lagerdienstes und begleitete eine Gruppe von Neuankömmlingen. Die Geste, mit der er den Leuten ihren Platz im Schuppen zuwies, kam mir recht wichtigtuerisch vor. In diesem Augenblick konnte ich mir gar nicht mehr vorstellen, wie ich in der Schule für ihn geschwärmt hatte und mich noch nicht einmal getraut hatte, mit ihm zu reden. Als er vom Schuppen zurückkam, ging ich auf ihn zu und sprach ihn an. Ich war ganz erstaunt, wie einfach das war. Ein paar Jugendliche vom Lagerdienst kamen hinzu, und Gari stellte mich als seine Schulkameradin aus der Zeit v. d. G. vor.

Ich verstand nicht, was er meinte.

»Vor dem Ghetto«, erklärte er.

Wir lachten über seinen Scherz, und dann zogen die andern weiter.

»Ist Judi schon hier?« fragte Gari. Ein rötlicher Schimmer überzog sein Gesicht.

»Nein, aber du könntest mir einen Gefallen tun. Wenn du die Gerbers siehst, dann bring sie bitte zu Schuppen Nummer sechs, meine Mutter hat neben uns einen Platz für sie freigehalten.«

»Von deiner Mutter habe ich schon gehört.«

»Was denn?«

»Daß sie in eurem Schuppen ein Zelt aufgebaut hat.«

»Na und? Vor dem kalten Wind in der Nacht schützt es uns allerdings auch nicht. Sie will nur, daß wir einen Platz für uns haben.«

»Ich hab doch gar nichts dagegen! Ich habe nur gesagt, daß ich davon gehört habe.«

»Wo ist denn deine Familie jetzt? Seid ihr immer noch in eurer Villa hinter der Ziegelei, so wie v. d. G.?«

»Nicht ganz«, antwortete Gari. »Die deutschen Wachen haben sich in unserem Haus einquartiert. Wir wohnen jetzt im Dienstbotenhaus, direkt dahinter.«

»Oh, das tut mir aber leid.«

»Das braucht es nicht, uns geht's ja immer noch viel besser als euch anderen.«

Henri und seine Freunde kamen bei uns vorbei. Sie hatten wieder ein paar Familien untergebracht und waren auf dem Weg zum Tor. Henri sagte: *»Szervusz«*, und ich fragte ihn, ob ich zum Tor mitgehen könnte.

»Ich warte auf eine Freundin«, erklärte ich.

Gari verzog sein Gesicht und ging ohne einen Ton zu sagen zum Tor, um dort wieder eine Gruppe Neuankömmlinge abzuholen. Mich ärgerte Garis Verhalten, aber ich blieb bei Henri und den anderen stehen.

»Ich weiß nicht, ob wir es heute noch vor der Sperrstunde schaffen, meine Großmutter zu besuchen«, sagte Henri. »Es scheint so, als wollten sie noch heute ganz Beregszász hierherschaffen.«

»Kennst du Gari?« fragte ich.

»Klar, wir haben zusammen gearbeitet. Er wirkt zwar ein bißchen eingebildet, ist aber wirklich ein netter Kerl.«

»Hast du ihm von Mutters Zelt erzählt?«

»Ja, ich habe ihm gesagt, daß ich es toll finde, wie sich deine Mutter bemüht, es euch hier unter diesen miserablen Bedingungen so angenehm wie möglich zu machen. Sie ist wirklich eine außergewöhnliche Frau.«

Ich lächelte ihn an und sagte: »Die Leute, die ich suche, sind gute Freunde von uns, sie heißen Gerber. Es sind drei: Frau Gerber, Judi, meine Freundin, und Pali, ihr jüngerer Bruder. Meine Mutter hat neben uns einen Platz für sie freigehalten.«

»Deine Schwester hat bereits allen, die am Tor Dienst haben, Bescheid gesagt. Einer von uns müßte sie entdecken.«

Ich verabschiedete mich von Henri und ging zu unserem Schuppen zurück. Gegen vier Uhr nachmittags erschienen die Gerbers. Sie hatten den ganzen Weg laufen müssen und waren sehr erschöpft. Es gab nicht mehr genug Wagen, erklärte Frau Gerber, deshalb hätten die Deutschen sie gezwungen, zu Fuß zu gehen.

»Sie haben unsere Sachen auf einen Wagen geschmissen«, fuhr Frau Gerber fort. »Ich hoffe nur, daß wir sie auch wiederkriegen ...«

Mutter holte ein paar Scheiben von dem gerösteten Brot aus dem Kissenbezug unter der Decke und gab jedem eine. »Aber eßt sie im Zelt. Es hat keinen Sinn, noch mal so ein Aufsehen zu erregen«, sagte sie und ging mit ihnen hinein, um die Geschichte mit der Decke zu erzählen.

Frau Gerber aß ihr Brot und sah sich in ihrer neuen Umgebung um. Sandor und Joli spielten in ihrer Buddelecke. Unser Bettzeug aus Decken und Laken lag aufgerollt an der Seite, in der Mitte diente uns der flache Koffer als Tisch, und die übrigen Bündel waren die Sitze. »Rise, jetzt spielst du Hauseinrichten! Unglaublich, was du für Ideen hast. Du bist wirklich eine großartige Schauspielerin. Sogar hier findest du eine Rolle, die du spielen kannst.«

»Ich spiele? Nein, ich versuche nur, mich nicht unterkriegen zu lassen. Ich will kein ›Schwein‹ werden. Aber laß uns ein andermal darüber reden. Du bist müde, guck mal, wie geschwollen deine Füße sind. Du mußt dich ausruhen. Morgen haben wir genug Zeit zum Reden.«

Iboya hatte ein paar von Frau Gerbers Sachen ausfindig machen können. Einige Decken waren verlorengegangen oder gestohlen worden, aber Iboya brachte Ersatz aus den Vorräten, die ihre Freunde herbeigeschafft hatten.

»Hast du die Decken aus dem Vorratslager?« fragte Mutter vorsichtig, als Iboya die Decken anschleppte.

»Nein, da würde ich doch nie reinkommen. Ich habe sie einfach gar nicht erst abgegeben.«

»Paß bloß auf, daß du keine Scherereien kriegst«, warnte Mutter.

Am zweiten Tag nach Judis Ankunft standen wir beide außerhalb unseres Schuppens und beobachteten eine kleine Arbeitsgruppe, die auf Grund von Mutters Forderung zum Wasserholen eingesetzt worden war. Einer der jungen Männer vom Lagerdienst hatte eine Gruppe von Leuten zur Wasserpumpe geführt. Dort konnten alle ihre Gefäße mit Wasser füllen und zu ihrem Platz zurückbringen. Eine andere Gruppe zimmerte aus Brettern vom Holzplatz Wände für die Latrine. Iboya, die nur noch zum Schlafen zu uns in den Schuppen kam, trug ein paar Kleider auf dem Arm. Sie bat mich, die Sachen einen Moment zu halten, dann fischte sie zwei Aspirintabletten aus ihrer Rocktasche und schluckte sie ohne Wasser.

»Wie kriegst du die ohne Wasser runter?« fragte Judi und verzog ihr Gesicht.

»In der Not frißt der Teufel Fliegen«, antwortete Iboya. Sie nahm mir die Kleider wieder ab und wollte gehen.
»Wo gehst du hin?« fragte ich.

»Tut mir leid, darüber darf ich nicht sprechen. Bis später.« Sie machte sich davon und verschwand zwischen den Leuten.

Dann sahen wir, wie das Ghettotor, das seit der Ankunft der letzten Familien verschlossen geblieben war, geöffnet wurde. Ein Lastwagen brachte eine Gruppe grau-uniformierter deutscher Soldaten zur täglichen

Inspektion ins Lager. Die Soldaten stiegen vom Lastwagen und begannen mit ihrer Arbeit. Sie gingen von Schuppen zu Schuppen, und wir hörten öfter das deutsche Wort »Schwein«. Wir beobachteten, wie die Lagerdienstleute mit den weißen Armbinden, zu denen auch Iboya gehörte, Arbeitsdienste organisierten. Sie empfingen zwar die Befehle von den Deutschen, aber sie versuchten immer, Bedingungen herauszuschinden, die das Leben im Ghetto für uns erträglicher machten. Leider waren weder Judi noch ich alt genug, um beim Lagerdienst mitmachen zu können.

Nach einer Weile verging uns die Lust am Zusehen, und wir gingen in den Schuppen zurück. Frau Gerber und Mutter unterhielten sich leise, und Judi setzte sich zu ihnen. Aber mir wollte der Lagerdienst einfach nicht aus dem Kopf – ich hätte zu gerne mitgearbeitet. Manchmal hörten wir sie beim Hämmern oder Essenaustragen bekannte Lieder singen. Ich kramte in Iboyas Sack und fand ihr Notizbuch und einen Bleistift. Ich riß eine Seite raus und entwarf einen neuen Text zu einer der gängigen Melodien, ein Text, der mir für unser Leben im Ghetto passender schien.

Gerade als ich fertig war, tauchte Henri auf. Er meinte, daß seine kranke Großmutter bestimmt gerne das Mädchen sehen würde, das ihr auf dem Weg ins Ghetto Wasser gegeben hatte. Mutter erlaubte mir, mit ihm zu gehen. Als wir aus dem Schuppen gingen, hatte ich immer noch den Zettel mit dem Text in der Hand.

»Was hast du denn da?« fragte Henri.

Ich erzählte ihm, was ich geschrieben hatte. Er nahm mir das Blatt aus der Hand, las die paar Zeilen und lächelte. »Wir werden diesen Text mal probieren«, sagte er. »Dann bist du nicht nur als Wassermädchen bekannt, sondern bald auch noch als Ghettodichterin.«

Die Krankenstation war in einer geschlossenen Baracke, in der Feldbetten entlang der Wände aufgestellt waren. Als wir zum Bett von Henris Großmutter kamen, versuchte sie sich aufzurichten. Die dunkelbraunen Augen in ihrem faltigen Gesicht leuchteten vor Freude.

»Also hast du dein Versprechen gehalten und mir Besuch mitgebracht, Henri«, sagte sie leise auf Jiddisch. Sie klang fast wie Babi. »Aber du hast mir gar nicht gesagt, daß es die junge Dame ist, die auf den Wagen kletterte und meinen Durst gelöscht hat. Wie schön, so einen Besuch zu haben! Zu schade, daß ich euch nicht Tee und Kekse anbieten kann.«

Ich streichelte ihre alte fleckige Hand. »Das macht doch nichts. Wir sind doch nicht zum Essen hergekommen. Sie erinnern mich sehr an meine Babi.«

»Sie ist bestimmt stolz auf dich. Geht's deiner Babi gut?«

»Ich weiß nicht. Sie ist nicht hier bei uns ...« Mehr konnte ich nicht sagen, weil ich spürte, wie mir die Tränen kamen.

Henri erzählte seiner Großmutter von der Arbeit, die er im Ghetto machte, und versicherte ihr, daß er sich gut um seine Mutter kümmern würde. Sie lächelte beim Zuhören, doch dann legte sie sich erschöpft zurück und schloß die Augen.

Als Henri am nächsten Nachmittag zusammen mit Gari zu uns kam, fragte er Frau Gerber, ob Judi mit uns kommen dürfte. Unsere Mütter schienen etwas überrascht und zugleich amüsiert, als wir zu viert loszogen. Wir gingen zur Villa von Garis Familie, die noch innerhalb des Geländes der Ziegelei lag. Ein ungarischer Polizist, der den Weg zum Haus bewachte, ließ uns passieren. Allerdings konnte er es sich nicht verkneifen, ein paar Bemerkungen über junge Liebespaare zu machen. Als wir an der Villa vorbeigingen, drangen deutsche Laute zu uns nach draußen. Gari zuckte die Achseln. Wir liefen weiter, bis wir zu einem viel kleineren Haus kamen.

»Hier wohnen wir jetzt«, sagte Gari.

Er bat uns, auf den Holzstühlen auf der Veranda Platz zu nehmen, und ging ins Haus. Ein paar Minuten später kam er mit einer Kanne Tee, ein paar Scheiben Brot, einem Glas Stachelbeermarmelade und vier Tassen zurück. Judi und ich waren beeindruckt von dieser phantastischen Mahlzeit. Gari stellte das Tablett auf dem Verandatisch ab, goß den Tee ein und bestrich die Brote mit Marmelade. Wie es sich für wohlerzogene junge Menschen gehörte, nahmen wir kleine Bissen vom Brot, nippten am bitteren Kräutertee und unterhielten uns. Judi zitierte berühmte Schriftsteller und Politiker und erörterte unsere Zukunftsaussichten. Gari schien ihre Belesenheit zu bewundern, die beiden waren schnell in ein angeregtes Gespräch vertieft.

Henri und ich beteiligten uns kaum daran, wir saßen nur ruhig da und hörten zu. Es war das erste Mal in meinem Leben, daß ich so dicht neben einem Jungen saß, der sich offensichtlich für mich interessierte. Nach einer Weile hörten wir dann nicht mehr zu, tranken nur unseren Tee und sahen uns in die Augen.

Dann wurde es Zeit zu gehen. Henri und ich blieben ein Stück hinter Gari und Judi, die immer noch heftig diskutierten.

Nach diesem ersten Mal trafen wir uns regelmäßig zu viert. Henri und Gari kamen nach der Arbeit und holten Judi und mich zu einem Spaziergang ab. Mutter und Frau Gerber hatten entschieden, uns den Umgang mit den älteren Jungen zu erlauben. »Ich denke«, sagte

Mutter nach unserem ersten Treffen, »daß du weißt, wie sich ein Mädchen benehmen muß.«

Ich antwortete: »Selbstverständlich«, obwohl ich gar nicht genau wußte, was sie eigentlich meinte.

Judi und Gari tauschten Bücher und Gedanken aus, während Henri und ich es einfach genossen, beisammen zu sein. Eines Tages sagte Judi zu meiner Überraschung: »Du hast es gut! Ihr faßt euch ja wenigstens an. Bis Gari sich mal traut, meine Hand anzufassen, ist der Krieg bestimmt vorbei. Er ist so schüchtern.«

»Schüchtern!« rief ich. Diese Beschreibung schien mir überhaupt nicht auf Gari zu passen.

»Das schlimmste ist«, fuhr Judi fort und überging meine Bemerkung, »das schlimmste ist, daß er mich wirklich mag. Aber wenn ich den ersten Schritt wage, ist er bestimmt verletzt.«

»Du machst dir einfach zu viele Gedanken, du solltest nicht soviel lesen!«

Eines Abends, als Henri und ich Hand in Hand hinter Judi und Gari herliefen, fragte ich Henri, ob er Gari für schüchtern hielt.

»Nicht schüchterner als Judi. Bloß müßte sie endlich mal mit dem Reden aufhören und sich so wie sonst verhalten. Dann würde er merken, daß sie ein ganz normales Mädchen ist, und es wäre für beide bestimmt leichter.«

Ich weiß nicht, wer von den beiden schließlich als erster den Mund hielt. Jedenfalls fiel mir später am Abend, als wir auf Garis Veranda saßen, plötzlich auf, daß Henri und ich uns unterhielten und Judi und Gari still waren. Wir saßen im Dämmerlicht unter bewölktem Himmel. Gari hatte seine Arme um Judis Schultern gelegt. Beim Klang der deutschen Stimmen, die ein Windstoß zu uns herübertrug, erschauderte ich. Henri dachte, daß mir kalt wäre vom Wind, und legte mir sein Jackett um.

Die Fabriksirene ertönte und signalisierte das Ende des Arbeitstages und den Beginn der Sperrstunde. Widerstrebend machten wir uns auf den Weg ins Lager. Gari und Judi gingen ein paar Schritte vor uns. Henri zog mich an sich heran und schloß mich in seine Arme. Diesmal erschauerte ich von einem ganz neuen Gefühl, das plötzlich durch meinen Körper schoß. Henri ließ mich los, nahm mein Gesicht in beide Hände und küßte mich zart auf die Lippen. Ich vergaß alles um mich herum und kam erst wieder zu mir, als wir an den deutschen Stimmen im großen Haus vorbeiliefen und beim ungarischen Posten ankamen.

Zu dem Zeitpunkt waren wir schon über eine Woche im Ghetto. Mutters Kräfte begannen langsam nachzulassen. Obwohl sie immer noch versuchte zu helfen, wo sie nur konnte, mußte sie einsehen, daß es sinnlos war, von den Deutschen eine menschliche Behandlung zu verlangen. Sie gab es auf, Herrn Schuster mit Beschwerden und Eingaben der Bewohner von Schuppen Nummer sechs zu überschütten. Sie mußte auch begreifen, daß sie von den Frauen nicht erwarten konnte, unter allen Umständen auf ihre äußere Erscheinung zu achten. Die Menschen hatten Hunger, froren und waren völlig erschöpft. Der Boden war durch die häufigen Frühlingsregen ständig feucht, die dünnen Unterlagen, auf denen sie schliefen, schützten nicht vor der Nässe. Die meisten litten an Erkältungen und Rheuma. Mutter wurde klar, daß ihr Anspruch auf Ordnung und Sauberkeit für die meisten Frauen eher eine zusätzliche Belastung bedeutete. In den letzten Tagen hatte ich bemerkt, daß sie immer öfter zu ihrem Buch über Theater griff, dem einzigen, das sie von zu Hause mitgenommen hatte. Frau Gerber war ständig müde und schlief oft. Judi meinte, das wäre ihre Art, sich der Ghettosituation zu entziehen.

Als wir an diesem Abend, an dem ich den ersten Kuß meines Lebens bekommen hatte, zu unserem Schuppen kamen, hörten wir die beiden Frauen miteinander reden. Wir blieben außerhalb des Zeltes stehen und lauschten.

»Das Theater ist dem wirklichen Leben einzig und allein der Proben wegen überlegen«, sagte Mutter. »Zum Beispiel, als Lilli verhaftet wurde...«

In dem dämmerigen Licht konnten wir Frau Gerbers Silhouette durch das Laken sehen. Sie machte eine hilflose Bemerkung, als wollte sie sagen: Nicht schon wieder!

»Hör zu, Charlotte«, fuhr Mutter fort. »Hör mir nur dieses eine Mal noch zu. Du weißt, daß ich die ganze Zeit darüber grübele, wie ich mich damals hätte anders verhalten können. So daß ich Manci bei mir behalten hätte, ganz egal, was Lilli sagte. Daß ich Lajos hätte überzeugen sollen, Manci bei mir zu lassen. Wenn es eine Probe gegeben hätte und ich diese halbe Stunde mit all den Fehlern, die ich gemacht habe, vorher einmal durchgespielt hätte, dann hätte ich zum Zeitpunkt der Aufführung die Rolle der Großmutter, der Matriarchin, perfekt gespielt, ohne Angst, daß Lilli es mir übelnehmen würde. Ich wäre stark genug gewesen, meinen Willen durchzusetzen, weil ich gewußt hätte, daß Lilli später, wenn sie Muße gehabt hätte, in Ruhe darüber nachzudenken, begriffen hätte, daß es mir nur einzig und allein um das Wohlergehen dieses Kindes gegangen ist und niemals darum, sie zu beherrschen. Und ich hätte Lajos dazu bringen können, seine wirkliche Stärke zu zeigen. Immerhin hatte er sein Schicksal ja der Tatsache zu verdanken, daß er den Mut gehabt hatte, sich gegen die ungarischen

Offiziere zu stellen. Ja, Charlotte, wenn wir in Krisensituationen kurz vorausschauen könnten, eine Chance hätten, erst nachzudenken, statt gleich hektisch zu agieren, dann bräuchten wir uns nicht ständig Vorwürfe zu machen, wir hätten etwas falsch gemacht. Das ist der große Unterschied zwischen dem Theater und dem Leben: das Probieren.«

»Ich finde, du kommst im Leben auch so ganz gut zurecht«, hörten wir Frau Gerber antworten. »Bestimmt ein ganzes Stück besser als die meisten von uns. Du mußt dich mit diesem einen Fehler in deinem Leben abfinden. Und du hast keinen Grund, alle Hoffnung aufzugeben. Rise, sieh dich um, sieh, wie es allen anderen um dich herum geht. Wir sind alle ins Ghetto gepfercht, und du machst aus deinem Leben immer noch ein Spiel.«

Mutter machte eine heftige Armbewegung. »Ein Spiel! Aber wir können doch nicht einfach aufgeben. Einen größeren Gefallen könnten wir denen doch gar nicht tun. Wir müssen versuchen, ihnen ihr Spiel zu zerschlagen!« Ihre Stimme formte die Worte, die zu uns drangen, aber sie klang längst nicht mehr so überzeugt wie sonst. Sie wollte einfach nur noch das, was alle anderen im Ghetto wollten: mit der Familie – oder was von ihr übriggeblieben war – überleben. Als Judi und ich das Zelt betraten, konnte ich sehen, wie sehr Mutter mit ihren Kräften am Ende war.

»Ihr Mädchen wart ja stundenlang weg«, schimpfte sie.

»Wir waren mit Gari und Henri zusammen«, antwortete Judi.

»Gibt es irgendwas Neues?«

»Nein, wir warten immer noch auf die Züge.«

Mutter wusch den Kindern mit dem Wasser, das sie für diesen Zweck in einem Topf aufbewahrte, Gesicht und

Hände. Dann brachte sie sie ins Bett, sie legte sie auf das dünne Lager aus Decken.

Am nächsten Morgen nach dem Frühstück, als Iboya schon fort war, bat Mutter mich, bei Sandor und Joli zu bleiben. Sie wollte etwas Wasser warm machen, damit sie mir die Haare waschen konnte. Zum ersten Mal in den acht Tagen, die wir nun schon hier waren, guckte ich mir die Kinder genauer an. Sie waren blaß und dünn geworden und schienen selbst zum Spielen kaum noch Kraft zu haben.

»Wollen wir Vater-Mutter-Kind spielen und ich bin der Vater?« fragte Sandor Joli. Er nahm Schaufel und Eimer, um in der Ecke des Zeltes zu buddeln.

»Wenn du willst«, antwortete Joli. Große Lust schien sie nicht zu haben.

»Ich bin die Mutter«, sagte ich und hoffte, sie ein bißchen aufmuntern zu können. Sofort lächelten beide.

»Kochst du das Essen?« fragte Joli schüchtern. Sie sammelte ein paar kleine Steine vom feuchten Boden auf und gab sie mir. »Das ist das Fleisch für die Suppe«, sagte sie.

Sandor gab mir Eimer und Schaufel. »Ich bin der Vater, deshalb muß ich Soldat werden. Aber ich bin zum Essen zu Hause.« Er schlüpfte unter dem Laken durch nach draußen.

»Ich bin das Baby und muß mit der Puppe spielen.« Joli schaukelte die abgegriffene Puppe in ihren blassen, schmutzigen Armen. Ich erinnerte mich daran, wie die Puppe ausgesehen hatte, als Lilli sie aus Prag mitgebracht hatte, nagelneu, mit langem blondem Haar, bemaltem Tongesicht, einem weichen rosa Kleid und Lackschuhen. Jetzt war das Haar matt und dreckig, das Gesicht zerkratzt und aufgesprungen, das rosa Kleid zerfleddert und dreckig, die Lackschuhe fehlten. Aber Joli schien das überhaupt nicht zu stören. Sie legte ein schmutziges Geschirrtuch auf die Erde, wickelte die Puppe darin ein und nahm sie wieder auf den Arm und wiegte sie. Ich mischte etwas Erde unter die Steine, die Joli mir gegeben hatte, und rührte das Ganze durch. »Du hast Salz und Pfeffer vergessen.« Joli legte ihre Puppe ab, kratzte etwas Sand vom Boden und streute ihn in den Eimer. Dann kratzte sie noch etwas Sand auf und streute auch den in den Eimer. »Jetzt kannst du umrühren«, sagte sie zu mir.

Sandor hob das Laken an einer Ecke hoch und kam wieder herein. »Papa kommt von der Armee nach Hause. Ist das Essen fertig?« Er streckte die Brust raus und paradierte im Stechschritt. Aber es war nicht Vater, den er nachmachte, sondern die deutschen Soldaten. Bei diesem Gedanken durchzuckte es mich plötzlich eiskalt. Mir fiel ein, was Mutter gesagt hatte: »Ich gehe Wasser warm machen, damit ich deine Haare waschen kann.«

Ich sagte zu Sandor und Joli: »Ihr bleibt hier drinnen und rührt euch nicht vom Fleck. Ich gehe Mutter suchen und bin gleich wieder da.«

Am Ende der Baracken sah ich Mutter. Sie hatte Steine um ein paar Zweige geschichtet und wollte ein Feuer anzünden. Der Topf mit dem Wasser stand auf den Steinen, sie kniete davor und blies in die Glut.

»Anyuka«, sagte ich und tippte ihr auf die Schulter. »Das gibt Ärger.«

»Geh und such Herrn Schuster und frag ihn, ob er ein Streichholz hat. Ich habe nur noch eins, aber das Holz ist feucht und will nicht angehen. Aber sag ihm nicht, wofür ich es brauche.«

Als ich endlich Herrn Schuster gefunden und ihm ein Streichholz abgeluchst hatte, brannte das Feuer schon. Mutter richtete sich auf, ihr Gesicht war voller Ruß.

Ein ungarischer Polizist entdeckte uns und kam auf uns zu. »Was kochen Sie da?« fragte er in barschem Ton.

»Ich mache nur etwas Wasser warm, damit ich meine Kinder waschen kann«, sagte Mutter und bemühte sich, ihre Stimme möglichst unbefangen klingen zu lassen. Der Polizist zog seinen Knüppel und machte Anstalten, das Feuer auszumachen, doch Mutter sagte in dem gleichen ruhigen Tonfall: »Sie werden einer Mutter doch nicht verwehren wollen, ihre Kinder zu waschen!«

»Feuer machen ist verboten«, sagte er brüsk.

Mutter stellte sich zwischen das Feuer und den Polizisten. »Stellen Sie sich vor, es wäre Ihre Mutter, die das Wasser warm macht, um Sie zu waschen. Würden Sie das Feuer dann auch ausmachen? Was ist denn daran so schlimm, wenn man versucht, sauber zu bleiben? Das Wasser ist schnell warm, und dann mache ich das Feuer sofort aus, das verspreche ich Ihnen. Kein Mensch kümmert sich darum, was ich hier mache. Bitte seien Sie großzügig, junger Mann.«

Der Polizist, kaum älter als Henri, sah Mutter in ihr verrußtes Gesicht, dann senkte er den Kopf. »Ich bin in zehn Minuten zurück. Wenn das Feuer bis dahin nicht aus ist, werde ich es ausmachen.«

»Danke, Herr Wachtmeister.« Mutters Stimme schwankte kein bißchen. »Sie sind ein freundlicher und großzügiger Mann.«

Er ging weg, und Mutter legte die restlichen Zweige aufs Feuer.

»Du kannst jetzt zu den Kindern zurückgehen«, sagte sie. »Such die Seife raus und die Handtücher. Ich komme gleich. Wir müssen uns beeilen, lange bleibt das Wasser nicht warm.«

Als sie mit dem Topf Wasser zurückkam, hatte ich Seife und Handtuch zurechtgelegt. Sie nahm etwas Wasser für hinterher zum Spülen ab und deckte über diesen Topf ein Handtuch, damit es nicht so schnell abkühlte. Ich beugte mich nach vorne, sie kippte etwas Wasser über meinen Kopf und rubbelte die Seife in meine Haare. Mit ihren kräftigen Fingern massierte sie meine Kopfhaut. Als sie mit meinen Haaren fertig war, half sie mir, Hals, Arme und Beine zu waschen. Dann schrubbte sie auch Sandor und Joli. Ich war froh, daß Mutter die Tücher aufgehängt und uns vor den neugierigen Blicken anderer abgeschirmt hatte. Nach dem Waschen brachte sie uns hinaus in die Sonne, damit die Haare trocknen konnten. Dann zog sie eine große Schere aus ihrer Tasche.

»Wenn ich deine Haare etwas abschneide, dann lassen sie sich leichter pflegen«, sagte sie zu mir. Ich wollte protestieren, doch als ich ihr besorgtes Gesicht sah, war mir klar, daß sie es tun mußte. So setzte ich mich auf den Boden, und sie kniete sich hinter mich.

Beim Schneiden meines feuchten Haares quietschte die Schere. Ich biß mir auf die Lippen. Jede Strähne, die auf den Boden fiel, war etwa zehn Zentimeter lang. Ich überlegte, wie lange es wohl dauern würde, bis es wieder nachwuchs, und sah mich um. Es gingen Leute vorbei, aber sie schienen sich nicht sonderlich für uns zu interessieren.

Mutter gab sich große Mühe beim Haareschneiden. Als sie fertig war, kämmte sie es noch ein paarmal durch, dann richtete sie sich auf und sagte mir, daß ich aufstehen könne. Sie ging einen Schritt zurück, um einen kritischen Blick auf ihr Werk zu richten. Dann gab sie mir einen kleinen Spiegel, den sie in ihrer Schürzentasche hatte.

»Guck's dir an. Ich finde, daß die Länge zu deinem Gesicht paßt. Du siehst älter aus, findest du nicht?«

Ich hörte auf, die Zähne zusammenzubeißen, und

schmeckte Blut, mit der Zunge spürte ich eine Wunde an der Unterlippe. Im Spiegel sah ich, daß mein schon beinahe trockenes Haar etwa auf Kinnlänge geschnitten war. Es wellte sich und umrahmte mein Gesicht, so daß meine Augen plötzlich größer wirkten als vorher.

»Es gefällt mir«, sagte ich zu Mutter. »Ich glaube, Judi wird es auch gefallen. Sie wird bestimmt sagen, daß es so moderner ist.«

»Deine Freundin ›Miss Budapest‹ ist eine ganz schön strenge Kritikerin, stimmt's?«

»Das ist ein ulkiger Name für sie, aber er paßt.«

»Oh, Piri, du siehst wirklich flott aus mit deinem neuen Haarschnitt«, rief Mutter; sie machte Judis übertriebene Sprechweise nach. Obwohl ich nicht mochte, daß sie sich über meine Freundin lustig machte, mußte ich doch lachen, weil sie Judis Stimme und Gestik beinahe perfekt imitierte.

Wir lachten immer noch, als der junge Polizist zurückkam, um zu sehen, ob das Feuer aus war. Er war fast eine Stunde lang weggeblieben. Ein paar Schritte von uns entfernt blieb er stehen und lauschte neugierig unserem albernen Gekicher.

»Wollen Sie den neuen Haarschnitt meiner Tochter sehen?« lud ihn Mutter ein. »Hab ich das nicht gut gemacht?«

Der Polizist kam erst auf uns zu, zögerte dann aber. »Ich wollte nur sehen, ob Sie das Feuer ausgemacht haben. Und Sie müssen die Haare wegschaffen«, sagte er laut und blieb stehen, wo er war.

»Selbstverständlich werde ich das Haar wegräumen. Und noch mal schönen Dank, daß ich das Wasser warm machen konnte.«

Er nickte kurz und ging dann weiter. Jetzt war Joli dran. Mutter setzte sie auf den Boden und hockte sich mit der Schere in der Hand daneben. Aber Joli stopfte ihre langen Haarsträhnen in ihre Bluse.

»Nein, du darfst meine Haare nicht schneiden!« brüllte sie.

»Es tut nicht weh«, versprach Mutter.

»Möchtest du nicht auch so schick aussehen wie ich?« versuchte ich sie zu überreden und kniete mich neben sie.

Mutter sah mich amüsiert an, und ich merkte, daß ich genau wie sie Judi nachgemacht hatte. Wir fingen beide an zu lachen. Joli stimmte in unser Gelächter ein und ließ ihre Haare los.

»Ich möchte meine genauso wie Piri!« verkündete sie.

Mutter schnitt ihre Haare noch kürzer als meine und steckte sie an der Seite mit einer roten Spange fest, die sie aus ihrer Schürzentasche zog. Joli mochte ihre neue Frisur, als sie in den Spiegel guckte. Sie stand auf und zeigte sich Sandor.

Mutter und ich hatten recht gehabt, Judi fand mein neues Aussehen sehr schick. Am Nachmittag, als wir alle zusammen im Zelt waren, sagte sie: »Jetzt siehst du aus wie meine Freundinnen in Budapest«, und betrachtete mich begeistert. Sie schien mit meinem Aussehen wirklich zufrieden zu sein. »Das hat deine Mutter gut gemacht.«

»Meinst du, es wird Henri gefallen?« fragte ich Judi gespannt.

»Warum nicht?« antwortete sie. »Du siehst älter aus, erfahrener.«

Am Abend kamen Henri und Gari. Ich achtete genau auf Henris Gesichtsausdruck, als er die große Veränderung entdeckte. Nach dem ersten Erstaunen grinste er breit. »Du hast dir die Haare abgeschnitten, du siehst ja ganz anders aus.«

»Sie sieht viel gebildeter aus, stimmt's?« meinte Judi.

»Mehr wie ein Mädchen aus Budapest und nicht wie eine aus der Kleinstadt. Na los, sag ihr, daß es dir gefällt.«

»Ja, es gefällt mir«, sagte Henri, »aber ich mag auch Kleinstadtmädchen.«

Etwas ungehalten ging Judi weg, Gari folgte ihr. Henri und ich schlossen uns ihnen an, und wir begannen unseren abendlichen Spaziergang. Henri war für mich ein wichtiger Bestandteil meines Lebens geworden, und ich freute mich, wenn wir zusammensein konnten. Manchmal vergaßen wir, daß wir im Ghetto waren, und schmiedeten Pläne für die Zukunft

»Ich könnte meine Eltern überreden, daß sie mich weiter zur Schule gehen lassen, oder ich mache eine Lehre als Handwerker. Dann können wir auch weiter zusammenbleiben«, sagte er.

»Wir könnten ins Kino gehen«, schlug ich vor. Ich erinnerte mich daran, wie früher die älteren Mädchen mit ihren Freunden ins Kino gegangen waren. Jetzt hätte ich auch einen Jungen, mit dem ich gehen konnte.

Als wir am Abend zu Garis Haus kamen, waren seine Eltern nicht da. Sie besuchten Freunde im Lager. Zum ersten Mal lud Gari uns in das Innere des Hauses ein. Im Wohnzimmer standen schöne Möbel. »Wir haben sie vom großen Haus rübergeholt«, erklärte Gari. Aber sonst sah es so aus, als wären sie noch mitten im Umzug. Es herrschte völlige Unordnung, Geschirr und Kleider waren überall auf den Tischen und Stühlen verteilt.

Gari bemerkte, wie ich die Unordnung registrierte. »Man sieht, daß wir keine Dienstboten mehr haben. Es ist keiner mehr da, der hinter uns herräumt«, sagte er halb scherzhaft, halb entschuldigend. Er schob ein paar Kleider vom Tisch, und darunter kam plötzlich ein Plattenspieler zum Vorschein.

»Das ist das einzige, was sie uns zum Musikmachen

gelassen haben. Das Klavier ist noch im großen Haus, obwohl sie es gar nicht benutzen. Na ja, und ein Radio darf man ja sowieso nicht haben, das verstößt gegen die Vorschriften der Deutschen. Aber ich habe ein paar von meinen Platten gerettet, beim Umzug habe ich sie unter ein paar Decken versteckt. Kommt, wir machen alle Fenster zu, und dann lege ich eine Platte auf.«

Plötzlich durchzuckte mich wie ein Stich die Erinnerung daran, wie ich Ica Molnar meinen Plattenspieler gegeben hatte. Aber das war gleich wieder vorbei, und ich half den anderen die Fenster zu schließen und in der Mitte des Raumes einen kleinen Platz zum Tanzen freizuräumen. So ganz wohl war mir bei der Angelegenheit allerdings nicht. Ich hatte zwar schon mit anderen Mädchen in der Schule getanzt und auch mal mit Iboya zu Hause geübt, aber ich hatte noch niemals mit einem Jungen getanzt.

Die Musik lief, es war ein Foxtrott, und ich spürte, wie mein Körper den Rhythmus aufnahm. Gari klopfte mit dem Fuß im Takt und sah hinüber zu Judi, die ihren Körper zur Musik wiegte. Sie streckte Gari ihre Hände entgegen und forderte ihn zum Tanzen auf. Sie tanzten weit auseinander und sahen sich in die Augen. Judi schien völlig in der Musik aufzugehen, sie bewegte sich leicht und anmutig. Ich hatte sie noch nie so entspannt gesehen. Gari schaute ihr lächelnd zu, sein Gesicht hatte Farbe bekommen.

»Na los, ihr beiden«, forderte er uns auf, als die zweite Platte lief. Judi ließ seine Hand los und glitt in seine Arme.

»Aber doch nicht in Gegenwart von zwei professionellen Tänzern!« lachte Henri. Er nahm meine Hand. »Magst du es versuchen?« fragte er leise.

»Ich habe aber noch nie getanzt, jedenfalls nicht

richtig, nur mit Mädchen, meistens mit meinen Schwestern«, sagte ich.

Er zog mich freundlich hoch, und wir machten vorsichtig die ersten Schritte. Gerade als ich begann, mich etwas sicherer zu fühlen, kam Garis Vater herein. Er zog schnell die Tür hinter sich zu. »Das kann doch nicht wahr sein!« sagte er.

Gari winkte seinem Vater zu und tanzte weiter. Er hielt Judi im Arm, die sich jetzt nicht mehr ganz so schwungvoll bewegte.

»Laßt euch nicht stören«, sagte Herr Weiß. »Ich wollte nur eine Decke holen. Aber macht die Musik ein bißchen leiser, die sollen es doch nicht unbedingt hören, oder?« Er machte eine Bewegung in Richtung des großen Hauses.

Gari flüsterte Judi etwas ins Ohr, dann hörten beide auf zu tanzen. »Vater, möchtest du mit Judi einen Tango tanzen?« fragte Gari. »Sie ist eine großartige Tänzerin.«

Herr Weiß zögerte einen Moment, aber dann sagte er: »Warum eigentlich nicht? Es ist schon lange her, daß ich zuletzt getanzt habe. Also, macht Platz!« scherzte er. Er rollte seine Ärmel herunter und knöpfte sie zu.

Ich hatte schon immer das Aussehen von Herrn Weiß bewundert. Er war, wie mein Vater, ein großer Mann, aber damit waren die Ähnlichkeiten schon zu Ende. Im Gegensatz zu den hellen, strubbeligen Haaren und dem braunen Teint meines Vaters war sein Haar tiefschwarz mit ein paar grauen Strähnen an der Schläfe. Sein Gesicht hatte sehr hochstehende Backenknochen und eine frische, gesunde Farbe, so daß er, noch dazu mit seiner stattlichen Figur, den Eindruck eines Energiebündels machte. Er stand aufrecht im Raum und zwirbelte an seinem sorgfältig gestutzten schwarzen Schnurrbart.

Gari legte eine andere Platte auf. Der langsame klare Tangorhythmus füllte den Raum. Herr Weiß ging auf

Judi zu und machte eine tiefe, formvollendete Verbeugung. »Darf ich bitten?« fragte er und reichte ihr seinen Arm. Judi legte eine Hand auf seine Schulter, die andere fand seine Hand. Neben diesem kräftigen Mann wirkte sie zart und zerbrechlich, aber die beiden glitten gleichmäßig über den Holzboden. Er hielt sie fest im Arm und bog sie leicht nach hinten. Sie hob den Kopf, um ihm ins Gesicht zu sehen. Beide schienen sich auf die Haltung ihrer Körper genauso zu konzentrieren wie auf ihre Tanzschritte.

Gari stand an der Tür und betrachtete die beiden Tänzer voller Respekt. Henri und ich sahen vom Sofa aus zu. Ich konnte es kaum fassen, wie gelassen und sicher Judi tanzte. Sie, die sonst eher zappelig und unbeholfen war, bewegte sich jetzt anmutig und elegant.

Als die Platte zu Ende war, machte Herr Weiß eine tiefe Verbeugung und geleitete Judi zu Gari zurück.

»Wo haben Sie denn tanzen gelernt, junge Dame?« fragte Herr Weiß.

Judis Schüchternheit war sofort wieder da, sie errötete tief. »Mein Vater hat es mir beigebracht. Früher, bei unseren Parties in Budapest, habe ich immer mit seinen Freunden getanzt.«

Herr Weiß lächelte sie an. »Hoffen wir, daß du bald wieder dort sein wirst und tanzen kannst – nicht nur mit deinem Vater und anderen älteren Herren.« Dann holte er die Decke, wegen der er gekommen war, und meinte, wir könnten bis zur Sperrstunde weitertanzen.

Als er weg war, rief Judi Gari zu: »Ich wußte, daß dein Vater ein phantastischer Tänzer sein würde.«

Ich beneidete Judi ein bißchen, aber sie tat mir auch leid, sie hatte wegen des Krieges soviel aufgeben müssen.

21.

Jeden Abend, wenn wir ins Ghetto zu unseren Quartieren zurückkehrten, saß Frau Gerber bei Mutter im Zelt. Sie verließ diesen Raum nur zum Schlafen. »Es ist so gemütlich hier drinnen«, hörte ich sie einmal morgens zu Mutter sagen, als sie hereinkam. Ihre Worte erschreckten mich. Ich konnte es morgens kaum abwarten, bis das Bettzeug eingerollt war und ich das Frühstück mit dem lauwarmen Tee und dem alten Brot hinter mir hatte und aus dem Zelt verschwinden konnte. Mich bedrückte dieser Raum.

Mutter hatte aus Holzstöcken, die sie mit Stoffstreifen umwickelt hatte, Bügel gebastelt, auf die wir unsere Sachen hängen konnten. Die Bügel hingen an Nägeln an den Balken. Mutter war zwar nicht mehr so sorgfältig mit sich selbst, aber sie ließ sich nicht davon abbringen, uns sauber zu halten. Jeden Morgen bürstete und kontrollierte sie meine Haare. Alle zwei Tage wechselte ich meine Bluse; Mutter spülte unsere Sachen in kaltem Wasser aus und legte sie aufs Gras, damit sie in der Sonne trockneten. Sie war wie besessen davon, daß wir immer ordentlich aussehen sollten. »Solange ihr sauber seid, werdet ihr auch nicht krank«, predigte sie.

Als ich eines Morgens das Zelt verließ, spielten die Kinder draußen. Pali und Carla waren auch dabei. Ich hörte, wie Sandor zu Pali sagte: »Ich bin jetzt der deutsche Aufseher und kontrolliere euren Platz. Dann muß ich ganz wütend sein und ›Schwein‹ zu dir sagen.«

»Nein!« schrie Carla, die daneben stand, und raste hinüber zu ihrer Mutter, die allein in ihrer Ecke saß.

Carlas Mutter war selten mit Mutter und Frau Gerber zusammen, die ständig übers Theater redeten, sich von ihren Männern und ihrem Vorkriegsleben erzählten und sogar Rezepte ihrer Lieblingsgerichte austauschten. Das konnte ich nun überhaupt nicht verstehen, wie sie übers Essen reden konnten, wo wir doch alle ständig Hunger hatten. Sie besuchten oft andere Frauen im Schuppen und halfen ihnen, wo immer sie konnten. Ab und zu kam Herr Schuster mit den neuesten Gerüchten vom Kriegsverlauf vorbei. Alle politischen Nachrichten, die zu uns drangen, schienen auf eines hinauszulaufen: daß die Russen den Krieg gewinnen würden.

»Wenn sie sich doch beeilen würden, damit sie hier sind, bevor die Züge kommen und uns abtransportieren«, war Mutters Kommentar.

Gegen Ende der zweiten Woche im Ghetto bat ich Henri, mich noch einmal mit zu seiner Großmutter zu nehmen. Als wir die Krankenstation betraten, sahen wir Herrn Weiß mit einer Gruppe von Männern in der Nähe des Arztzimmers. Er rief Henri zu sich.

»Unterhalte dich solange mit meiner Großmutter, ich komme auch gleich«, sagte Henri zu mir.

Als Henri dann kam, war er ganz kurz angebunden, er schien beunruhigt zu sein.

»Ich muß zum Tor«, sagte er, nachdem er seine Großmutter begrüßt hatte. »Wenn's geht, sehen wir uns später noch mal.« Und schon war er weg.

Ich blieb noch eine ganze Weile bei seiner Großmutter, bevor ich auch ging. Als ich in die Nähe unseres Schuppens kam, sah ich sechs Männer, die offensichtlich vom Tor kamen, und Henri und Gari. Sie diskutierten heftig miteinander. Entsetzt erkannte ich plötzlich Herrn Hirsch vom Judenrat. Als ich Mutter davon erzählte, erschrak sie.

»Also sind die jetzt auch dran. Dann ist draußen wohl alles erledigt, und die Deutschen brauchen sie nicht mehr.«

So laut wie eben hatte sie im Ghetto noch nie gesprochen. Sofort kam Frau Gerber und wollte wissen, was los war.

»Offensichtlich haben sie jetzt die ganze Stadt ›gesäubert‹«, schloß Mutter, nachdem sie Frau Gerber berichtet hatte.

»Oder die Züge kommen jetzt«, meinte Frau Gerber.

»Das ist doch dasselbe.« Mutter warf einen Blick auf die Kleinen und wandte sich dann an mich: »Wo arbeitet Iboya heute?«

»In der Küche.«

»Geh zu ihr und frag sie, ob sie irgendwas weiß. Aber sieh zu, daß euch keiner zuhört.«

Auf dem Weg zur Küche sah ich, daß noch eine Gruppe Männer ins Lager gebracht wurde. Als sie näher kamen, entdeckte ich Herrn Schwartz vom Fischgeschäft unter ihnen. Ich rief ihm *»Szervusz«* zu, und er wollte mich begrüßen kommen, aber zwei Lagerpolizisten hielten ihn zurück.

»Wir sehen uns später«, rief ich.

»Wie geht es deiner Mutter? Bestell ihr Grüße«, rief er zurück und winkte mir zu.

Die Leute standen an den Eingängen der Schuppen und starrten auf die Neuankömmlinge. In ihren Augen lag die Frage, wieso die führenden Männer der Gemeinde jetzt ins Ghetto gebracht wurden, und in ihren Gesichtern spiegelte sich Furcht. Ich hörte, wie ein alter Mann zu der Frau neben sich sagte: »Wenn sie die Leute bringen, die sie bisher verschont haben, dann ist das der Anfang vom Ende.«

Iboya stand vor dem Kücheneingang und sprach mit einem jungen Mann. Zu meiner Überraschung sah ich, daß es Shafar war, Iboyas Freund aus dem Zionistischen Klub.

»Kannst du dich noch an Shafar erinnern?« fragte mich Iboya.

»Ja, er hat dir doch lauter Briefe aus Budapest geschickt.«

Ihre ernsten Gesichter entspannten sich, und beide lachten.

»Bist du gerade mit den anderen angekommen?« fragte ich ihn.

»Ja«, sagte er knapp. Mehr wollte er wohl nicht sagen.

Ich wandte mich an Iboya. »Mutter will wissen, was los ist, warum diese Männer jetzt plötzlich ins Ghetto gebracht werden. Sie macht sich Sorgen.«

»Ich kann jetzt nicht sprechen«, sagte Iboya. »Ich muß in die Küche zurück.«

Shafar beugte sich vor und küßte Iboya auf die Stirn. »Ich komme mit und spreche mit deiner Mutter«, sagte er zu mir und legte seinen Arm um meine Schulter. »Aber erst muß ich noch bei der Krankenstation vorbei.«

Ich wollte ihn fragen, warum er im Ghetto von Beregszász war, aber ich hatte Angst, er würde mich für vorlaut halten.

Herr Weiß war immer noch im Krankenrevier und unterhielt sich mit den Männern. Obwohl sie flüsterten, sahen ihre Gesichter erregt aus. Als wir näher kamen, sahen sie Shafar an und warfen mir dann fragende Blicke zu.

»Warte am Eingang auf mich«, sagte Shafar, »ich komme sofort.«

Ich ging zum Eingang der Baracke zurück und betrachtete von dort die Station. Junge Ghettofrauen, so etwa in Iboyas Alter und älter, hatten eine Rotkreuzbinde um, liefen geschäftig zwischen den Feldbetten hin und her und versuchten, es den Patienten so angenehm wie möglich zu machen. Wieder wünschte ich, ich wäre alt genug, um beim Lagerdienst mitmachen zu können. Dann kam Shafar, und wir gingen zu unserem Schuppen. Am hinteren Eingang stießen wir auf Judi, die an einen Balken gelehnt auf dem Boden saß und eines ihrer dicken Bücher las. Sie sprang auf und begrüßte mich, wandte aber den Blick nicht einen Moment von Shafar.

»Das ist meine beste Freundin Judi, und das ist Shafar Joska, Iboyas Freund«, erklärte ich. »Shafar möchte mit Mutter sprechen.«

Wir betraten unser Zelt. Mutter und Frau Gerber waren wie immer im Gespräch vertieft. Der Anblick von Shafar überraschte sie.

»Du kennst Shafar noch?« fragte ich Mutter.

Er machte eine höfliche Verbeugung und küßte beiden Frauen die Hand. In diesem Zelt schien diese sonst durchaus übliche Geste übertrieben und fehl am Platz.

»Ich habe Sie noch nie hier gesehen«, sagte Mutter zu ihm. »Ich dachte, man hätte bei Ihnen wegen der Arbeit eine Ausnahme gemacht.«

»Ich fürchte, es gibt keine Ausnahmen. Sie holen auch die, die nur einen jüdischen Elternteil haben, und sogar die getauften Juden. Gott allein weiß, wo sie haltmachen werden.«

Mutter fragte Shafar nach Etu. Er meinte, daß er im letzten Monat nichts mehr von ihr gehört hatte. Aber, fügte er hinzu, das könnte auch ein gutes Zeichen sein. Beim letztenmal, als er Etu getroffen hatte, hoffte sie, daß ein Schulfreund ihr christliche Papiere besorgen könnte. »Und das könnte der Grund sein, warum sie mich nicht mehr besucht hat«, schloß Shafar.

»Hoffentlich«, meinte Mutter wehmütig.

Frau Gerber wollte von Shafar wissen, wie es jetzt in Budapest aussah. »Sind dort auch alle Juden abgeholt worden? Wie haben sie reagiert, als sie gehört haben, was mit den Juden in anderen Teilen Ungarns passiert ist? Sind die Bedingungen in Budapest besser als in Beregszász?«

Shafar beantwortete geduldig all ihre Fragen, aber alle seine Antworten hörten sich ähnlich an. Die Bedingungen für Juden waren überall gleich, und die übrige Bevölkerung interessierte sich überhaupt nicht dafür, alle waren nur mit ihren eigenen Ängsten und Überlebensproblemen beschäftigt.

Judi und ich gingen hinaus und ließen die drei weiter diskutieren. Ich erzählte Judi, daß ich Garis Vater gesehen hatte, wie er mit anderen Männern in der Krankenstation sprach. »Sie schienen sehr beunruhigt.«

»Du meinst, weil diese Männer gekommen sind?«

»Ja, aber ich glaube, da ist noch mehr. Sie taten so geheimnisvoll. Sie wollten nicht, daß ich zuhöre, als sie mit Shafar sprachen. Henri scheint aber Bescheid zu wissen.«

»Hast du Gari gesehen?«

»Nein, aber als ich vorhin zum Krankenrevier ging, hat Henri zu mir gesagt, daß Gari zu tun hätte und daß er dich besuchen würde, sobald er kann.«

»Was ist mit diesem Freund von Iboya? Wer ist das? Ob er was weiß?«

»Bestimmt, denn er hat ja mit den Männern gesprochen.«

Dann erzählte ich, daß Iboya Shafar bei den zionistischen Versammlungen kennengelernt hatte, daß er in Budapest in einer Munitionsfabrik gearbeitet hatte, weil er nicht zur Armee konnte, und daß er und Iboya sich geschrieben hatten. »Ich weiß auch nicht, warum er hier ist«, schloß ich.

Dann kam Shafar heraus. Judi und ich begleiteten ihn auf dem Weg zur Krankenstation.

»Was ist los?« fragte Judi, bevor ich dazu kam, Shafar zu fragen, warum er in unserem Ghetto war und nicht in dem der Budapester Juden. »Werden wir dieses herrliche Fleckchen Erde etwa verlassen müssen?« fragte Judi und zeigte mit ausgestrecktem Arm auf die Schuppen und Latrinen.

»Wir wissen es nicht genau«, antwortete Shafar. »Aber es scheint so, als ob die Züge in ein oder zwei Tagen ankommen sollten.« Er sah in die Eingänge der Schuppen und schüttelte mitleidig den Kopf.

»Glaubst du, es wird noch schlimmer sein als hier?« stammelte Judi.

»Es wird in Deutschland sein. Und das ist schlimm genug.«

Wir waren an der Krankenstation angekommen. Shafar deutete eine Verbeugung an und verschwand dann im Innern des Gebäudes. Wir blieben draußen stehen und hätten zu gerne gewußt, was die Männer da drinnen zu besprechen hatten. »Ein hübscher Kerl«, sagte Judi. »Ich glaube, er ist der einzige hier, der so Anfang zwanzig ist«, fuhr sie fort. Ich nickte abwesend. Irgendwie kam mir ihre Bemerkung unter diesen Umständen recht merkwürdig vor. Trotzdem hatte sie recht, mußte ich zugeben. Und ich ärgerte mich, daß ich Shafar nicht gefragt hatte, warum er im Ghetto von Beregszász war.

Nach dem Abendessen kam uns Herr Hirsch besuchen. Mutter wirkte anfangs nicht besonders freundlich.

»Nun sind Sie also auch hier«, sagte sie.

»Wir haben nie daran gezweifelt, daß sie uns am Ende auch hierher bringen würden«, antwortete er. »Genau zwei Wochen Aufschub haben wir dafür bekommen, daß wir mit ihnen zusammengearbeitet und organisieren geholfen haben. Und in den zwei Wochen konnten wir eine Menge Sachen hierher schicken.«

»Paß auf die Kinder auf«, sagte Mutter. »Ich gehe mit Herrn Hirsch ein paar Schritte vor die Tür.«

Judi blickte auf ihre Uhr, runzelte die Stirn und ging aus dem Zelt. Ich wußte, daß sie Gari und Henri erwartete, deshalb lief ich ihr nach, sobald Mutter zurück war. Doch dann sah ich, daß Herr Schwartz mit einer Papiertüte in der Hand auf unseren Schuppen zukam, und blieb da. Herr Schwartz wirkte älter und bewegte sich langsamer als sonst. Ich rannte auf ihn zu, um ihn zu begrüßen. Er umarmte mich mit seinem einen Arm, und dabei fiel mir auf, daß er nicht mehr nach Fisch roch. Überhaupt schien er sich sehr verändert zu haben, er sah nicht mehr aus wie der Herr Schwartz, den ich kannte. Seine Kleider schlabberten um seinen Körper, so daß er etwas schäbig wirkte. Er drückte mir die Tüte in die Hand.

»Hier, Piri, das ist für dich und deine Familie. Deiner Mutter und den Kindern geht's gut, hoffe ich?«

»Ja, Herr Schwartz, uns geht's gut«, antwortete ich. An unserem Zelt hob ich den Zipfel eines Bettuches auf und ließ den erstaunten Herrn Schwartz eintreten.

Mutter schien überrascht und erfreut, ihn zu sehen. Sie sprang auf und umarmte ihn. Dann trat sie zurück. »Sie sehen aber gar nicht gut aus«, sagte sie. »Setzen Sie sich.« Sie deutete auf eines der Bündel. »Waren Sie krank?« fragte sie dann.

»Ich bin nicht krank«, antwortete er, »bloß arbeitslos. Nachdem sie mir meinen Laden zugemacht haben, versuchte ich, im Judenrat zu helfen. Aber da ich kein Deutsch kann, konnte ich nicht viel tun. Es ist schwierig, untätig zu sein, wenn es soviel Arbeit gibt.«

»Das kann ich verstehen«, sagte Mutter. »Auch wir sitzen hier schon seit zwei Wochen untätig herum.«

Herr Schwartz sah sich um. »Warum haben Sie so ein Zelt gebaut?« fragte er.

»Ich wollte ein bißchen Privatleben haben.«

Ich gab Mutter die Papiertüte.

»Haben Sie uns Fisch mitgebracht?« fragte sie scherzhaft.

Beide lachten leise.

»Sie ließen uns noch die restlichen Brotmarken einlösen, bevor sie uns mitnahmen. Das ist alles, was in der Bäckerei noch zu kriegen war.«

Sandor und Joli kamen aus ihrer Ecke und wollten wissen, was in der Tüte war. Mutter holte ein süßes Brötchen aus der Tüte, teilte es in zwei Hälften und ließ die beiden Kinder aus ihrer Hand essen, weil sie vom Buddeln ganz schmutzig waren. Herr Schwartz schaute zu, wie die beiden das Brötchen verschlangen.

»Ein Festessen«, erklärte Mutter. »Wir heben den Rest für morgen zum Frühstück auf, damit können wir Iboyas Geburtstag feiern.«

Sandor und Joli küßten Herrn Schwartz zum Dank auf seine rauhe Wange. Er umarmte die beiden mit dem einen Arm und beugte sich vor, um sie zu küssen. Sie kicherten und rannten wieder in ihre Ecke zum Spielen.

Herr Schwartz stand auf und sagte, daß er sich jetzt verabschieden müsse. Mutter brachte ihn bis zum Ende des Schuppens. Ich stand vor dem Zelt und bemerkte die vielen neugierigen Blicke, die Mutter und den einarmigen Mann verfolgten.

Kaum war Mutter zurück, da tauchte Frau Gerber im Zelt auf.

»Soviel Besuch an einem Tag!« sagte Mutter. »Haben sie dir was Neues erzählt?«

»Herr Schwartz sagte, daß Beregszász wie eine Geisterstadt aussieht. Die Leute verlassen ihre Häuser nur, wenn sie unbedingt müssen.«

In dem Moment kam Judi, die die ganze letzte Stunde

über unruhig hin- und hergegangen war, und flüsterte mir zu, daß sie gerade gesehen hatte, wie Gari und Henri die Straße vor der Krankenbaracke überquert hatten. Ein paar Minuten später erschienen sie bei uns und begrüßten Mutter. Sie schienen sehr besorgt und aufgebracht zu sein.

Wir vier verließen das Zelt, und sobald wir draußen waren, entschuldigte sich Gari für sein spätes Kommen. Er hatte den verletzten Ausdruck in Judis Gesicht sofort bemerkt. »Gari«, bat sie ihn eindringlich und legte die Hände auf seine Schulter, »bitte erzähl uns, was auf der Krankenstation besprochen wird.«

Gari sah Henri an. Der nickte und flüsterte: »Ja, wir sagen es ihnen, aber nicht hier. Es könnte uns jemand zuhören.«

»Laß uns zu eurem Haus gehen, Gari«, schlug Judi vor.

Herr Weiß stand auf der Veranda und starrte in die Ferne. Er war tief in Gedanken versunken und erschrak, als wir kamen. Er grüßte uns abwesend, zog seine Taschenuhr hervor, um zu sehen, wie spät es ist, und verschwand im Haus.

Dann begann Gari leise zu sprechen: »Wir hatten eine Untergrundgruppe gegründet und wollten einen Aufstand machen. Als jetzt die Männer kamen, wollten sie mitmachen. Sie wissen zwar auch nicht besser, was wir machen können, aber die meisten sind der Meinung, wir sollten irgend etwas tun. Sie haben uns geholfen, Gewehre und Munition ins Ghetto zu schmuggeln, und sie wissen besser als wir, wie die Deutschen in Beregszász organisiert sind. Bis jetzt haben wir nur Ideen und Informationen ausgetauscht.«

Judi und ich hörten erschrocken und doch fasziniert zu. Gari fuhr fort: »Sie haben mit den Deutschen zusammengearbeitet und dabei begriffen, daß man den Deutschen nicht vertrauen darf. Und wir glauben den Deutschen kein Wort über das, was sie von besseren Bedingungen in den Arbeitslagern erzählen. Die Männer sind wild entschlossen, irgend etwas zu wagen, und wenn es nur dazu dient, ihnen zu beweisen, daß wir keine Feiglinge sind. Wir wissen genausogut wie sie, daß wir sie letzten Endes nicht davon abhalten werden, ihre Pläne durchzuführen, aber wir haben trotzdem das Gefühl, daß wir in irgendeiner Form handeln müssen.«

»Wer ist von den Lagerdienstleuten noch alles im Untergrund?« wollte ich wissen.

»Fast alle vom Lagerdienst«, antwortete Gari.

»Wie lange führt ihr diese Diskussionen denn schon?« fragte Judi.

»Seit sie angefangen haben, uns abzuholen, haben wir über Formen und Möglichkeiten des Widerstands nachgedacht. Aber wir hatten nichts, womit wir kämpfen konnten«, sagte Henri.

»Und was habt ihr jetzt?« fragte ich.

»Ein paar ungarische Gewehre, etwas Munition und Sprengstoff.«

»Wie seid ihr denn da rangekommen?«

»Einige Gewehre haben wir draußen bei ungarischen Bauern gekauft und dann hier hineingeschmuggelt. Das Kaufen ist nicht so schwierig wie das Reinschmuggeln und Verstecken. Die deutschen Aufseher sind sehr gründlich. Und natürlich suchen sie genau nach solchen Sachen wie Gewehren. Der Freund von deiner Schwester, Shafar, hat die meisten Gewehre beschafft«, bekannte Gari. »Die letzte Lieferung habe ich vor zwei Stunden entgegengenommen.«

»Am hellichten Tag!« rief Judi entsetzt.

»Es gibt keine andere Möglichkeit«, lachte Gari und freute sich über ihre Besorgnis.

»Mein Gott«, sagte Judi, »die werden euch umbringen.«

In diesem Moment ertönte das Signal für die Sperrstunde. Herr Weiß erschien an der Tür. »Bring die Mädchen zu ihrem Schuppen und komm sofort zurück. Du hast für heute genug getan«, sagte er zu Gari.

Nachdem wir durchs Tor waren, nahm ich Henris Arm und rückte eng an ihn heran. »Was wollt ihr mit dem ganzen Zeug machen?« fragte ich ihn.

»Wir können uns einfach nicht einig werden, jeder will etwas anderes. Im Grunde ist es sinnlos, überhaupt etwas zu versuchen. Wir sind nur eine kleine Gruppe. Selbst wenn wir es nur mit den Deutschen im Ghetto zu tun hätten, wären sie uns schon zehn zu eins überlegen. Und der Rest ihres Bataillons ist in der Stadt; eine ganze Armee mit Panzern und Maschinengewehren ist nur einen Telefonanruf entfernt. Aber es geht ja nicht nur um uns, sondern wir machen uns Sorgen um die anderen, die Frauen und die Kinder. Wofür wir uns auch entscheiden werden, weit werden wir damit nicht kommen.«

»Und warum wollt ihr überhaupt etwas machen?«

»Weil wir nicht einfach zugucken können, wie sie uns und unsere Familien leiden lassen. Einige der Älteren sagen, daß es sicherer wäre, gar nichts zu tun, wir würden sonst alles nur noch schlimmer machen. Aber wir anderen sind der Meinung, daß jede Aktion besser ist als keine.«

»Und was denkst du?« fragte ich.

»Ich weiß es wirklich nicht, Piri. Manchmal denke ich, selbst wenn wir es schaffen würden, alle ihre Züge in die Luft zu jagen, dann würde es doch nur ein paar Tage dauern, bis neue Züge kämen. Und wer weiß, was die Deutschen sich in der Zwischenzeit dann als Vergeltungsmaßnahmen ausdenken würden.«

In diesem Moment holten uns Gari und Judi ein. Gari hatte gehört, was Henri am Schluß gesagt hatte, und mischte sich ein, bevor Henri seinen Gedanken zu Ende führen konnte: »Aber selbst wenn wir nur eine Verzögerung erreichen könnten, dann wäre es die Sache schon wert. Soweit ich die Männer, die neu angekommen sind, richtig verstanden habe, ist es nur noch eine Frage von wenigen Wochen, bis der Krieg vorbei ist, und die Russen können sogar schon jeden Tag hier sein.«

»Aber«, sagte Henri, »wenn es stimmt, daß die Russen in ein paar Tagen hier sind, weiß man immer noch nicht, was sich die Deutschen in diesen Tagen alles einfallen lassen werden, wenn sie wütend genug sind. Und die Leute in der Krankenstation würde es am härtesten treffen. Sie sind zu alt oder zu krank, um noch mehr Entbehrungen aushalten zu können.«

Ich wußte, daß Henri an seine Großmutter dachte. Henri und Gari verstrickten sich in eine hitzige Debatte und schienen unsere Anwesenheit völlig vergessen zu haben. Wir mußten dann aber schnell auseinandergehen, weil ein ungarischer Polizist uns anschnauzte: »Los, küßt sie zum Abschied, und dann macht, daß ihr wegkommt. Die Sperrstunde hat schon begonnen.«

Gari und Henri grinsten und taten so, als ob die Warnung des Polizisten der freundliche Rat eines Kameraden gewesen sei. Sie küßten uns auf die Wangen und gingen pfeifend davon. Sie pfiffen eine der Melodien, zu denen ich einen neuen Text geschrieben hatte. Judi und ich verbargen unsere Furcht voreinander und gingen scheinbar ruhig zu unserem Schuppen. Später, als ich auf meiner Matte lag, konnte ich lange nicht einschlafen, und ich hörte, daß auch Judi sich auf der anderen Seite des Lakens unruhig hin und her warf.

Am nächsten Morgen, als das Frühstück ausgeteilt wurde, bat Mutter mich, den Gerbers Bescheid zu sagen, daß sie zu uns kommen sollten, sobald sie ihren Tee und ihr Brot hatten.

Als wir alle versammelt waren, holte Mutter die Tüte mit den süßen Brötchen, die Herr Schwartz uns mitgebracht hatte. Zur Feier von Iboyas Geburtstag teilte sie an jeden von uns ein halbes Brötchen aus. »Heute ist Iboyas Geburtstag; sie wird sechzehn Jahre alt.«

Iboya wurde rot, aber sie freute sich und dankte Mutter. Dann wollte sie los.

»Einen Moment noch«, sagte Frau Gerber plötzlich. »Ich möchte auch etwas für deinen Geburtstag machen, es wird uns allen guttun. Kannst du zurück sein, bevor sie die Suppe austeilen?«

»Ich werd's versuchen«, sagte sie und schlüpfte aus dem Zelt.

Sobald wir unseren Müttern entrinnen konnten, spazierten Judi und ich langsam in der erlaubten Zone außerhalb unseres Schuppens und unterhielten uns leise über die Gefahr, in der unsere Freunde steckten – eine Gefahr, die uns alle betraf.

Judi war der Meinung, daß wir sowieso keine Chance hätten, ganz egal, wozu die Männer sich entschieden. »Wenn sie kämpfen wollen, dann wird das für uns alle ganz furchtbar, aber am allerschlimmsten natürlich für sie. Andererseits würden sie bestimmt nicht einen so verzweifelten Plan machen, wenn sie nicht genau wüßten, daß unsere Zukunft in Deutschland genauso hoffnungslos ist.«

»Was sie tun, wird auf jeden Fall Folgen haben. Deswegen hoffe ich, daß sie überhaupt nichts machen werden«, sagte ich. »Ich würde lieber nach Deutschland gehen und dort arbeiten. Mutter sagt, sie müßten uns dann ja wenigstens was zu essen geben, denn wenn man arbeitet, muß man auch essen.«

»Essen ist auch nicht alles«, entgegnete Judi. »Ich bin schon soweit, daß ich überhaupt keinen Hunger mehr spüre. Ich wünschte, ich wäre ein Mann. Sie können wenigstens Pläne machen und sitzen nicht so untätig rum wie unsere Mütter und wir.«

»Aber selbst wenn wir Männer wären, Judi«, sagte ich, »wir sind doch erst dreizehn.«

»Auch das Alter ist nicht so wichtig. Eigentlich fühle ich mich viel älter als dreizehn. Und ich will nicht von Gari getrennt werden. Gestern abend hat er mir gesagt, daß der Lagerdienst dableibt, um zu helfen, bis alle weg sind. Sie werden dann die letzten sein. Vielleicht haben wir nur noch ein oder zwei Tage für uns. Und ich will jetzt nicht von ihm wegmüssen.«

Bei dem Gedanken, daß auch Henri und ich bald getrennt werden würden, wurde ich traurig.

»Ich habe eine Idee«, sagte Judi. »Wir versprechen uns gegenseitig, daß wir uns heute abend, wenn die beiden uns abholen werden, wie erwachsene Frauen verhalten werden. Es wäre schön, wenn wir noch mal tanzen könnten. Aber was auch immer passieren mag, wir wollen wie Erwachsene handeln. Das ist vielleicht unsere letzte Gelegenheit.«

»Ich glaube, ich gehe zum Zelt zurück und schreibe ein Gedicht für Iboya zum Geburtstag«, sagte ich.

»Gute Idee. Ich werde mal gucken, ob ich ein Buch finde, das ich ihr schenken kann.«

Am Nachmittag trafen wir uns im Zelt, um Iboyas Geburtstag zum zweitenmal zu feiern. Shafar begleitete sie, als sie um vier Uhr von der Küche zurückkam. Er hatte ihr seinen Schulring geschenkt und außerdem bei einem ungarischen Polizisten ein paar Zigaretten gegen einen Laib Brot getauscht. Mutter freute sich über das Brot, schnitt es in neun Stücke und verteilte sie an uns alle. Frau Gerber hatte ihr Geschenk noch in der Hand, und bevor sie es Iboya überreichte, hielt sie eine kleine Rede: »Dies ist für eine tapfere und schöne junge Frau. Ich verspreche dir, daß ich nach dem Krieg für dich im Hause meines Vaters in Budapest ein richtiges Fest geben werde, so wie du es verdient hast, mit Champagner und Musik und richtigen Geschenken.«

Dann überreichte sie Iboya eine braune Papiertüte. Iboya fand darin Frau Gerbers weißen, bestickten Seidenschal. Sie legte ihn sich um die Schultern und drehte sich so wild herum, daß uns die langen Seidenfransen streiften. Wir standen bewundernd im Kreis um sie. Dann küßten wir sie alle und gratulierten ihr zum Geburtstag. Ich gab ihr das Gedicht, das ich geschrieben hatte, und Judi schenkte ihr ein dickes Buch. Shafar mußte gehen, aber er sagte, daß er später noch einmal wiederkommen würde.

So kamen uns an diesem Abend nach dem Essen drei junge Männer besuchen, alle drei frisch rasiert. Mutter strahlte, als sie die drei sah. Sie verbeugten sich zur Begrüßung und sagten höflich »Guten Abend«, und dann verließen wir mit ihnen das Zelt. Iboya hatte ihren neuen Schal um die Schulter geworfen. Am Tor zur Weißschen Villa hielten die ungarischen Posten Shafar und Iboya an. Shafar fischte zwei Schachteln Zigaretten aus seiner Brusttasche und gab jedem Posten eine. Dann konnten wir passieren.

Herr Weiß stand auf der Veranda und bat uns alle sechs ins Haus. Im Wohnzimmer saß Frau Weiß. Sie trug ein elegantes Kleid und rührte in einem Krug mit einem Himbeergetränk. Sie hieß uns willkommen, als wären wir ganz besondere Gäste, und erklärte: »Ich hatte noch ein bißchen Sirup übrig und habe damit eine Bowle für Iboyas Geburtstagsparty gemacht. Ich habe auch noch ein bißchen Marmelade. Es wird zwar keine besonders schicke Party, aber ich habe mein Bestes getan.«

Neuigkeiten wurden im Ghetto offensichtlich sehr schnell verbreitet.

Herr Weiß schnitt etwas Brot auf und teilte es in kleine Häppchen. Dann brachte er ein paar Gläser und goß uns Bowle ein. Herr Weiß hob sein Glas: »Wir tun einfach so, als ob es Champagner wäre. Wir stoßen auf Iboya an und auf eine Zukunft in Freiheit, wo junge Liebe sich ungestört entfalten kann.«

Beim Klirren der Gläser machte ich mir einen eigenen, stillen Trinkspruch, so wie Mutter am Seder: »Mögen wir im nächsten Jahr alle zusammen in Komjaty sein!«

Wir tranken die Bowle und genossen die kleinen Brothäppchen mit der süßen, smaragdgrünen Stachelbeermarmelade. Herr und Frau Weiß bewunderten den Ring, den Shafar Iboya geschenkt hatte, und den Seidenschal von Frau Gerber. Als wir mit dem Essen fertig waren, zogen sich Herr Weiß, Shafar, Henri und Gari in den Nebenraum zurück. Sie schlossen die Tür hinter sich.

»Diese Männer!« meinte Frau Weiß ärgerlich. »Ständig sind sie mit Geheimniskrämerei und Kriegsspielereien beschäftigt.«

Ich bemerkte, daß Iboya die Art, wie Frau Weiß sich bewegte, bewunderte. Auch ich sah, wie schön und anmutig Garis Mutter war. Beim Abräumen der Gläser schwang ihr Kleid sanft um sie herum, und sie schien zu schweben, als sie den Raum durchquerte, um die Gläser auf einem kleinen Tisch an der Wand abzustellen. Dann nahm sie neben Iboya auf dem Sofa Platz und unterhielt sich mit ihr.

»Dein Shafar muß ja ein ganz außergewöhnlicher

Mann sein. So wie ich gehört habe, ist er in Budapest geflohen und hat sich hier in Beregszász gestellt. Es gibt bestimmt nicht viele, die den Mut haben, ins deutsche Hauptquartier zu gehen und zu sagen: ›Ich bin bereit, ins Ghetto zu gehen.‹ Ich nehme an, er hat so getan, als hätte er Angst gehabt, weiter zu fliehen. Kluger Junge. Woher kennst du ihn?«

Endlich wußte ich, warum Shafar im Ghetto von Beregszász war. Iboya erklärte, daß sie Shafar im Zionistischen Klub kennengelernt hatte, bevor er nach Budapest gegangen war.

»Wirklich imponierend«, sagte Frau Weiß, »er ist sehr tapfer. Ich bin sicher, daß die Arbeit in Budapest nur eine Tarnung war. Wenn ich gewußt hätte, daß Leute wie er im Zionistischen Klub sind, wäre ich vielleicht auch Mitglied geworden.« Sie lachte ein bißchen, um ihrer letzten Bemerkung einen scherzhaften Anstrich zu geben, aber ich war mir nicht sicher, ob es nur ein Scherz war.

Die Stimmung im Wohnzimmer war gedrückt. Keine von uns wagte es, den Mund aufzumachen, aus Angst, etwas Falsches zu sagen. Dann sprach Frau Weiß Judi an.

»Und du, meine Liebe, sollst eine so hervorragende Tänzerin sein?«

»Danke. In Budapest gab es viele Feste«, brachte Judi heraus.

»Oh, ja«, sagte Frau Weiß. »Ich weiß, was du meinst. Auch wir haben viele Feste gefeiert, in dem großen Haus. Wie lange das schon her ist! Bald werden wir uns überhaupt nicht mehr erinnern.« Frau Weiß ging zu dem Plattenspieler, legte eine Platte auf und drehte die Kurbel. Eine Walzermelodie erklang. Sie hielt ihre Arme einem imaginären Tanzpartner entgegen und wartete auf den Einsatz. Dann begann sie zu tanzen, drehte sich und kreiste um die Stühle und Tische im Raum.

Die Tür zum Nebenzimmer wurde geöffnet, und die Männer betraten das Wohnzimmer. Erstaunt betrachteten sie Frau Weiß, die jetzt auf Shafar zutanzte und ihn zum Walzer aufforderte. Er zögerte, aber dann legte er seinen Arm um ihre Taille und sagte: »Gut, versuchen wir's, aber dies ist nicht so ganz mein Fall.«

»Es ist ganz leicht«, sagte sie und sah auf ihre Füße hinab. »Zählen Sie mit, bei jedem Schlag ein Schritt: eins, zwei, drei – eins, zwei, drei.« Sie drehten sich im Walzerschritt herum.

Herr Weiß überprüfte noch einmal, ob die Fenster auch alle zu waren. Er räumte ein paar Stühle an die Seite und forderte dann Iboya zum Tanzen auf. Sie wurde so rot wie die gestickten Rosen auf ihrem Schal, nahm die Aufforderung aber an. Ihr Körper blieb beim Tanzen steif, aber ihre Füße folgten leicht dem Takt der Musik.

»Wo hast du denn Walzertanzen gelernt, Iboya?« fragte Shafar, als die Musik zu Ende war.

»Mein Schwager Lajos hat es mir beigebracht.«

Gari drehte wieder an der Kurbel des Plattenspielers und bat Judi um einen Tanz. Sie hatten die Tanzfläche ganz für sich allein, wir anderen standen drum herum und guckten zu. Judis Füße schienen den Boden kaum zu berühren, ihr Rock bauschte sich von der Taille an, und sie schwebte scheinbar mühelos durch den Raum. Herr Weiß klatschte Beifall, wir anderen auch. Dann erklang das Signal zur Sperrstunde. Wir verabschiedeten uns und bedankten uns bei Herrn und Frau Weiß. Henri und ich gingen als erste durchs Tor, gefolgt von Iboya und Shafar, und ein kleines Stück dahinter kamen Judi und Gari. Zum Abschied wollten wir unsere Begleiter noch einmal ganz für uns allein haben.

Henri lehnte sich an einen Schuppenpfosten und zog mich an seine Brust. Ich konnte sein Herz schlagen hören und fühlte mich unendlich traurig und trotzdem ganz ruhig und friedlich. Ein paar Minuten lang blieben wir so stehen. Dann legte Henri seine Hände um mein Gesicht und küßte mich zart auf die Lippen. Plötzlich nahm er die Hände weg, drehte sich abrupt um und ging weg. Ich ging, ohne mich noch einmal umzusehen, direkt in unseren Schuppen.

22.

Am nächsten Morgen, sobald wir draußen waren, erzählte mir Judi, daß Gari und sie sich richtig geküßt hätten, so wie Erwachsene, mit offenen Lippen. »Du mußt das unbedingt auch machen, wenn du noch dazu kommst«, sagte sie.

Ihre Offenheit irritierte mich etwas, obwohl sie mich auch neugierig machte. Aber sie behielt recht mit der Befürchtung, daß ich keine Gelegenheit mehr bekommen würde. Herr Schuster ging an uns vorbei ins Zelt, und wir folgten ihm. Mutter und Frau Gerber erschraken, als sie seinen düsteren Gesichtsausdruck bemerkten. Ängstlich gespannt verfolgten sie seinen Bericht, wonach er soeben den Befehl erhalten hatte, alles für die Abreise vorzubereiten.

»Oh, mein Gott!« rief Mutter. Frau Gerber wurde leichenblaß. Sie brachte keinen Ton heraus.

»Ich werde die entsprechenden Anweisungen vorne am Schuppeneingang anschlagen. Ich brauche Ihre Hilfe, um die Frauen für die Abfahrt vorzubereiten. Obwohl sie es ja alle erwarten, wird es trotzdem für die meisten ein Schock sein. Ich hoffe, Sie werden mir ein bißchen behilflich sein, meine Befehle auszuführen.«

Kaum hatte er unser Zelt verlassen, betrat ein deutscher Offizier zusammen mit zwei ungarischen Polizisten unseren Schuppen. Der Offizier rief laut auf deutsch »Achtung!«, und sofort herrschte Totenstille. Einer der ungarischen Polizisten ergriff das Wort: »Die Züge werden heute oder morgen hier sein. Sie werden nach Deutschland gebracht, um dort in Fabriken zu arbeiten. Sie werden dort gut behandelt werden, so daß es keinen Grund zur Beunruhigung gibt. Sie müssen Ihre Sachen gut verpacken und mit der Adresse ›Arbeitslager Nummer 500, Deutschland‹ versehen. Schreiben Sie Ihren Namen und die Adresse deutlich lesbar in Druckbuchstaben. Ihr Gepäck wird Ihnen mit dem nächsten Zug nachgeschickt werden. Herr Schuster wird Ihnen behilflich sein. Sie müssen diese Befehle sorgfältig befolgen.«

Wie ein deutscher Soldat schlug er die Hacken zusammen und salutierte vor dem deutschen Offizier, der in die Menge der verängstigten Frauen starrte. Dann drehten sich die drei um und verließen den Schuppen.

Wir standen nahe am Eingang, wo Herr Schuster die Befehle der Deutschen anbrachte. Plötzlich kam Iboya angerannt. Sie zitterte am ganzen Körper.

»Sie haben mich entlassen«, weinte sie und warf sich in Mutters Arme. »Wir sind im ersten Transport. Sie verladen uns nach dem Alphabet.«

»Werden sie uns auseinanderreißen?« fragte Frau Gerber erschrocken.

»Es wird etwa drei oder vier Transporte geben. Der Lagerdienst und die Krankenstation werden die letzten sein.«

»Ich will nicht ohne dich gehen«, sagte Frau Gerber zu Mutter und fing an zu weinen.

Judi und ich sahen uns an. »Komm«, sagte Judi zu mir, »gehen wir sie suchen.«

Wir gingen zum Hintereingang des Schuppens.

»Nicht!« rief Iboya und rannte uns hinterher. Als sie uns eingeholt hatte, sagte sie: »Sie haben eine Besprechung. Wenn es irgend geht, kommen sie noch mal her. Wenn nicht, dann war der Abschied gestern abend. Wir müssen jetzt den Frauen hier helfen, ihr Zeug zusammenzupacken.«

Einige Frauen riefen nach ihren Kindern, andere fummelten an ihren Bündeln herum.

Frau Gerber lief Herrn Schuster hinterher. »Bitte sorgen Sie dafür, daß wir zusammenbleiben können«, bettelte sie. »Unsere Familien dürfen nicht getrennt werden.«

»Wenn ich es entscheiden kann, können Sie zusammenbleiben. Aber ich kann es nicht versprechen«, flüsterte er ihr zu.

Sie ging zurück zu ihrem Platz und faltete die Decken zusammen.

Iboya zog eines der Laken herunter und zerriß es in kleine Streifen. »Hier«, sagte sie zu Judi und mir, »verteilt diese Streifen an die Frauen und sagt ihnen, sie sollen darauf ihren Namen und ›Arbeitslager 500‹ schreiben und sie dann draußen auf ihre Bündel nähen. Wir haben noch ein paar Nadeln und etwas Faden für die, die kein Nähzeug haben.«

Endlich konnten wir uns auch mal nützlich machen. Wir verteilten nicht nur die weißen Stoffetzen, sondern halfen den Frauen auch, Namen und Adresse darauf zu schreiben, bevor sie sie auf die Bündel nähten. Dabei lauschten wir ständig auf entfernte Geräusche. Als wir fertig waren, liefen Judi und ich vor die Baracken und sahen über das freie Feld zu den Gleisen, wo Bahnbeamte arbeiteten.

»Es wird alles vorbereitet«, meinte Judi.

Im Schuppen saßen die Leute auf ihren Bündeln, als erwarteten sie, daß der Zug direkt bis in den Schuppen fahren würde. Herr Schuster lief auf und ab und biß auf seiner Pfeife herum. Die unnatürliche Ruhe im Schuppen Nummer sechs schien ihn zu beunruhigen. Schließlich ging er nach draußen.

Judi und ich folgten ihm und sahen, wie er über das Feld auf die Gleise starrte. Wir wandten unseren Blick in Richtung Krankenstation, weil wir hofften, vielleicht Henri oder Gari zu entdecken. Aber es war kein Mensch auf der Straße.

Judi bemerkte, daß Herr Schuster auf die Uhr schaute. »Es scheint so, als könnten Sie es kaum abwarten, daß die Züge kommen«, sagte sie schnippisch.

»Wenn wir schon weg müssen, warum dann nicht sofort«, antwortete er. »Was bringt uns die Warterei?«

»Ich hab's nicht besonders eilig«, höhnte Judi.

Dann beschloß ich, Herrn Schuster endlich die Frage zu stellen, die mich schon eine ganze Weile beschäftigte. Alle Leute befolgten die deutschen Befehle völlig widerstandslos – aber was würde wohl passieren, wenn wir nicht so gehorsam wären?

»Herr Schuster«, fragte ich zögernd. »Wenn die Züge kommen und wir weigern uns einzusteigen, was würde dann passieren?«

Er nahm seine Pfeife aus dem Mund und barg sie in seiner Hand, während er sprach. »Die Antwort liegt doch auf der Hand. Warum, meinst du wohl, tragen die ungarischen Polizisten und die deutschen Wachen Gewehre mit Bajonetten? Ich kann deine Gefühle gut verstehen, aber ich fürchte, wir haben keine Wahl.«

»Menschen haben immer die Möglichkeit, sich zu entscheiden«, entgegnete Judi. »Das ist im Laufe der Geschichte in jedem Krieg bewiesen worden.«

»Ja, aber es hat noch nie etwas eingebracht. Wenn du Widerstand leisten willst, dann muß deine Position mit der deines Feindes vergleichbar sein. Sie haben eine bewaffnete Armee, und wir? Wir haben noch nicht einmal Männer.«

»Viele bekannte Widerstandsgruppen bestanden nur aus wenigen Leuten«, beharrte Judi.

»Schau dich um, Judi. Was siehst du?« Herr Schuster beschrieb mit dem Arm einen Kreis um das Lager. »Eine Masse verängstigter Frauen und Kinder und dazwischen ein paar alte Männer. Das würde eine schöne Widerstandsgruppe abgeben.«

»Es gibt einige junge Männer und außerdem einige Frauen, die keine Angst haben«, argumentierte Judi.

»Mut ist eine ehrenwerte Eigenschaft, aber Wagemut ist töricht. Ich dachte, ich wäre mutig, als ich meine Arbeitsgruppe verließ, um meine Familie zu suchen. Aber ich wurde geschnappt, bevor ich sie finden konnte. Jetzt habe ich weder meine Arbeitskameraden noch meine Familie.«

Zu meinem Erstaunen zeigte Judi Mitleid. »Es tut mir sehr leid, daß Sie soviel Pech hatten, Herr Schuster«, hörte ich sie sagen.

»Es sind die Zeiten. In schlechten Zeiten ist es sehr unangenehm, Jude zu sein. Wir geben so hervorragende Sündenböcke ab.«

»Warum?« fragte ich.

»Weil wir eine Minderheit sind, die sich zur Verfolgung geradezu anbietet. Manchmal denke ich sogar, das ist unsere Bestimmung.«

»Sündenböcke zu sein? Das klingt aber nicht sehr gerecht«, meinte Judi. »Vor allem, weil wir doch eigentlich das auserwählte Volk sein sollen.«

»Auserwählt zu sein bedeutet eine große Verantwortung«, sagte Herr Schuster. »Manchmal führt uns Gott auf sehr merkwürdige Pfade.«

Ich war verwirrt. Es klang alles so kompliziert. »Herr Schuster«, fragte ich, »was ist eigentlich ein Sündenbock?«

Er hörte auf, mit dem Daumen im Pfeifenkopf herumzupolken, und antwortete mir langsam: »Als Arons Söhne starben, beauftragte Gott Moses, zu Aron zu gehen und ihm zu sagen, daß er alle Sünden der Juden auf das Haupt eines Ziegenbockes legen und diesen Ziegenbock mit all den Sünden Israels in die Wildnis jagen sollte. Das steht in der Bibel.«

Jetzt verstand ich, was Mutter gemeint hatte, als uns Damenbart weggenommen wurde.

»Aber es sind doch gar nicht unsere Sünden«, sagte ich. »Es sind doch die der Deutschen. Warum sollen wir die denn tragen?«

»Die Deutschen verdrehen Gottes Wort und schicken uns mit ihren Sünden in die Wildnis.«

»Wenn Gott es zuläßt, daß sein erwähltes Volk auf diese Art benutzt wird, dann möchte ich lieber nicht auserwählt sein«, sagte Judi bestimmt. »Wir sind so, wie wir uns selber machen. Dieses Verständnis vom Judentum ist vorsintflutlich. Durch unsere Kultur und Tradition sind wir feige. Wir gehorchen aus Angst und nicht aus Überzeugung und geben unsere Freiheiten auf. Zum Trost haben wir den Glauben, das auserwählte Volk zu sein. Was für eine wahnsinnige Ausflucht! Ich jedenfalls möchte für so etwas nicht benutzt werden. In dem Sinne betrachte ich mich nicht als jüdisch.«

Herr Schuster zuckte die Achseln. »Wenn du eine bessere Lösung weißt, würde ich sie gerne hören.«

»Vielleicht gibt es eine«, sagte Judi, nahm mich an der Hand und führte mich weg. Sie schien eher verstört als ärgerlich zu sein. »Herr Schuster ist gar nicht so blöd, wie ich gedacht habe. Er läßt sich nicht aus Dummheit von den Deutschen als Botenjunge benutzen, sondern weil er es aufgegeben hat, gegen sie zu kämpfen. Er hat seine ganze Widerstandskraft gebraucht, um seine Familie zu suchen. Und in dem Moment, wo das schiefgegangen ist, hatte er keine Kraft mehr. Deshalb akzeptiert er jetzt alles als den Willen Gottes. Das mag eine Lösung für ihn sein, aber meine ist es nicht.«

»Was willst du denn machen?« fragte ich und hoffte, daß sie nicht so aufgeben würde wie Herr Schuster. Auch Mutter hatte schon damit angefangen.

Judi tat mir leid. Ihre liberale Erziehung hatte sie in dem Glauben großwerden lassen, daß sie sich nicht an die strengen Regeln zu halten brauchte. Sie war als Ungarin erzogen worden und mußte jetzt erfahren, daß sie Jüdin war. So hatte sie plötzlich keine Identität mehr, an die sie sich halten konnte.

Sie ließ die Schultern hängen und machte ihrem Unmut Luft. »Ich wünschte, ich wäre ein Mann! Und daß ich älter wäre! Ich hasse es, nicht mitmachen zu können!« tobte sie und kickte mit dem Fuß ein paar Steine aus dem Weg, als wir zurück zu unseren Müttern und den Kindern gingen.

Im Schuppen saßen alle Leute still auf ihren Bündeln. Als wir zu unserem Platz kamen, gab Mutter uns schnell eine Scheibe geröstetes Brot. Wir kauten auf den trockenen Krümeln herum, bis sie feucht genug waren, daß wir sie schlucken konnten. Unsere Kehlen waren wie zugeschnürt.

Sandor und Joli sammelten ihr Spielzeug zusammen. Mutter kratzte den Ghettodreck von den Eimern und Schaufeln und alten Löffeln und schnürte alles in ein Bündel. Iboya holte ihren Block aus dem Sack und zeichnete Tiere für die Kinder, um sie ein wenig abzulenken.

Henri kam noch vor dem Abendessen. »Noch kein Zug in Sicht«, berichtete er. »Wir bezweifeln, daß sie heute noch kommen.«

»Würden sie uns denn auch im Dunkeln aufladen?« fragte Mutter gespannt.

»Nein«, sagte Henri. »Sie gehen bestimmt nicht das Risiko ein, daß im Dunkeln ein paar Leute abhauen. Wenn in der nächsten Stunde kein Zug kommt, werdet ihr wahrscheinlich erst morgen fahren.«

»Das wird ja eine Nacht werden«, sagte Judi verbittert. »Wir haben alles gepackt. Wir werden im Sitzen schlafen müssen. Der Boden ist viel zu kalt, um sich hinzulegen. Wo ist Gari?« fragte sie dann.

Iboya legte den Block weg und kam zu uns. »Hast du Shafar gesehen?«

»Die beiden horchen auf den Zug. Man kann ihn schon hören, wenn er noch zwei Kilometer weg ist.«

»Wie denn?« fragte Mutter.

Ohne die schützenden Laken um mich herum fühlte ich mich beobachtet. Alle Augen und Ohren schienen auf uns gerichtet zu sein, als wir Henri umringten. Er antwortete ganz leise auf Mutters Frage. »Sie haben eben eine besondere Art zu hören.« Dann guckte er auf die Uhr und sprach wieder normal laut. »Nein, ich glaube nicht, daß heute noch ein Zug kommen wird. Vermutlich kommt er morgen.«

Ich betrachtete die Leute um mich herum. Sie schienen vor Enttäuschung in sich zusammenzusacken. Ich konnte einige Wortfetzen aufschnappen: »Wo sollen wir schlafen?« – »Sie haben gesagt, wir sollen packen!« – »Was ist mit dem Essen?«

Judi und ich gingen mit Henri nach draußen, und

sobald keine Leute mehr um uns herum waren, fragten wir wie aus einem Mund: »Was habt ihr entschieden?«

»Noch nichts.«

»Warum lauscht ihr dann auf die Züge?« keifte Judi.

»Damit wir ein bißchen Zeit gewinnen, wenn wir wissen, wann sie kommen.« Henri blieb ruhig.

»Könntest du Gari sagen, daß ich ihn vor der Sperrstunde noch sehen möchte?« fragte Judi in etwas freundlicherem Ton.

»Ich sag's ihm«, sagte Henri, »aber ich kann nichts versprechen.«

Judi zog einen Brief aus der Tasche und gab ihn Henri. »Bitte, gib ihm das, aber sag ihm, er soll den Brief erst lesen, wenn wir weg sind.«

Henri steckte den Brief ein und ging davon. Wir setzten uns wieder zu unseren Familien. Mutter und Frau Gerber unterhielten sich leise. Iboya schrieb und zeichnete für die Kinder. Judi und ich waren plötzlich so erschöpft, daß wir nicht einmal mehr miteinander sprachen.

Kurz nach dem Essen kamen Shafar und Gari vorbei und berichteten, daß die deutschen Wachen große Verstärkung aus der Stadt bekommen hatten. Die nächtlichen Wachen rund um das Ghetto waren verdoppelt worden. Gari und Henri waren zum Wachdienst der ungarischen Polizei eingeteilt worden.

Judi fragte Gari, ob er bei unserer Baracke Wache halten könnte.

»Ich habe keinen Einfluß auf die deutschen Befehle.«

»Du sprichst ihre Sprache, und immerhin heißt du ›Weiß‹«, erwiderte Judi.

»Ich habe noch ein paar Päckchen Zigaretten, vielleicht hilft dir das«, bot Shafar an. Gari nahm die beiden Päckchen Zigaretten, die Shafar ihm anbot, und verstaute sie in seiner Hemdtasche. Shafar sagte Iboya, daß sie versuchen würden, noch einmal wiederzukommen, aber jetzt müßten sie gehen. Wir sahen ihnen nach, bis wir sie jenseits des Hinterausgangs aus den Augen verloren.

Die Stimmung im Schuppen war so bedrückt wie noch nie. Die Kinder, die völlig durcheinander und übermüdet waren, fingen an zu weinen. Frau Gerber und Mutter wollten ihre Decken wieder auspacken, doch dann fiel ihnen ein, daß später vielleicht die Zeit nicht mehr zum Einpacken reichen würde. Mutter drückte ein paar von den Bündeln ganz flach und legte Sandor und Joli darauf.

Als die Kinder schliefen, setzten wir uns alle auf, dösten oder flüsterten leise miteinander. Aber im Grunde lauschten wir alle auf den Zug. Mutter und Frau Gerber schwelgten wieder in Erinnerungen. Wir hörten ihnen interessiert zu und merkten, wie wenig wir über die Kindheit und Jugend unserer Mütter wußten. Wir waren überrascht zu erfahren, daß ihre Gefühle als junge Mädchen kaum anders waren als unsere jetzt. Mutter erzählte von ihrem Vater, dem ersten Mann, den sie je geliebt hatte. Frau Gerber hatte so gerne Schriftstellerin werden wollen und hatte heimlich Tagebuch geschrieben. In der Dunkelheit dieser Nacht kamen alle ihre Geheimnisse und verborgenen Wünsche zur Sprache. Zum ersten Mal sprach auch Iboya mit mir und Judi über Shafar. Sie glaubte nicht, daß sie ihn noch einmal sehen würde, jedenfalls nicht, bevor der Krieg vorbei war. »Wir haben uns gestern nacht schon verabschiedet und haben uns versprochen, aufeinander zu warten.«

Judi erzählte uns, was sie Gari geschrieben hatte. »Ich habe ihn gebeten, sein Leben nicht aufs Spiel zu setzen, weil ich ihn wiedertreffen möchte, wenn dieser Krieg vorbei ist. Dann will ich unsere Beziehung auf einer erwachseneren Ebene fortführen. Ich möchte mit ihm alle Erfahrungen einer richtigen Liebe machen – so wie ich es in Büchern gelesen habe. Ich möchte um nichts in meinem Leben betrogen werden.«

Wieder einmal mußte ich Judis überlegte Art, mit der Liebe umzugehen, bewundern. Henri und ich hatten uns einfach versprochen, uns nicht aus den Augen zu verlieren, wohin es uns auch verschlagen mochte.

Iboya hatte uns zugehört und auch etwas von sich erzählt und uns damit als gleichberechtigt akzeptiert. Aber sie war zwei Jahre älter als wir und sowieso eher zurückhaltend. Sie sprach nicht so ohne weiteres über ihre Gefühle. Als Judi sie fragte, wie es denn wäre mit einem erwachsenen Mann, sagte sie nur: »Ich glaube nicht, daß das Alter so wichtig ist, es kommt auf die Person und auf die Verhältnisse an.«

»Aber Shafar und du, ihr seid alt genug, um heiraten zu können«, beharrte Judi. »Ihr könnt alles machen. Ihr braucht eure Wünsche nicht zu verstecken.«

Ich merkte, daß Iboya Judis Beharren nicht paßte, aber sie antwortete trotzdem geduldig. »Shafar ist ein feinsinniger und zurückhaltender Mann.«

»Feinsinnig!« zischte Judi. »Wieso sollten wir feinsinnig sein? Wenn alles um uns herum so sinnlos ist? Und wenn wir sie nie wiedersehen? Denk mal dran, was wir alles verpassen! Wird es dir dann nicht leid tun?«

»Ich kann nicht in die Zukunft sehen«, sagte Iboya, nun schon deutlich ungeduldig. »Ich kann nur das tun, was ich im Augenblick für richtig halte.«

Plötzlich hörten wir ein ratterndes Geräusch. Wir waren so in unsere Diskussion vertieft, daß wir nicht bemerkt hatten, wie der Morgen heranbrach und das erste Licht die Schatten aufhellte. Überall in den Baracken regten sich die Leute, standen auf und reckten stöhnend ihre steifen Glieder. Herr Schuster erschien, machte seine Runde und sah nach, ob wir alle die Nacht überstanden hatten. Er sah verhärmt aus, die Augen lagen tief in den Höhlen.

Iboya und ich kamen gerade von der Latrine zurück, als wir hörten, wie ein Zug sich ratternd auf die Ziegelei zubewegte. Ich hörte den Lärm des Zuges nicht wie ein Geräusch, sondern spürte ihn mit allen meinen Sinnen, mit allen Fasern meines Körpers. Ich war zu Tode erschrocken und zitterte vor Angst. Wir versuchten zu rennen, blieben aber wie angewurzelt stehen. Als der Zug in Sichtweite war, sahen wir, daß es nicht die Art von Zug war, die wir erwartet hatten. Statt der üblichen Waggons mit Fenstern und Sitzbänken bestand dieser Zug nur aus einer langen Reihe von Güterwagen, so wie die, mit denen Kühe transportiert wurden. Die Wagen des Zuges waren hoch, ringsum verschlossen und hatten nur oben, dicht unter dem Dach, kleine Öffnungen.

Als wir uns endlich von der Stelle rühren konnten, rannte ich zu Mutter. Mein ganzer Körper war heiß, und der Schweiß lief mir über das Gesicht. Mutter war nicht an unserem Platz. Alle Leute waren vor den Schuppen getreten, um den Zug zu sehen. Ich fand sie zwischen einer Gruppe von Frauen, von denen eine sagte: »Also ist es doch wahr, und ich dachte, es wäre nur ein Gerücht.« Aber niemand hatte Zeit zu fragen, was sie wohl meinte, weil deutsche Soldaten sich durch die wartende Menge am Eingang Platz verschafften. Ich sah einen von ihnen an. Als erstes fiel mein Blick auf seine schwarzglänzende Pistolentasche, wanderte dann weiter über die graue Uniform und richtete sich endlich auf seine eisblauen Augen, die nichts zu sehen schienen.

»Wir sind alle Gottes Kinder«, hatte Babi immer gesagt. Sie hatte Christen und Juden damit gemeint.

Auch die Deutschen? Ich wünschte mir, ich könnte Babi fragen. Die Deutschen sahen überhaupt nicht so aus, als wären sie von irgend jemandem die Kinder, und sie sahen auch uns nicht an, sondern eher durch uns hindurch, als wären wir überhaupt nicht vorhanden.

Mir wurde schlagartig klar, daß ich die Fahrt nach Deutschland insgeheim ein klein wenig wie ein neues Abenteuer aufgefaßt und mich darauf sogar gefreut hatte. Jetzt wollte ich von diesem Abenteuer überhaupt nichts mehr wissen.

»Macht schnell!« schrie der Offizier auf deutsch. »Fertigmachen zur Abreise. Sie können nur das mitnehmen, was eine Person tragen kann. Ihr übriges Gepäck wird mit dem nächsten Zug nachgeschickt.«

Ich glaubte ihm kein Wort.

»Wir können zusammenbleiben«, wisperte Frau Gerber erleichtert.

Wir strömten mit leeren Händen aus der Baracke. Draußen trafen wir auf die Leute aus den anderen Schuppen, und alle zusammen liefen wir zum Zug. Die Wächter mit den weißen Armbinden versuchten, uns in Fünferreihen aufzustellen. Wir fünf – Mutter, Iboya, Joli, Sandor und ich – hielten uns beim Gehen an den Händen. Frau Gerber, Judi und Pali waren direkt vor uns, und mit Carla und deren Mutter waren sie auch fünf. Ich bemerkte, daß Judi sich genau wie ich dauernd umdrehte und nach Gari Ausschau hielt, so wie ich versuchte, Henri zu erspähen. Aber es waren so viele Leute unterwegs, daß es schwierig war, eine einzelne Person auszumachen. Ein Massenzug von Familien bewegte sich über die Felder, dazwischen immer wieder deutsche und ungarische Soldaten. Eine groteske Szene, nichts schien wirklich. Manchmal mußten wir langsamer gehen, blieben stehen, dann ging es wieder weiter, zentimeterweise. Joli fing an zu jammern, und Mutter nahm sie auf den Arm.

Plötzlich tauchte Gari auf und tippte Judi mit seinem Knüppel auf die Schulter. Sie verließ ihre Reihe, trat beiseite und nahm seine Hand. »Hast du meinen Brief gelesen?«

»Ja«, antwortete er. »Ich habe ihn in der Nacht gelesen. Kleinen Moment, ich muß Frau Davidowitz was fragen.«

Er ging zu Mutter. »Frau Davidowitz, ich habe vorhin gehört, wie sich zwei von den Zugleuten unterhalten haben, einer erwähnte das Wort ›Auschwitz‹. Sie können besser Deutsch als ich, wissen Sie, was es bedeutet?«

»Nein«, antwortete sie. »Ich werde versuchen, Herrn Schuster zu fragen.«

Gari ging wieder zu Judi, und sie blieben stehen und sprachen miteinander, bis einer der deutschen Wachen kam und Judi zurück in die Reihe winkte. Gari ging nach vorne zu den ersten Reihen. Ich war mir nicht sicher, ob ich Henri jetzt noch einmal sehen wollte. Ich fühlte mich verschwitzt, benommen vom mangelnden Schlaf, und mir schwindelte vor Angst.

Die Reihen vor uns begannen sich aufzulösen, aber wir bewegten uns weiter vorwärts, bis wir eine Gruppe von deutschen Soldaten sahen, die die Reihe vor Gerbers anhielten und die Leute durchsuchten. Dabei griffen sie ihnen in und unter die Kleider. Dann waren die Gerbers dran. Einer der Soldaten begrabschte Judi und griff ihr in die Bluse.

Mutter stellte Joli auf den Boden und zog Iboya und mich an ihre Seite.

»Nein! Sie werden meine Töchter nicht anfassen!« schrie sie die Soldaten erst auf deutsch und dann auf ungarisch an. Vor Angst und Wut überschlug sich ihre

Stimme. Sie lachten sie aus, und als unsere Reihe dran war, wurden Mutter, Iboya und ich auseinandergezerrt. Jemand packte mich plötzlich mit eisernem Griff am Nacken, eine grobe, rauhe Hand strich über meinen Oberkörper und über meine Brüste, so daß die Knöpfe von meiner Bluse absprangen. Einer der Soldaten beugte sich so dicht über mich, daß ich seinen Atem riechen und die Tabakflecken auf seinen Zähnen sehen konnte. Dann griff er in meinen Schlüpfer und faßte mir zwischen die Beine. Ich wußte nicht, ob mir die Augen vor Schmerz oder vor Scham brannten. Er schubste mich weiter.

Als ich zum Zug hochsah, entdeckte ich Henri auf der Rampe, ungefähr vier Meter weit weg. Ich drehte mich schnell weg und hoffte, daß er nicht gesehen hatte, wie ich durchsucht worden war.

Die Gerbers und Carla und ihre Mutter waren inzwischen in den Güterwaggon gestiegen. Sie standen dort oben und sahen still und voller Furcht auf uns herab. Frau Gerber reichte Mutter die Hand. Der Waggon war so voll, daß niemand mehr hineinzupassen schien. Deshalb blieben wir draußen stehen. Aber die deutsche Wache bedeutete uns aufzusteigen. Herr Schuster und einige junge Leute vom Lagerdienst, auch Gari war dabei, schoben uns hoch, bis wir im Waggon waren. Wir standen Rücken an Rücken, eng aneinandergepreßt.

Mutter lehnte sich vor und fragte Herrn Schuster: »Wissen Sie, was ›Auschwitz‹ bedeutet?«

Bevor er antworten konnte, brüllte der deutsche Wachtposten: »Rein, rein!«

Mutter konnte ihren Kopf gerade noch rechtzeitig zurückziehen. Mit lautem Knall wurde die Waggontür zugeschlagen.

NACHWORT

Frau Davidowitz, Iboya, Piri, Sandor und Joli kamen am 9. Mai 1944 in Auschwitz an. Iboya und Piri wurden noch am selben Tag von dem Rest der Familie getrennt und sahen sie nie wieder. Im September wurden sie zur Küchenarbeit im Konzentrationslager Christianstadt abgestellt, dessen Lagerinsassen in einer Munitionsfabrik arbeiteten. Das bedeutete ihre Rettung. Als die Russen immer näher kamen, evakuierten die Deutschen im Januar 1945 das Lager und ließen die Insassen nach Bergen-Belsen marschieren, wo sie schließlich Ende März ankamen. Am 9. April 1945 befreite die Erste Armee von Feldmarschall Montgomery das Lager. Im Juni wurden Iboya und Piri vom Roten Kreuz nach Schweden gebracht, wo sie ihr Leben noch einmal neu begannen. 1948 wanderten sie in die Vereinigten Staaten aus. Aranka Siegal, die Piri dieser Geschichte, lebt heute in New York.

Dieses Buch ist all denen gewidmet, die nicht überlebt haben. Sie bleiben für immer unvergessen. Auschwitz konnte die Liebe und die Freundschaft, die mir das Überleben ermöglichten und die in mir bis an das Ende meiner Tage weiterleben werden, nicht zerstören.

Aranka Siegal